Reclams Städteführer Hamburg

Reclams Städteführer · Architektur und Kunst

Hamburg

Von Dirk Meyhöfer und Franziska Gevert

Reclam

Vorige Seite:
Blick von der Elbe aus; rechts Speicherstadt und Elbphilharmonie

RECLAMS UNIVERSAL-BIBLIOTHEK Nr. 14387
2015, 2023 Philipp Reclam jun. Verlag GmbH,
Siemensstraße 32, 71254 Ditzingen
Durchgesehene und aktualisierte Ausgabe 2023
Umschlagabbildung: Elbphilharmonie, Foto vom 18. Mai 2019 –
Benjamin SB / CC-BY 2.0
Druck und Bindung: EsserDruck Solutions GmbH,
Untere Sonnenstraße 5, 84030 Ergolding
Printed in Germany 2023

ISBN 978-3-15-014387-2
www.reclam.de

Inhalt

Anhang

Blick in Richtung Rathaus

Freie und Hansestadt Hamburg – ein »Gemisch aus Sprödigkeit und Zuverlässigkeit, von Seltsamkeit und Großartigkeit«

Norddeutschlands »edle Schöne«, wie die Freie und Hansestadt gern genannt wird, liegt im Stromspaltungsgebiet der Elbe: eine einzigartige Landschaft, die im Ursprung aus Inseln und Marschen bestand. Hier wurde und wird auf und am Wasser gelebt und gearbeitet; schließlich ist Hamburg zu Deutschlands größter Hafenstadt geworden. Gern wird sie auch die »Stadt der Pfeffersäcke« genannt, aber – die Hanseaten bestehen darauf: eine mit Kultur. Sie ist in der Tradition eine evangelische Stadt. Und über die Kirchenmusik wurde sie zu einer Hauptstadt der Musik, mittlerweile mit der Elbphilharmonie als gebautem Beweis dafür.

Schon im Mittelalter bildete Hamburg mit Lübeck und anderen Städten die Eckpfeiler des Handels im nordeuropäischen Raum, zuerst im Ostsee-, später auch im Nordseeraum. Dem von Kaufleuten gegründeten Hansebund, der nicht nur wirtschaftlich, sondern auch politisch eine wichtige Rolle spielte, gehörten bis zu 200 Städte an. Hamburg stand dabei an erster Stelle, was den Warenverkehr im Nord-, aber auch im Ostseeraum betraf. Seine eigentliche Bedeutung als Handels- und Hafenstadt errang es in der Neuzeit.

Die Stadt ist – bezogen auf Deutschland und Mitteleuropa – eine »Königin der Randlage«. Bis 1225 war sie in toto dänisch; Altona blieb bis 1866 Teil des dänischen Königreichs, und bis heute scheint Hamburg die südlichste Großstadt Skandinaviens zu sein, wenn man die typischen alten Backsteinbauten betrachtet. Deutschen Touristen, die südlich der Elbe oder gar jenseits des Mains leben, erscheint Hamburg oft ein wenig fremd, fast exotisch, weil die Hafenlandschaften, die hier mitten in der Stadt liegen, nirgends sonst in Deutschland, geschweige denn in Europa, in dieser Dichte vorkommen.

Was das heutige Stadtbild betrifft, so stammt es vorwiegend aus dem 19. und 20. Jh., in seiner Mitte mit der Hafencity auch aus dem frühen 21. Jh. Nach einer rasanten Industrialisierung im 19. Jh., dem entsprechenden Hafenausbau und einigen Katastrophen (Großer Brand) und Epidemien (Cholera) zeigt Hamburg nur noch wenige Merkmale der ursprünglichen und gediegenen Fachwerkstadt des Mittelalters. Begünstigt durch einen umfassenden Wiederaufbau nach dem Großen Brand von 1842 und dem hygienisch notwendigen Abbruch der gefährlich verdreckten und verslumten innerstädtischen Wohngassen, haben Hamburgs Wirtschaft und Politik zum Ende des 19. Jh.s einen Generalumbau in Gang gebracht. Hamburg erhielt deswegen erheblich früher als andere europäische Metropolen eine moderne Innenstadt mit breiten Straßendurchbrüchen und Gebäuden von größerem Maßstab – in einer anderen Körnung, wie die Städtebauer sagen. Es entstand ein bis dahin unbekannter Nutzungsmix aus Gewerbe, Einzelhandel und Büros, durch den die Funktion des Wohnens im ehemaligen Wallgebiet, also in der Alt- und Neustadt, nicht mehr erfüllt wurde. In letzter Konsequenz wohnten in der Innenstadt der 1970er Jahre kaum noch Menschen, Hausmeister ausgenommen. Da Hamburg keine Residenzstadt geworden ist, haben sich im Kern keine feudalen Strukturen ausgebildet, Schlösser oder Adelspaläste wurden nicht durch ein repräsentatives System von Plätzen und Alleen feudalistisch inszeniert, wie man es z. B. in Karlsruhe und anderen, vorwiegend süddeutschen Städten kennt. Hamburg war eine bürgerliche Hafenstadt, die sich im 19. und 20. Jh. in der Industrialisierung neu erfand: Das ist heute noch in der City an den Waren- und Geschäftshäusern in der Mönckebergstraße zu erkennen, an dem Kontorhausviertel und dem Passagenviertel im Hinterland des Jungfernstiegs.

Anfang und frühes Mittelalter

Der Anfang dieser großartigen Stadt liegt heute im Verborgenen – unter dem Domplatz, der mitten in der City nach jahrzehntelanger wilder Parkplatznutzung zumindest vordergründig zu einem aufwendig gestalteten und inszenierten grünen Stadtplatz geworden ist. Hintergründig kann man von einer Zwischennutzung sprechen, weil es sich um einen temporären Park handelt. Der frühere Domplatz zwischen Binnenalster und Speicherstadt ist ein zentraler Ort, von einem Parlamentsneubau für die Hamburger Bürgerschaft war lange Zeit die Rede. Ob mit einem wichtigen öffentlichen Gebäude oder mit einer privatwirtschaftlich interessanten Immobilie – in jedem Fall soll der Domplatz irgendwann wieder profitabel bebaut werden. Damit ist schon ein wesentlicher Charakterzug der »Stadt der Pfeffersäcke« erklärt, die ihren Erfolg aus dem Handel mit meist feinen Waren zog. Zum Beispiel mit Gewürzen und vor allem Pfeffer, der in Jutesäcken angeliefert wurde. Aus diesem Handel hat sich Hamburgs Prosperität und anhaltender wirtschaftlicher Erfolg entwickelt und erhalten.

Im Bereich des heutigen Domplatzes hat also alles begonnen, hier standen (mit hoher Wahrscheinlichkeit) die Hammaburg und der Mariendom und nach dem Abbruch der Kirche die Gelehrtenschule des alten Johanneums. Alle diese Bauten sind verschwunden; der Dom schon 1807, die Gelehrtenschule in den Bombennächten des Jahres 1943.

Etwa seit dem 4. Jh. siedelten im Landschaftsraum der heutigen Stadt auf dem vor Hochwasser geschützten Geestrücken an der Mündung zwischen Alster und Elbe nordalbingische Sachsen. Der römische Kaiser Karl der Große nahm Anfang des 9. Jh.s mit Unterstützung slawischer Abotriten (auch: Obodriten) die Gebiete Hamburgs ein und errichtete eine Pfarrkirche, deren Standort bei der heutigen St.-Petri-Kirche vermutet wird. Vom römischen Kaiser Ludwig dem Frommen erhielt Hamburg im Jahr 831 das Privileg eines Bistums (834 Erzbistum). Ansgar, dem die Missionslegation von Papst Gregor IV. verliehen worden war, hielt sich in der Siedlung auf, bis Wikinger sie 845 zerstörten. Auch die Hammaburg, ein befestigter Handelsplatz, soll ihnen in jener Zeit zum Opfer gefallen sein. Untersuchungen bestätigen, dass die Hammaburg bereits im 8. Jh. auf dem heutigen Domplatz errichtet worden ist. Das Wort »hamme/ham« reflektiert das vor unwegsamem, sumpfigem Gelände unmittelbar geschützte Land an einem Geestrand. Bereits bei der Gründung war ein durchgehendes Entwicklungsmotiv Hamburgs erkennbar: auf der Geest zu siedeln und auf der tiefer gelegenen vom Hochwasser gefährdeten Marsch zu arbeiten. Ein Prinzip, das mit der Hafencity im ausgehenden 20. Jh. nachhaltig verletzt werden sollte.

Von Anfang an wurde diese Marschenstadt am Hang von verschiedenen Stämmen und Völkern begehrt. Mehrfach bedroht, gebrandschatzt und geplündert, wurde sie von Kriegssiegern immer wieder aufgebaut. 845, nachdem die dänischen Wikinger die Siedlung zerstört und den Dom (ein Gebäude aus Holz) niedergebrannt hatten, wurde das Erzbistum nach Bremen verlegt. 915 folgte die nächste Zerstörung durch die Abotriten. Wenige Jahrzehnte danach bedrohten Wenden und Dänen die Stadt, noch einmal wurde sie vollkommen zerstört. Der Wiederaufbau erfolgte auf dem Areal der heutigen Altstadt, und zwei weitere Invasionen folgten. Ein vitales, bisweilen aber auch virulentes Stadtwesen aus Fachwerk, Lehm und Holz entstand ab 1021 mit dem Bau der neuen Burg; ebenso entstanden erste Wohnhäuser aus Stein. Ein gewaltiger Wall wurde errichtet.

Die Inseln und Marschen der Elblandschaft ließ Graf Adolf I. von Holstein und Schauenburg mit Deichen einfassen. Er veranlasste auch das Aufstauen der Alster (1124) für eine Kornmühle am Großen Burstah. Der entstandene See lag damals noch vor der Stadt und prägt das Stadtbild nun also seit 900 Jahren.

1188 wurde Hamburg um die Neustadt erweitert. Von Graf Adolf III. von Schauenburg erhielt Hamburg am 7. Mai 1189 den Freibrief für zollfreien Schiffshandel. Überliefert ist, dass von diesem Freibrief, unterzeichnet von Kaiser Friedrich I. Barbarossa, nur eine Fälschung aus dem Jahr 1265 existiert. Noch heute wird im Mai deswegen der Hafengeburtstag gefeiert, mit einem großen Volksfest und Schiffsparaden an den Landungsbrücken. Zwischen 1202 und 1227 stand Hamburg unter dänischer Hoheit; nach der Schlacht von Bornhöved gewann die Schauenburger Linie mit Adolf IV. die Herrschaft über die Stadt zurück.

Zerstörungen durch weitere Invasionen im 13. Jh. unterbrachen das wirtschaftliche und politische Wachstum der Stadt nicht, Handel und Gewerbe entwickelten sich frei und schnell mit Gilden und Niederlassungen auswärtiger Kaufleute. Hamburg wurde eine der wichtigsten Brauereistädte des Mittelalters. Ab 1250 wurden starke Stadtbefestigungen entlang der Altstadt errichtet. Namen heutiger Plätze, Straßen und Bahnhöfe wie Dammtor, Nobistor, Steintor oder Millerntor sind dieser Zeit zuzuordnen. Klöster und Spitäler wurden gegründet – auch das ist heute noch am Stadtbild abzulesen.

1292 erlangte der Rat offiziell Hamburgs gesetzgebende Gewalt – Mitte des 14. Jh.s repräsentierte wie in vielen Städten Nord- und Ostdeutschlands für kurze Zeit eine Rolandsfigur die bürgerliche Eigenständigkeit der Stadt mit Marktrecht und eigener Gerichtsbarkeit (»Rolandstadt«). Die Statue des Rolands, ein Ritter in voller Rüstung mit Schwert in der Hand, verkörpert den Volkshelden, und so verwundert es nicht, dass er von der katholischen Kirche hart bekämpft wurde. Im Gegensatz zum weltberühmten steinernen Roland in Bremen, seit 2004 UNESCO-Welterbe, wurde der Hamburger Roland aus

Holz geschnitzt und bereits 1389 zerstört und in der Elbe versenkt.

Hamburgs Bevölkerung (ca. 5000 Einwohner) erlebte 1284 einen verheerenden Brand, im Jahr 1350 kam die Pest über die Stadt und ein Zyklus aus Krieg und Krankheit, Frieden und Wiederaufbau wiederholte sich. Ab 1460 beanspruchte Hamburg seine Reichsunmittelbarkeit. 1618 erging das Reichskammergerichtsurteil, mit dem Hamburg zur Freien Reichsstadt erhoben wurde. Doch erst durch den Gottorper Vergleich im Jahr 1768 wurde ihre Unabhängigkeit von Dänemark (Holstein) akzeptiert. 1815 als Mitglied des Deutschen Bundes mit »Freie Hansestadt Hamburg« bezeichnet, wurde die Stadt 1819 zur »Freien und Hansestadt Hamburg« umbenannt.

Die Hanse

Stadtforscher gehen davon aus, dass es in Hamburg viele Jahrhunderte lang ruhig und eher dörflich zuging. Natürlich ist da der gewaltige Fluss, der den Weg in die Welt zeigt. Aber wohin genau? Noch nicht stromabwärts. Hamburg führte 1188 das Lübische Recht ein, in der Folgezeit festigte sich die Beziehung zwischen Hamburg und Lübeck. Zur Sicherung der Verkehrswege zwischen Trave und Elbe schlossen Hamburg und Lübeck 1241 ein Bündnis. Das mittelalterliche Mitteleuropa, insbesondere das Netzwerk der Hanse, das sich im ausgehenden 13. Jh. festigte, orientierte sich ost- und nordwärts. Die Elbe war noch nicht die Lebensader Hamburgs; dafür Lübeck die Perle des Nordens und Hamburg allenfalls ihre kleinere Schwester. Das Bündnis zwischen Lübeck und Hamburg brachte Hamburg große Vorteile ein. Der Stadt wurden Privilegien für den Handel im Ausland erteilt. Die Entwicklung der Hanse zum Städtebund führte in Hamburg zu bis dahin nie gekanntem Wohlstand. Selbst nach dem

Niedergang der Hanse gegen Ende des 14. Jh.s blieb Hamburg ein starker und wohlhabender Standort. Zwischen 1410 und 1416 war Hamburg führende Kraft der Hanse im Nordseeraum. Mit 25 000 Einwohnern erreichte Hamburg die Einwohnerzahl Lübecks.

Das Bild der Stadt formte sich zunehmend durch sakrale (und weltliche) Bauten. Das waren vor allem die Hauptkirchen, die noch heute von dem Gründungsgeist des Mittelalters berichten. Im 19. Jh. wurde der Mariendom zwar abgebrochen, aber die Kirchen St. Petri, St. Katharinen, St. Jacobi und St. Nikolai (vgl. die jeweiligen Einzelbeschreibungen) blieben Hamburg erhalten, wenn auch stark verändert bzw. rekonstruiert. Die meisten anderen mittelalterlichen Gebäude sind im Laufe der Zeit zerstört und entsprechend ihrer Zeitepoche neu gebaut worden.

Dem prosperierenden Seehandel stellte sich die Piraterie entgegen. Bekannt sind heute noch Freibeuter wie Klaus Störtebeker oder Gödeke Michels. Es wurde Brauch, den Kopf eines Piraten nach der Hinrichtung auf einen Pfahl zu setzen und zur Schau zu stellen. Heute erinnert in der Hafencity am Magdeburger Hafen ein Denkmal an Klaus Störtebeker.

Valckenburg, das Wallgebiet und der weitere Aufstieg der Hafenstadt

Ab dem 15. Jh., während der Reformation und des Dreißigjährigen Kriegs veränderte sich die Stadt sichtlich. Ihre Einwohnerzahl stieg um das Fünffache und ihr Gebiet wurde um knapp das Dreifache erweitert. Aber Territorialfürsten bedrohten die freien Handelswege der Hansestädte. Außerdem schrumpfte in Deutschland das Seehandelsvolumen, während der Landhandel zunahm, und so fehlten der Hanse mehr und mehr die finanziellen Mittel für eine eigenständige Politik. Nach dem Aussterben der

Schauenburger Linie 1459 musste Hamburg Handels- und Verkehrswege sichern, um gewonnene Privilegien und entsprechenden Wohlstand zu bewahren: durch Friedensbündnisse, Pfandpolitik oder Gebietserwerb. In der zweiten Hälfte des 15. Jh.s hat die Stadt trotz ihres Wachstums Verluste hinnehmen müssen, zahlreiche Einwohner verarmten.

Ein wichtiges städtebauliches Projekt, zum Schutze der Prosperität realisierte kurz vor dem Dreißigjährigen Krieg der niederländische Artillerieoffizier Johan van Valckenburgh. Ein ausgeklügeltes Verteidigungswerk ergänzte die alten Stadtmauern, die Hamburg vor Angreifern beschützen sollten. In dieser auch »Wallgebiet« genannten Urzelle wohnten zu Anfang des 19. Jh.s 100 000 Menschen. Seit dem 17. Jh., so Hermann Hipp, einer der Kronzeugen der wissenschaftlich aufgearbeiteten Hamburger Baugeschichte, wird Hamburg »für Norddeutschland und Nordeuropa zur Drehscheibe des Handels, der Geldwirtschaft, aber auch der Diplomatie und des Nachrichtenwesens«. Das ändert sich bis ins 21. Jh. nicht.

Hamburgs weitere Stadtentwicklung profitierte von der besonderen topographischen Situation, Hamburg wurde zur »amphibischen Stadt«. Elbe, Alster, selbst die kleine Bille konnten als Wassertransportwege genutzt werden. Urbarmachung und Verknüpfung zwischen Wasser und Land waren der Motor der Stadt. Hamburgs internes Verkehrsmittel war nicht nur der Ochsenkarren, sondern auch die Schute auf den Fleeten und Kanälen. Ein großer Teil der Aufsiedlung entwickelte sich durch die verschiedenen Zwänge, die mit dem Handel verbunden waren: Waren einzukaufen, zu lagern, zu verkaufen und zu verteilen. Lübische Stadtgründungen (mit Lübecker Recht versehene Städte) an der Küste wie Wismar, Rostock oder Danzig brachten ein Straßennetz mit sich, das auf den Hafen zulief. In Hamburg ergab sich darüber hinaus eine Besonderheit. Als Sicherung gegen die Fluten entstanden im hinteren Teil der Grundstücke Deichstraßen mit Anlandemöglichkeiten aus den Fleeten. Dazu wurde die Fläche zwischen Stadthaus und Deich intensiv genutzt. Es entstand der Typus des Hamburger Bürgerhauses. In der Enge der Stadt waren das Reihenhäuser mit schmalen Fronten. Eine solche Bebauung hat Brände stets begünstigt.

Das alt-hamburgische Bürgerhaus an Straße und Wasser

Alfred Lichtwark (1886–1914), der erste Direktor der Hamburger Kunsthalle, beschreibt in seiner Schrift *Palastfenster und Flügelthür* (1905) sehr eindrücklich die Grundzüge der alt-hamburgischen Stadthäuser: »Die Regel bildet das Dreifensterhaus. Große Speicherräume waren nötig, weil der Kaufmann die Ware, mit der er handelte, nicht als Spediteur vertrieb, sondern wirklich besaß, und er musste sie zu Wasser und zu Lande ans Haus und wieder fortschaffen können. Deshalb liegen die Grundstücke zwischen Straße und Fleet. An der Straße erhebt sich das Wohnhaus, am Fleet der Speicher. Zwischen beiden liegt ein Hof, dessen eine Seite von dem Verbindungsbau begrenzt wird. Diese Anlage ist ganz speziell hamburgisch. In Bremen und Lübeck fehlte die Möglichkeit, die Wasserstraße an jedes Haus zu leiten.« Zwischen Wasser und Land spielt sich das gesamte Leben eines ehrwürdigen Hamburger Kaufmanns ab. Fast wie in einem niederdeutschen Bauernhaus, und wenn auch nicht unter einem Dach, dann doch sehr komprimiert. Die ursprüngliche Konstruktion wird tatsächlich aus der niederdeutschen bäurischen Tradition des Fachwerkbaus abgeleitet.

Ein Blick hinter den mäßig, aber gediegen geschmückten Giebel führt in eine hohe Diele: Sie diente als Verkaufsraum und Packstelle, im Dachraum wurde das Gut gespeichert, der Transport nach oben geschah mittels einer Winde. Dazwischen wurde gewohnt, zumindest seit dem 16. und 17. Jh. Abgeteilt lag eine beheizbare (Schreib-)Stube – das Kontor. Wie im Bauernhaus war in der Diele die Hauptfeuerstelle zu finden; meist mit dem Sudkessel zum Brauen. Von hier aus wuchs – strukturell betrachtet – das Haus seitwärts nach hinten und bot so mehr Wohnraum und Speicher.

Als schließlich die Kanäle dank Eindeichung eines Stadtgebiets oder Stadtteils für Frachtkähne (Schuten) schiffbar wurden, entstanden zusätzliche Rückhäuser. Das waren einfache Bauten mit mehreren Böden übereinander, auf denen Güter gelagert wurden. Bis auf wenige Ausnahmen (z. B. in der Admiralitätstraße oder in der Deichstraße) gibt es sie nicht mehr. Natürlich werden sie heute anderweitig genutzt, überwiegend als »Loft« für diverse Zwecke.

Wachstum einerseits und Enge in der Stadt andererseits ließen das duale Ensemble später häufig auf ein einziges Bürgerhaus schrumpfen – und mit seiner Winde zur Straße zeigte es, dass in ihm nicht nur gewohnt, sondern auch gespeichert wurde. Es mag überraschen, dass vor dem Zweiten Weltkrieg noch 2000 solcher Bürgerhäuser in Hamburg gezählt wurden. Von ihnen existiert heute vielleicht noch ein halbes Dutzend, darunter die Außendeichhäuser an der Deichstraße. Vorkriegsbilder aus der Alt- und Neustadt, besonders unten am Hafen, sind Reminiszenzen an Ostseestädte, verdeutlichen aber auch, wie viel endgültig untergegangen ist. Hamburg hat sich verändert, gehäutet, ist dichter und höher bebaut worden. Der Dreifenstertyp des Hamburger Stadthauses bleibt eine feste Größe – bis 1943. Nach dem Bombardement führt eine besondere planerische Entscheidung dazu, dass der erhaltene Teil der Altstadt nur noch eine bedeutungslose museale Rolle spielen sollte: Die Ost-West-Straße (heute: Willy-Brandt- und Ludwig-Erhard-Straße) rollt seit den 1950er Jahren über einen Teil der alten Besiedlung, so dass eine urbane Entwicklung südlich der Trasse nicht mehr möglich war. Es kam, wie es kommen musste: die verbliebenen Reste der mittelalterlichen Bebauung an Deichstraße und Cremon stehen heute in musealer Isolationshaft.

Mit der Revitalisierung der Speicherstadt und der Erweiterung nach Süden durch die Hafencity erhält die »Zwiebel« Hamburg neue »Häute«. Die Hansestadt ändert sich und wächst weiter.

Angekommen in der Moderne

Wenn die Grenze der Hamburger Besiedlung im Süden durch das Delta von Süder- und Norderelbe gebildet wurde, so bot das durch einen Mühlendamm (heute Jungfernstieg) aufgestaute Becken des frühzeitig schiffbar gemachten Flüsschens Alster hingegen eine einmalige Chance für die städtische Entwicklung grüner Vororte am Wasser. Die Elbe wirkte lange Zeit wie eine unüberbrückbare Barriere. Die ersten Brücken entstanden ab 1872. Der Bahnhof nach Süden, der Venloer Bahnhof (seit 1892: Hannoverscher Bahnhof), lag ursprünglich südlich der Elbe. Damit wird deutlich, dass die Entwicklungsrichtung Hamburgs fast 1000 Jahre lang nur nach Norden und Osten zeigte, und wenn nach Westen, dann nördlich der Elbe.

Der künstliche Binnensee der Alster wurde im 18. und 19. Jh. zum Ausgangpunkt der Entwicklung in den Osten. Außerhalb der Stadtmauer siedelten nun die gutsituierten Bürger, um auf diese Weise die Torsperre und damit die Zahlung einer Gebühr zu umgehen. Sie war seit Beginn des 19. Jh.s die liberale Version des Torschlusses, einer kompletten Zugangssperre. Erst am 31. Dezember 1860 wurde die Torsperre aufgehoben.

Als am 5. Mai 1842 der schauerliche Ruf »Füer in de Diekstraat« erklang und innerhalb von drei, vier Tagen das alte Stadtzentrum an der Trostbrücke, die nördliche Altstadt und die nordöstliche Neustadt – also etwa ein Drittel Hamburgs – dem tückischen Brand zum Opfer fielen, war das eine dramatische Zäsur in der Entwicklung und das Ende der mittelalterlichen Struktur. Die Eisenbahn sollte ihren Probebetrieb ab dem Berliner Bahnhof, der damals »Innerer Bahnhof« hieß, am 7. Mai 1842 Richtung Bergedorf und Berlin aufnehmen. Die Ereignisse rund um den Großen Brand sorgten allerdings für eine Verspätung von zehn Tagen. (Brand-)Katastrophen waren nichts Ungewöhnliches und meist wurde sofort und originalgetreu wieder aufgebaut. Nach dem Großen Brand war es anders; im Jahrhundert der Industrialisierung wurde in der Hansestadt – auch durch weiteren Abriss – Raum für moderne Neubebauung geschaffen. In der Stadt der »Pfeffersäcke« hatte man die Renditen – auch von Grundstücken – genau im Blick. Die Immobilienspekulation begann im großen Stil. Die Stadt wurde nicht mehr nach dem alten Grundriss aufgebaut, sondern in begradigter Form. Dafür ließ man den Straßen aber ihre alten Namen. Tradition war und ist wichtig – dem Namen nach. Es waren die Jahrzehnte des Wachstums, die zu radikalen Einschnitten ins Stadtbild führten. 1842 zählte Hamburg knapp 140 000 Einwohner, 1910 über 930 000.

Vom Großen Brand bis zum Ende des Ersten Weltkrieges

Mit der Planung des Wiederaufbaus wurde ein Ingenieur, der Engländer William Lindley, beauftragt. Er hatte schon die Eisenbahnverbindung nach Bergedorf betreut und Verdienste bei der Brandbekämpfung erworben.

Mit dem Areal an der Binnenalster und dem neogotischen Wiederaufbau der Nikolaikirche hatte man sich noch baukünstlerischen Aufgaben verpflichtet. Das änderte sich radikal, denn mit der Gründung des Deutschen Reiches 1871 verlor Hamburg den Status einer freien Reichsstadt, es bekam im Gegengeschäft einen Freihafen als Zollauslandsgebiet. Wirtschaftliche Interessen standen künftig auch beim Bauen im Vordergrund. Der Freihafen entwickelte sich zum Motor für die Handelsstadt. Für den Bau eines gewaltigen Lagerhauskomplexes hat man nicht auf einen zerstörerischen Brand gewartet, am Holländischen Brook wurde »Klein Amsterdam« einfach abgerissen: die Speicherstadt entstand. Bei deren Planung wurden Eigenschaften (alt-)deutscher Architektur wiederentdeckt, weshalb sie das Kleid einer wehrhaften mittelalterlichen Trutzburg mit Toren und Zinnen aus Backstein erhielt. In diesem Stil, den man Hannoversche Schule nennt und der das Wiederaufleben der Gotik nach sich zog, ging es weiter.

Spekulanten entwickelten rechts und links der Alster Vorstädte. Man wird Stadtteile wie Eppendorf oder Eimsbüttel später die Innere Stadt nennen. Die bauliche Leistung (heute neigt man dazu, sie eine architektonische zu nennen) führte später dazu, dass Straßen und Häuser dieser Epoche, etwa die Isestraße, zu den beliebtesten Domizilen von Neu-Hamburgern wurden. Die meisten dieser Häuser wurden von Maurermeistern nach schablonenhaften Mustern hochgezogen, und der architektonische Schmuck kam von der Stange.

Speicherstadt

Die Cholera-Epidemien des 19. Jh.s führten zum rabiaten Stadtumbau und zum Sielbau, der für eine saubere Elbe sorgte. Nach der letzten und schwersten Choleraepidemie von 1892 (mit ca. 8600 Todesfällen in Hamburg) lagen genug schlüssige Argument dafür vor, einen Teil der Slums, die »Gängeviertel« in der Altstadt, die der Brand noch verschont hatte, zugunsten großzügiger Kontorviertel abzureißen. In der prosperierenden Zeit nach der Jahrhundertwende wurden in Hamburg Strukturen einer modernen Dienstleistungsstadt sichtbar.

Unter dem neuen Baudirektor Fritz Schumacher wurde ab 1906 der Staatsbau reformiert. Das betraf nicht nur Schulen und Krankenhäuser, sondern auch Feuer- und Polizeiwachen. Sie alle sind stilistisch leicht im Stadtbild zu erkennen: am Ziegelkleid und an der herrschaftlichen Geste, mit gewaltigen Dächern und Dachreitern. Noch vor dem Ersten Weltkrieg wurde auch das Hochbahnnetz, so heißt die Hamburger U-Bahn der vielen eisernen Viadukte wegen, in einem Ring um die Innere Stadt installiert. Sie besorgte den Haupttransport von den neuen Wohnquartieren zu den Landungsbrücken, wo die Hafenarbeiter mit Fähren in den Hafen übersetzten. Einige der großen Pläne wurden durch den Ersten Weltkrieg bald überflüssig oder erst in den 1920er und 1930er Jahren realisiert.

Sozialdemokratischer Aufbruch

Die Zeit zwischen den beiden Weltkriegen bescherte der Hamburger Baukultur insgesamt knapp sieben goldene Jahre. Nach der Abdankung des Kaisers im November 1918 wurde die Weimarer Republik demokratisch regiert und die Hamburgische Bürgerschaft, bisher ein Machtinstrument bürgerlicher Oligarchie, ein demokratisches Parlament: gleich, frei und geheim waren die Wahlen; die Volksvertreter wurden erstmals nicht nur von Männern, sondern auch von Frauen gewählt. Die Staatsgewalt ging jetzt tatsächlich vom Volke aus. Massenwohnungslosigkeit und die Pflicht des Staats zur Sorge für die Volkswohlfahrt wurden die großen Themen in der Öffentlichkeit. Es war die zweite Amtszeit des Oberbaudirektors Fritz Schumacher (1906–1922 und 1923–1933), der in Folge seiner vielen Begabungen inzwischen ein gigantisches Beziehungsgeflecht geknüpft hatte und zusammen mit ausgewählten freien Architekten diese Stadt weiterbaute. Man nannte es später – hanseatisch bescheiden – das »Werden einer Großstadt«. Die Ausgangssituation war ungewiss, aber die Hanseaten meisterten die Lage mit Mut und Gespür für notwendige Veränderungen. Es sind allerdings nur die Jahre zwischen Inflation (1923) und Weltwirtschaftskrise (1929) gewesen, in denen sich wirklich etwas bewegen ließ. Bauhistorisch war die Zeit der Rückorientierung endgültig vorbei. Aus dem Reformstil entwickelte sich eine Sympathie für die Moderne, die man auch das »Neue Bauen« oder die »Neue Sachlichkeit« nannte. Die industrialisierte Bauweise, im 19. Jh. entstanden, hatte mit ihren Baustoffen Beton und Eisen die Kinderkrankheiten inzwischen abgelegt. Hamburg war eine große Industriestadt mit einem intakten Baugewerbe geworden. Obwohl es erst einmal keine Kriegsmarine im großen Stil mehr gab, blieb man dem Schiffsbau und der Hafenindustrie verpflichtet. Das bezog die Herstellung von Schiffsmotoren, Schiffsschrauben etc. mit ein. Der Arbeiteranteil an der Bevölkerung war hoch und entsprechend groß war der Bedarf an neuen »Kleinst«-Wohnungen.

Fritz Schumacher definierte seine Hauptaufgabe damit, dass er »einen neuen Wohngürtel um Hamburgs alten Leib schnallt«. Ihm gelang, was heute unter »public private partnership« im Wohnungsbau erwartet wird: Er konnte staatliche, private und die in Hamburg so wichtigen Interessen der Baugenossenschaften bedienen. Das Ergebnis kann sich immer noch sehen lassen. Große Siedlungen in akkuratem Backsteinkleid mit weißen Sprossenfenstern entstanden inmitten kleiner grüner Parks auf der Veddel, in Barmbek Nord, Dulsberg und in anderen Wohngebieten. Das war nicht nur schön anzuschauen, sondern auch gesund, weil in die neuen Räume dieser Wohnhäuser erheblich mehr Licht und gut verträgliche Luft eindrang als in jene des Arbeiterwohnungsbaus im 19. Jh. Es war die sozialdemokratische Antwort auf heruntergekommene Arbeiterquartiere der Innenstadt, die – krankheitsgefährdend und überbelegt – als Nährboden kommunistischer Revolutionsgedanken galten.

Für die neuen Siedlungen musste die Infrastruktur bereitgestellt werden, vor allem Schulen. Dabei kam ein spezielles »Fritz-Schumacher-System« zum Tragen: Er selbst steuerte den öffentlichen Bau der Stadt, ihm vertrauten die Architekten und bauten private Wohn- und Geschäftshäuser. Fritz Schumacher wurde in hohem Maße stilbildend. Unter anderem war es ihm zu verdanken, dass sich in großer Solidarität die alte republikanische Tradition der Hansestädte nahtlos mit den Idealen der sozialdemokratischen Soziologie verband und dass sich dies durchgehend in der Architektur und im Städtebau niederschlug. Für viele Bauhistoriker ist es ein Pfund, mit dem sich heute noch wuchern lässt. In dieser Sache braucht der Hamburger Wohnungsbau den Vergleich mit Berlin, dem »Neuen Frankfurt« oder Wien nicht zu scheuen.

Bezogen auf Hamburgs Gesamtentwicklung zeigte Schumacher visionäre Qualitäten. Die Entwicklung seiner Metropole sollte den topographischen Bedingungen (wie dem Lauf der Elbe) folgen. Nach seinem »Federplan« sollten sich die Siedlungsachsen strahlenförmig von der City und vom Hafen nach außen hin ausbreiten. Die Achsen wurden durch Grünräume großzügig getrennt und gegliedert. Heute in Zeiten des Klimawandels profitiert die Stadt noch immer von diesem nachhaltigen Ordnungssystem.

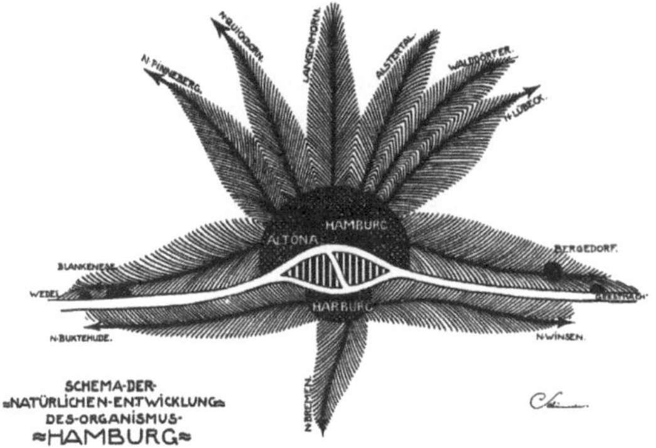

Der Federplan Fritz Schumachers

Wiederaufbau und Wachstumsjahre

Die Nationalsozialisten hatten bombastische Pläne für ihre »Tor-zur-Welt-Stadt«, doch sie kamen nicht zur Ausführung. Stattdessen gab es im Zweiten Weltkrieg überall im Stadtgebiet Bomben und Zerstörungen, am radikalsten im Hamburger Osten, wo 1943 die Brandbomben der »Operation Gomorrha« wüteten. Wenn es nach dem Krieg ein Bild für das Gegenteil einer blühenden Landschaft gibt, dann dort im Osten, beispielsweise im Arbeiter- und Kleinbürgerstadtteil Hamm. Die Straßen waren 1946 wieder frei von Schutt. Der lag jetzt meterhoch auf den Grundstücken. Dazwischen standen einige Grundmauern mit ausgehöhlten Fensterlöchern. Anstelle intakter Häuser wurden Nurdachhäuser aus gewölbtem Blech aufgebaut, man nannte sie Nissenhütten. Der Wiederaufbau begann mit Improvisationen. Die alte Forderung nach Luft und Licht und Loslösung von historischem Ballast aus der Zeit des modernen Städtebaus nach Internationalem Stil prägte hier die frühen Planungen, u. a. den Generalbebauungsplan von 1947. Noch im Krieg war unter Leitung von Konstanty Gutschow ein Stab zum Wiederaufbau berufen worden.

1952 betrat Werner Hebebrand als Oberbaudirektor die Bühne. Unter seiner Ägide wurden die frühen Aufbaupläne fortgeführt und schließlich 1960 festgeschrieben.

Die umfangreichen Planungen der Nationalsozialisten in Altona und an der Elbe waren obsolet. Stattdessen wurde die Innenstadt im nördlich gelegenen Stadtteil Winterhude durch die Geschäftsstadt Nord erweitert, später City Nord genannt. Deutlich wurde dort mit verschiedenen Ebenen für Auto- und Fußgängerverkehr der Ideologie der Funktionstrennung gehuldigt. Insgesamt verfolgte der Wiederauf- und Weiterbau die Prinzipien der modernen autogerechten Stadt der Moderne – mit Auflockerung und offener Gliederung der Bebauung. Die schon von Schumacher, Gutschow und anderen Planern ersehnte Ost-West-Querung durchschnitt als Ost-West-Straße vom Zeughausmarkt bis zum Deichtor das Muster der dicht parzellierten Alt- und Neustadtbesiedlung endgültig. Die eigentliche Bebauung war allerdings schon 1943 durch alliierte Bomber zerstört worden.

Frühe Planungen wie die Entwicklung eines City-Bandes von Wilhelm Ohm (1949) hätten auch in der gesamten Innenstadt zu einer völligen Auflösung der überkommenen Strukturen führen können. Hamburg hat darauf verzichtet. Allerdings erinnern die großspurig in die Stadt gesetzten und heute denkmalgeschützten Grindelhochhäuser daran, was sonst noch hätte passieren können. Im stark zerstörten Osten, in Hamm, Hammerbrook oder Barmbek, wurde eine offene Bauweise im Geiste der drei- bis viergeschossigen Zeilenbebauung und des Satteldachs bevorzugt. In Anbetracht grüner Höfe mit hohen Bäumen entstand eine brauchbare Idylle in der Großstadt, wenn auch nicht vergleichbar mit der urbanen Kulisse großbürgerlicher Stadtteile wie Rotherbaum oder Eppendorf.

Natürlich zeigte der Wiederaufbau eine gewisse Unbekümmertheit: Eingeschossige Ladenbauten schlossen Lücken, Altbauten wurden weitergebaut oder aufgestockt, und dabei wurde zweifellos improvisiert. Als die größten Wunden geschlossen und knapp die Hälfte des verlorenen Wohnraums durch den Wiederaufbau ausgeglichen worden war, sollte die Stadt wieder wachsen. Mitte der 1970er Jahre wohnten 1,7 Millionen Einwohner in der Stadt. Eine Zahl, die bis zum neuen Jahrtausend nicht wieder erreicht wurde. In den 1980er Jahren war die Abwanderung in den Speckgürtel, das heißt in die benachbarten Bundesländer Niedersachsen und Schleswig-Holstein rund um die Hansestadt, zu stark. Das änderte sich erst in den frühen 1990er Jahren.

Nach dem Fall der Mauer hatte die Hansestadt wieder den Zugriff auf ihr natürliches Hinterland in Mecklenburg-Vorpommern, Brandenburg und Berlin, aber auch über den Schifffahrtsweg der Elbe auf Tschechien und andere Länder. Egbert Kossak, Hamburgs Oberbaudirektor (1981–1998), der in seinem ersten Arbeitsjahrzehnt ausschließlich der Magie der Schumacherschen Backsteinbaukunst und der großen Hamburger Büros erlegen war, verhalf in den 1990er Jahren zunehmend und systematisch auswärtigen Architekten zu Wettbewerbsteilnahmen. Wenn Richard Meier, Norman Foster, William Alsop, Massimiliano Fuksas, Otto Steidle, Léon Wohlhage oder Oswald Mathias Ungers in dieser Stadt bauten, hat dies dem angestrebten Image einer weltoffenen Hafenstadt genutzt. Aber auch in Hamburg wuchsen neben den Altvorderen, also der zweiten Nachkriegsgeneration wie Meinhard von Gerkan, Volkwin Marg, Bernhard Winking oder Jan Störmer, neue Talente heran. Im angehenden 21. Jh. setzen die Maßstäbe Hamburger Architekten wie Carsten Roth, der von der Wiener Hochschule für Angewandte Kunst und dort vor allem von Gustav Peichl beeinflusst wurde, oder Marc-Olivier Mathez, geprägt durch seine Schweizer Heimat, Jörg Friedrich durch Italien und Hadi Teherani durch den britischen Hightech-Stil. Hamburgs Architekturszene lebt von der Vielfalt und dem Nebeneinander unterschiedlicher Architektengruppen. Ihr wichtigstes Merkmal ist heute weniger der Stil, sondern mehr eine Haltung; und in dieser Haltung zeigen sich Solidität und Anspruch, Seriosität und Qualität.

Zurück an die Elbe

Egbert Kossak trug auch die Verantwortung für eine strategisch-kreative Leistung in der Stadtentwicklung, die im wahrsten Sinne des Wortes die Richtung für die nächsten Jahrzehnte, wenn nicht sogar Jahrhunderte vorgegeben hat: die strikte Förderung einer Rückwendung der Hansestadt an den Elbestrom. Nach dem Zweiten Weltkrieg hatte sich die Hansestadt kommod rund um die Alster eingerichtet, konnte aber bis in die 1980er Jahre ihren eigentlichen Kern an der Elbe nur unvollkommen wiederherstellen. Kriegszerstörungen und eine radikal geführte Auto-Magistrale mit dem programmatischen Namen Ost-West-Straße unterbrachen das alte Kontinuum der Bürgerstadt, die sich natürlich zum Hafen orientiert hatte. Inzwischen waren letzte Lücken zwischen Innenstadt und Norderelbe geschlossen worden. Hafenviertel wie in der Neustadt und die Landungsbrücken erfreuten sich zunehmender Beliebtheit vor allem bei Touristen. Egbert Kossak erfand für seinen Plan eine »Marke«, er wollte die vielen nun freigewordenen Hafengrundstücke mit feinen Architekturen aufwerten und sah viele gläserne Bauten vor, die zum Teil die Backsteinstadt ergänzen sollten. Wie Perlen wollte er sie der Reihe nach aufziehen. Alle Gebäude, die seit Kossaks Amtsperiode an der Elbe entlang gebaut worden sind, fallen daher unter diese Bezeichnung.

Im ersten Jahrzehnt des neuen Jahrtausends stand Hamburg überraschend gut da. Die Globalisierung hat die weltweite Logistik zum Gewinner gemacht, und Hamburg wurde wieder zum begehrten Seeportal Nordeuropas. Das Hafenwachstum brachte rigide Veränderungen in der Mitte des Stadtstaats mit sich: Elbvertiefung, neue Containerbrücken und Verteilflächen sorgten für Entwicklungen, die möglicherweise den Plänen der offiziellen Stadtentwicklungsplanung kontraproduktiv gegenüberstehen.

Zu den neuen zentralen Entwicklungsgebieten zählt die Hafencity. Mit ihr wurde die Planung, das Norderelbufer aufzuwerten, fortgesetzt. In einem Masterplan von 1999 war festgehalten worden, die Hafencity zu einem vitalen Standort mit modernen Arbeits-, Wohn- und Freizeitmöglichkeiten gedeihen zu lassen. Das gesamte nördliche Elbufer zwischen dem Sandtorhafen und den Norderelbbrücken wurde als Hafengebiet aufgegeben und für eine urbane Mischnutzung aus Wohnen und Gewerbe vorgesehen. Man muss dies als Sensation betrachten, denn es gab bis dahin keine Projekte in Hamburg, in denen Hafenland zu Stadtland umgewandelt wurde. Der Weg war jahrhundertelang in entgegengesetzter Richtung beschritten worden, zum Beispiel mit dem Bau der Speicherstadt ab 1881, als Hamburg unter dem Druck des neu entstandenen Deutschen Reichs zumindest einen Teil seiner Zollprivilegien einer Freien Reichsstadt durch die Einrichtung eines Freihafens retten konnte.

Wegen ihres hohen architektonischen und städtebaulichen Rangs stellte der Senat die Speicherstadt 1991 unter Denkmalschutz. Seit 2015 zählt sie zum Wertkulturerbe der UNESCO. Das war ein erstes Zeichen für Umdenken und Wandel, und schließlich wurde das Tabu gebrochen, den Freihafen und seinen Status des Zollauslandes anzutasten: Insgesamt 155 Hektar Fläche, ein gutes Drittel davon Wasser, standen so plötzlich für die notwendige Erweiterung der Hamburger Innenstadt zur Disposition.

Eine City für das 21. Jahrhundert

Hinter der »Waterfront« hat sich inzwischen auch der historische Innenstadtbereich innerhalb der Wallanlagen stark weiterentwickelt. Imponierend, hanseatisch, touristisch war die City nach dem Krieg wiederaufgebaut worden, schöner als je zuvor – doch leider war das innere Wallgebiet überwiegend unbewohnt, die nördliche Neustadt ausgenommen. Nach der damaligen Ladenschlusszeit fiel die Stadt in einen allabendlichen Schönheitsschlaf. Die urbane Hamburger Kraft bewies sich anderswo: in St. Pauli, Ottensen, Eppendorf, Winterhude oder im Schanzenviertel. Inzwischen haben sich die Dinge geändert – die Ladenschlusszeiten sind weniger restriktiv und viele Touristen und Hamburger besuchen sogar sonntags die Stadtmitte. Die City wird sommertags in vielen Teilen zu einem großen Straßencafé. Die sogenannte »Aufenthaltsattraktivität« wurde an den Fleeten und Plätzen gesteigert, viele Hotels entstanden (und leider wieder Bürobauten). Die Innenstadt wurde »nachverdichtet«, das heißt, wo immer es ging, wurde aufgestockt. Es entstanden elegante »Hüte« für alte Baukörper. Wo das nicht funktionierte, wurde und wird zurück- und neugebaut, allerdings mit der Gefahr, dass die City ihren eigenen Maßstab, Körnung und Charakter verlieren kann. Seit 2010 existiert ein neues, offizielles Hamburger Innenstadtkonzept. Konsolidierung heißt das Stichwort: Es gibt Ansätze, die City als Wohn- und Lebensstandort zu verbessern. Die Innenstadt wurde ein wichtiger Baustein des wachsenden Tourismus für Hamburg. Das führte zum Ausbau des luxuriösen Einzelhandels (Alsterhaus, Europa-Passage, Neuer Wall) und zur qualitativen Verbesserung der zahlreichen großen staatlichen Museen oder der Staatsoper, die größtenteils auf der Linie der alten Wallanlagen liegen. Dazu gehört auch die Kunstmeile zwischen der »Galerie der Gegenwart« und dem Deichtor-Center. Von dort wird diese Meile sich in die

Hafencity hinein weiter verlängern – auf ein Terrain, das hundert Jahre lang der Bahn und dem Hafen gehörte.

Mit der Wiedervereinigung 1990 hatte es einen enormen Wachstumsschub für Hamburg gegeben, auch wenn einige Aufgaben wie die der Medienhauptstadt an Berlin abgegeben werden mussten. Es dauerte kein Jahrzehnt, bis Hamburg seinen großen »Wurf« einer logischen Cityerweiterung nach Süden in die Areale des aufgegebenen Industriehafens nördlich der Norderelbe mit einer gigantischen Masterplanung für eine »New Downtown« an der Waterfront präsentierte (s. S. 112 ff.). Die neue Hafencity liegt, von der City aus gesehen, hinter der Speicherstadt und ist ihr trotzdem sehr nah. Deswegen wurden die Achsen und Wege zwischen Binnenalster und Hafencity verstärkt ausgebaut. Hamburg an die Elbe zurückzuführen ist das Urmotiv der jüngeren Stadtentwicklungsplanung. Dabei soll die Barriere der Ost-West-Straße überwunden werden und eine neue Einheit aus Innenstadt, Speicherstadt und Hafencity entstehen.

Der seinerzeit amtierende Oberbaudirektor Jörn Walter erklärte außerdem, den sogenannten »Sprung über die Elbe« nach Süden hin forcieren zu wollen, um qualitatives Wachstum zu schaffen. Auch deshalb fand 2013 die Internationale Bauausstellung mit der dazu passenden Internationalen Gartenausstellung in Wilhelmsburg statt.

2017 wurde die Elbphilharmonie feierlich eröffnet. Derzeit wächst die Hansestadt kräftig und hat bereits über 1,8 Mio. Einwohner. Neue Stadtentwicklungen werden angegangen. Direkt gegenüber der Hafencity, auf dem Kleinen Grasbrook (Südseite Norderelbe), wird anstatt einer Olympiastadt ein weiteres citynahes Wohn- und Arbeitsquartier gebaut. Der südlich anschließende Stadtteil Wilhelmsburg erfährt seit der Internationalen Bauausstellung 2013 eine stetige Aufwertung. Hamburgs Stadtentwicklung wird intensiver, aber auch sensibler. Sie versucht auf den Klimawandel und andere veränderte Bedingungen einzugehen. Neue Quartiere wie die Science City Bahrenfeld oder die nachhaltige Modellstadt Oberbillwerder beweisen dies.

Doch bei all den hochfliegenden Plänen wird immer gelten, was einst der Übervater des Hamburger Städtebaus, Fritz Schumacher, über diese Stadt gesagt hat: ein »Gemisch aus Sprödigkeit und Zuverlässigkeit, von Seltsamkeit und Großartigkeit«!

Stadtgeschichte in Daten

um 300	Besiedlung durch nordalbingische Sachsen
8. Jh.	Errichtung der Hammaburg. Sachsenkriege unter Kaiser Karl dem Großen
ca. 800	Unter Karl dem Großen Unterwerfung der Sachsen durch die Franken
810	Erste Anlage als fränkischer Stützpunkt
825	Ausbau der Hammaburg
831	Gründung des Bistums Hamburg unter Papst Gregor IV. durch Kaiser Ludwig den Frommen
834	Gründung des Erzbistums Hamburg. Erster Erzbischof wird der Benediktinermönch und Missionar Ansgar.
845	Dänische Wikinger zerstören die Siedlung, Hammaburg und Domkirche; das Erzbistum wird nach Bremen verlegt.
937	Ernennung Aldadags zum Erzbischof von Hamburg durch Otto I. (den Großen, ab 962 Kaiser).
	Das Domstift erhält durch König Otto I. ehemalige fränkische Privilegien zurück, u. a. das Recht der Immunität.
964	Kaiser Otto I. setzt Papst Benedikt V. ab. Benedikt findet in Hamburg Zuflucht bis zu seinem Tod (966).
966	Markgraf Hermann Billung wird von Kaiser Otto I. Hamburg als Residenzstadt zugewiesen. Gemeinsam herrschen die Billunger Grafen und Erzbischöfe.
983	Aufstand der Abotriten gegen die Herrschaft des Billunger Grafen Bernhard I., Zerstörung Hamburgs.
ab 1021	Die neue Burg entsteht.

ab 1060	Unter Erzbischof Adalbert nimmt Hamburg Handelsbeziehungen bis nach Island, Grönland und Finnland auf.
	Slawische Abotriten aus Finnland besetzen Hamburg.
	Aufschwung unter den Grafen Adolf I., Adolf II. und Adolf III. von Schauenburg
1188	Erweiterung Hamburgs durch die Neustadt
1189	Auf der Niederelbe erhält Hamburg am 7. Mai Zoll-, Handels- und Schifffahrtsprivilegien. Datum des Hafengeburtstags.
1201	Hamburg wird vom dänischen Herzog Waldemar II. eingenommen.
1227	Schlacht von Bornhöved
1228	Erneut Herrschaft der Schauenburger Linie über Hamburg
ab 1245/48	Bau des Mariendoms
1321	Beitritt zur Hanse. Im 14. Jh. nimmt Hamburg als Umschlagplatz eine wichtige Rolle ein, Handelsbeziehungen zum Ausland entstehen, v. a. nach England, Flandern und Holland.
1350	Erstes Auftreten der Pest, etwa ein Drittel der Bevölkerung stirbt.
1358	Sperrung von Flandern durch die Hanse
1369	Hamburg verfügt über 450 Brauereien. Rund um St. Nikolai und St. Katharinen wird der größte Teil des Biers erzeugt.
1401	Enthauptung Störtebekers auf dem Hamburger Grasbrook
1414/15	Tod Meister Bertrams
1459	Adolf VIII. stirbt, damit endet die Hauptlinie der Grafen von Schauenburg. Territorialkonflikte beginnen.
1461	Unter König Christian I. besitzt Dänemark für die folgenden Jahrzehnte die Oberhoheit über

	Hamburg. Bürgermeister Detlev Bremer vermag die Rechte und Privilegien der Stadt weiterhin zu sichern.
1510	Hamburg wird Reichsstadt unter Kaiser Maximilian I.
1527/28	Einführung der Reformation. Johannes Bugenhagen wird nach Hamburg zur Einrichtung einer neuen Kirchen- und Schulordnung berufen.
1558	Hamburg erhält die erste Börse Deutschlands und des nördlichen Europas.
1591	Eine besonders schwere Pestepidemie trifft die Einwohner der dichtbesiedelten Stadt. Etwa 5000 Menschen sterben.
ab 1600	Der Getreidehandel zwischen Hamburg, Italien, West- und Nordeuropa stärkt den Hafenstandort.
1616–26	Johan van Valckenburgh errichtet entlang der heutigen Altstadt einen neuen Festungswall (Wallanlagen).
1616–48	Erfolglose Belagerung im Dreißigjährigen Krieg, Hamburgs Wirtschaft wächst, wenngleich auch die Zahl der Armen steigt.
1664	Unter dänischer Krone (König Christian IV.) wird Altona zum Freihafen Nordeuropas und steht fortan in Konkurrenz zu Hamburg.
1678	Gründung des ersten deutschen Operhauses, an dem Georg Friedrich Händel, Johann Mattheson und Georg Philipp Telemann wirken werden.
1712–14	Bei einer schweren Pestepidemie sterben ca. 11 000 Einwohner.
1768	Mit der Unterzeichnung des Gottorper Vergleichs endet die Abhängigkeit Hamburgs von Dänemark. Hamburg wird Reichsstadt und erweitert sein Gebiet.

1767 Gründung des »Hamburgischen Nationaltheaters«. Dramaturgie: Gotthold Ephraim Lessing
1806 Französische Besatzung/Franzosenzeit
1815 Als Freie Stadt Beitritt zum Deutschen Bund (Wiener Kongress)
1842 5.–8. Mai: Der Große Brand vernichtet ein Drittel der Innenstadt. Der Aufschwung erfolgt durch den Wiederaufbau.
1869 30. August: Eröffnung der Kunsthalle. Alfred Lichtwark wird Direktor des Museums und lädt Künstler wie Max Liebermann, Lovis Corinth und Pierre Bonnard ein, Hamburger Stadtansichten entstehen.
1871 Gründung des Deutschen Reiches; Aufnahme Hamburgs als Stadtstaat in den Bundesrat
1876 Beitritt zum Norddeutschen Bund
1888 Beitritt zum Deutschen Zollverein: Hamburg wird das Tor zur Welt.
1892 Letzte und schwerste Cholera-Epidemie, ca. 8600 Menschen sterben.
1912 Hamburg wird nach London und New York drittgrößter Hafen der Welt (nach Güterumschlag).
1919 16. März: erste demokratische Senats- und Bürgerschaftswahlen
1921 7. Januar: Hamburg erhält eine parlamentarisch-demokratische Verfassung.
1933 Auflösung der Bürgerschaft, Hamburg untersteht einem nationalsozialistischen Reichsstatthalter.
1937 1. April: Das Groß-Hamburg-Gesetz tritt in Kraft. (Die darin festgesetzten Grenzen gelten bis heute.) Groß-Hamburg entsteht: Altona, Blankenese, Harburg-Wilhelmsburg, Wandsbek und 28 Landgemeinden werden ein-, Cuxhaven und Geesthacht ausgegliedert.
1938 9./10. November: Pogrom. Etwa 900 Juden werden von der Gestapo inhaftiert, zahlreiche jüdische Ein-

richtungen zerstört. Die Haupt-Synagoge am Bornplatz im Grindelviertel wird geschändet.

1943 »Operation Gomorrha«: Bombenangriff und Feuersturm, Hamburg wird zu großen Teilen zerstört.

1945 Im KZ Neuengamme steigt die Zahl der Häftlinge auf insgesamt über 100 000. Weniger als die Hälfte der Gefangenen überlebt die Zeit des Nationalsozialismus. Nach Kriegsende wird Hamburg britische Besatzungszone.

1949 Land der Bundesrepublik Deutschland

1952 6. Juni: Die »Verfassung der Freien und Hansestadt Hamburg« tritt in Kraft. Hamburg bekennt sich zu einem Land der Bundesrepublik Deutschland.

1962 16./17. Februar: Eine Sturmflut erreicht Hamburg (5,7 Meter über NN werden gemessen), etwa 100 000 Menschen sind vom Festland abgeschnitten, ca. 17 000 werden evakuiert, 315 Menschen sterben.

1994 Hamburg wird Bischofssitz des neuen Nordbistums.

2007 Baubeginn der Elbphilharmonie

2015 5. Juli: Die Speicherstadt, das Kontorhausviertel und das Chilehaus werden in die Liste der UNESCO-Welterbestätten aufgenommen.

2017 11. Januar: Die Elbphilharmonie wird nach zehnjähriger Bauzeit feierlich eröffnet.
Der G20-Gipfel in Hamburg am 7. und 8. Juli geht wegen seiner enormen Proteste und Zerstörungen als »Hamburger Chaos-Tage« in die Geschichte ein.

2020 Die erst vor drei Jahren eröffnete Elbphilharmonie schließt aufgrund der Coronapandemie über Monate, wie zahlreiche andere kulturelle Einrichtungen auch, Hafengeburtstag und Domveranstaltungen fallen aus.

2021 Der Hamburger Hafen ist der drittgrößte Hafen Europas. Im weltweiten Vergleich liegt er gleich hinter New York auf Platz 20.

Kulturkalender

Januar Neujahrskonzerte; Fantasy Filmfest – White Nights; Hamburger Comedy Pokal; blickfang (Designmesse)

Januar/Februar Lessingtage; Lange Nacht der Weltreligionen; HAM.LIT (Lange Nacht junger Literatur und Musik)

März/April Frühlingsdom (Jahrmarkt auf dem Heiligengeistfeld); Tattoo – Internationale Musikparade; Hamburg zeigt Kunst (Kreativfestival)

März–Juli Bergedorfer Musiktage

Wechselnde Termine im Frühjahr Graphic Novel Tage; Die erneuerbaren Lesetage – Lesen ohne Atomstrom; Osterfeuerfahrten auf der Elbe, Osterfeuer in den Stadtteilen; Hamburger Theaterfestival

April dokumentarfilmwoche hamburg; Hamburg Marathon

April/Mai Internationales Musikfest Hamburg; Klangfest; ADC Festival; Lange Nacht der Museen

Mai Hafengeburtstag; Lange Nacht der Konsulate; Japanisches Kirschblütenfest

Mai/Juni Elbjazz (Jazzfestival); Kurzfilm Festival Hamburg; Japan Filmfest Hamburg; Dschungel-Nächte Hagenbeck

Mai – September Stadtpark Open Air

Mai – Anfang Oktober Planten un Blomen (Wasserlichtkonzerte und Teehausbesichtigung)

Juni Tag der Architektur; Nacht der Chöre

Juni/Juli altonale21 – Kulturfestival; STAMP – internationales Festival der Straßenkünste und Urban Art Clash; Schlagermove; Triathlon

Juli/August Sommerdom (Jahrmarkt auf dem Heiligengeistfeld); MS Artville; Schleswig-Holstein Musik Festival (SHMF); Slamville (Poetry-Slam-Festival); Internationales Sommerfestival der Kulturfabrik Kampnagel; MS Dockville (Musikfestival); Hamburger Kultursommer; Spektrum Festival; Tierpark in Concert; Hamburg Cyclassics; Christopher Street Day

September Tag des offenen Denkmals; Harbour Front Literaturfestival Hamburg; Nacht der Kirchen; Reeperbahn Festival; Hamburger Theaternacht; Musik- und Theaterfestival; Fantasy Filmfest; Blue Port Hamburg (alle zwei Jahre); Hamburg zeigt Kunst (Kreativfestival); Lange Nacht der Literatur; Knotenpunkt – Urban Contemporary Art

September/Oktober Filmfest Hamburg; Kampf der Künste (Poetry Slam)

September – November KinderKinder (Kulturfestival für Kinder)

Oktober/November Überjazz (Jazzfestival); International Queer Film Festival; Nacht des Wissens bzw. Tag des Wissens (im jährlichen Wechsel)

November Affordable Art Fair; Nordische Literaturtage; Plattdeutsche Buchmesse

November/Dezember Winterdom (Jahrmarkt auf dem Heiligengeistfeld); Weihnachtsmärkte; Hamburg zeigt Kunst (Kreativfestival); Holy Shit Shopping (Kunst- und Designmesse); Silvesterkonzerte

Rundgänge

Hamburg in einem Tag

(Rundgang: s. Karte auf der hinteren Buchklappe)

Dammtor-Bahnhof (S. 219), Jungfernstieg (S. 58), Gänsemarkt (S. 84), Passagenviertel (S. 80), Rathaus (S. 54), Mönckebergstraße (S. 70), Domplatz (S. 11), Kontorhausviertel (S. 64) Willy-Brandt-Straße (S. 72), Speicherstadt (S. 107), Hafencity (S. 112), Elbphilharmonie (S. 114), Baumwall (S. 221), Landungsbrücken (S. 181), abends: St. Pauli (S. 183)

Empfehlungen für weitere Tage

2. Tag: Kunstmeile mit Museumsbesuchen (S. 60 ff.), abends: Theater oder Staatsoper (S. 80)
3. Tag: Mit der HADAG-Fähre und dem Bus nach Blankenese (S. 205), Elbchaussee (S. 198), Jenischpark (S. 199), Botanischer Garten in Klein Flottbek (S. 94)
4. Tag: Bootsfahrt auf der Alster nach Winterhude (S. 154), dann nach Eppendorf (S. 139), Harvestehude (S. 136), zum Dammtor (S. 219), Planten un Blomen (S. 94), abends: Musicaltheater
5. Tag: Barmbek (S. 161), Wohnbauten der 1920er und 1930er Jahre (S. 156, 167), Museum der Arbeit (S. 162), Ohlsdorfer Friedhof (S. 164), Alstertal/Alsterwanderweg (S. 135), Stadtpark (S. 155)

6. Tag: Bergedorf (S. 176): Altstadt, Sternwarte; Elbe, Bille, Fleet- und Kanalfahrt von Bergedorf zur Binnenalster

7. Tag: Süderelbraum: Ballinstadt (S. 208), Veddel (S. 207), Wilhelmsburg Mitte (S. 208), Harburg mit Schlossinsel und Binnenhafen (S. 209), Museumsdorf Kiekeberg (S. 212)

Elbphilharmonie (S. 114 ff.)

Start: Landungsbrücken (S-Bahnen und U3). In Richtung Speicherstadt/Elbphilharmonie spazieren; Hochwasserschutzbauten und -treppen (Zaha Hadid, S. 106); bei Haltestelle Baumwall-Elbphilharmonie Richtung Hafencity/Elbphilharmonie abbiegen. Es lohnt sich, nach vorn zum Anleger zu gehen, wo auch die Hafenfähre Linie 72 anlegt.

Öffentlich zugänglicher Innenbereich: Von der größtenteils zugänglichen Plaza-Ebene auf dem Dach des Kaispeichers aus hat man in 33 Metern Höhe einen unbeschreiblichen Blick, nach Norden über die City, nach Süden zum Hafen.

Nicht frei zugängliche Bereiche: Im alten Kaispeicher selbst wurden u. a. PKW-Stellplätze, Backstage-Bereiche, Probenräume, Lager und ein weiterer Konzertsaal untergebracht. Der große Konzertsaal oberhalb des Speichers verfügt über 2150 Plätze, der kleinere Saal unten über 550 Plätze. Beide Säle und die raffiniert gestaffelten Treppenanlagen und Foyers können im Rahmen von Führungen besucht werden (Dauer 1 Stunde; www.elbphilharmonie.de).

Im Haus Kaiserkai 62 befindet sich das Besucherzentrum; hier gibt es die kostenlosen Besuchertickets für die öffentliche Plaza (gültig jeweils noch am selben Tag). Im

Der große Konzertsaal der Elbphilharmonie

Internet kann man gegen eine Gebühr von 2 Euro auch im Voraus buchen. Konzertkarten erhält man u. a. im Elbphilharmonie-Gebäude an der Tageskasse (häufig noch direkt vor einer Vorstellung).

Innenstadt

Das Wallgebiet

Das Wallgebiet, also jenes Terrain, das innerhalb der Befestigungsanlagen lag, zeigt den Charakter der Hansestadt und informiert am besten über die Entstehung der Stadt. Hier schlägt das kulturelle, geschäftliche und »touristische« Herz, hier liegen Binnenalster, Hauptkirchen, Rathaus, Passagenviertel, Mönckebergstraße und Kontorhausviertel. Das innere Wallgebiet umfasst Alt- und Neustadt und wird heute City genannt. Diese unterschiedlichen Begriffe enthalten Hinweise auf Überformungen und strukturelle Veränderungen – auf Schichtungen aus der Tiefe der Zeit. Wo früher ein tiefengestaffeltes Wehr- und Wallsystem die Stadt schützte und der Stadtkern gut erkennbar war, bilden heute grüne Wallanlagen, Eisenbahntrassen auf der Verbindungsbahn zwischen Hamburg und Altona sowie das Elbwasser der nördlichen Hafenanlagen die räumlichen Grenzen. Dabei liegt die historische Altstadt südöstlich des Alsterflusses, der aus der Binnenalster in Richtung Elbe weiterfließt. Die später entstandene Neustadt deckt entsprechend die nordwestlichen Gebiete ab. Sie ist kleinteiliger und wohnlicher. Älteres aus Zeiten vor dem Großen Brand (1842) taucht nur noch in ephemeren Spuren kleiner Stadthäuser auf. Oft sind es »Kopien« von Bauten, die in übertriebener Art an ihre verbrannten oder abgerissenen Originale erinnern. Das Alte wurde überformt – und das allein im 20. Jh. mehrfach. So dominieren in dem nur knapp sechseinhalb Quadratkilometer umfassenden Areal die Bauten des späten 19. Jh.s der Nachbrandzeit nicht mehr, viele sind durch umfangreiche Baumaßnahmen an der Mönckebergstraße und im Kontorhausviertel im ersten Drittel des 20. Jh.s verdrängt worden. Diese Architektur ist wegen dramatischer Kriegsschäden im Wiederaufbau durch eine einfache, bisweilen solide moderne Architektur der 1950er Jahre abgelöst worden. Seit den 1980er Jahren genügen schlichte Bauten nicht mehr den Ansprüchen von Investoren und Immobilienhändlern, sie werden systematisch ausgetauscht. Die im Volksmund latent gebrauchte Floskel von der »Freien und Abbruchstadt« Hamburg hat also bis heute einen ernsten Hintergrund. Aber Hamburg wird in der Welt nicht wegen seiner Bauten allein als eine der schönsten europäischen Städte bezeichnet, sondern auch wegen des Zusammenklangs der amphibischen Landschaften von Alster, Elbe und den Fleeten. Und genau dieses räumliche Miteinander ist hier im Herzen der Stadt deutlich zu erkennen.

Die Hauptkirchen

Zur architektonischen Schatzkammer einer europäischen Stadt gehören die Kirchen. In Hamburg beherrschen – vom Rathausturm abgesehen – die Türme von St. Katharinen, St. Petri, St. Jacobi, St. Michaelis und die Ruinen von St. Nikolai die Stadtkrone. Die Kirchen gelten als »sakrosankt« und werden als wahre Hamburgensien von Senat, Bürgerschaft und Bürgern leidenschaftlich geschützt. Sie waren Gradmesser des Stadtwachstums ab dem Mittelalter, und der »Michel« mit seinen 132 Metern Höhe ist immer noch das Maß aller Dinge. Kein anderes Gebäude in Hamburg sollte höher sein.

St. Katharinen (I J9) soll den wertvollsten alten (Hamburger) Baubestand besitzen, obgleich sie immer wieder stark zerstört wurde. Das trifft besonders auf den Turmschaft mit seinen Wulstprofilen zu, der dem 13. Jh. zugeordnet wird. St. Katharinen am Nordrand des Zollkanals, vis-à-vis der historischen Speicherstadt, wird auch die Kaufmannskirche genannt, weil die Handelsleute im Vier-

Turm der St.-Katharinen-Kirche

tel lebten. Zwei aus dem 17. Jh. erhaltene Epitaphe von Senator Caspar Möller und Georg von der Fechte, Vertreter angesehener Kaufmannsfamilien, bestätigen dies. Typisch für Hamburg: die häufige Veränderung und Anpassung dieser kleinsten der Hamburger Hauptkirchen. Mit ihrem gedrechselten Renaissanceturm von 1657 (Zimmermeister Peter Marquard) und ihrer Diagonalstellung zur Straße und zum Zollkanal fällt sie auf. Ihren Turm hat Nicolaus Kuhn (1732–1737) entworfen. Trotz starker Zerstörung im Zweiten Weltkrieg (30. Juli 1943) ist der gotische Charakter der Außenwände erhalten geblieben (Architekten Hopp & Jäger, Wiederaufbau: 1950–1956; Turmhelm: 1955–1957). Ein besonderes Merkmal betrifft den Querschnitt des dreischiffigen Langhauses: Das Mittelschiff ist im Vergleich zu den Seitenschiffen wesentlich höher. Dieser Typus wird als Pseudobasilika bezeichnet.

Die großartige Hallenkirche besticht außerdem durch einen ungewöhnlichen Abschluss des Chores und den unregelmäßigen, siebenseitigen Grundriss. Aufgenommen wird dieser Chor von seitlichen Anbauten – eine typische, gewinnbringende Eigenart Hamburger Kirchenbauten. Nach dem Zweiten Weltkrieg sanken die Einwohnerzahlen und die Hauptkirchen verloren an Bedeutung.

Weil die Kirche auf der Marsch steht, war sie stets gefährdet und bedurfte regelmäßig umfangreicher Sanierungen. Im Advent 2012 ist sie nach mehrjähriger Restaurierung feierlich wiedereröffnet worden.

Die Ausstattung ist im Zweiten Weltkrieg mit Ausnahme der Epitaphe größtenteils vernichtet worden. Heute lebt St. Katharinen von der Kraft moderner Kirchenkunst wie Altar, Kanzel und Chorgestühl von Otto Münch (Zürich 1956–1959), dem Bronzetaufbecken von Hans Kock (1963), der rekonstruierten Barockorgel und den Mittelschiffblenden von Ingeborg zu Schleswig-Holstein (1987). Die jüngste Bauphase mit Kosten in Höhe von über 23 Mio. Euro (Helmut Riemann, Lübeck) führte zur Freilegung des Portals an der Nordseite. Reste einer zerstörten Barock-Kanzel aus dem 17. Jh. wurden gefunden und neue Kunst integriert. Das große Chorfenster (1955) des bedeutenden Glaskünstlers Hans Gottfried von Stockhausen wurde ebenfalls restauriert. Die Fenstermotive beziehen sich auf die dritte Strophe des Kirchenliedes »Wachet auf, ruft uns die Stimme« von Philipp Nicolai, der von 1601 bis 1608 Hauptpastor an St. Katharinen war.

St. Petri (I J8), die Hauptkirche direkt an der Mönckebergstraße, gilt in den Schriftstücken als früheste. Es gab Vorgänger, bis St. Petri in der ersten Hälfte des 14. Jh.s neu errichtet wurde. Sie kennzeichnete damals die bischöfliche Marktsiedlung und ist als mächtige Hallenkirche mit St. Johannis in Lüneburg verwandt: Profilierte Scheidbögen ruhen auf Rundpfeilern, die Kreuzrippengewölbe haben nur schmale Gurtrippen. 1842 wurde St. Petri komplett zerstört und wieder aufgebaut. Das heute Sichtbare ist also keine 200 Jahre alt und dem Baumeister und Backsteinzauberer Alexis de Chateauneuf zu verdanken. Wie dieser den Backstein auswählte und vermauern ließ, so dass die Steine im Spiel der Abendlichtstrahlen zu Teppichen werden und stumpfe Handstrichsteine zusammen mit glänzenden Klinkern Schachbrettmuster bilden, hat schon Fritz Schumacher, Hamburgs wichtigster Städtebauer des 20. Jh.s, bewundert. Auch im Innern St. Petris hinterließ Chateauneuf starke Spuren, obgleich beim Wiederaufbau die mittelalterliche Hallenkirche ebenso als Vorbild diente.

Die Südschiffe wurden räumlich zusammengezogen, die Pfeiler beispielsweise im Querschnitt deutlich verringert. Es gibt wenige Reliquien aus der Vorbrandzeit (also von vor 1842), darum ist die Ausstattung im wesentlichen neugotisch. Der neugotische Altar ist wiederum im Zweiten Weltkrieg zerstört worden, die Ölgemälde von Petrus und Paulus (1851, Hermann Steinfurth) blieben verschont. Zum heutigen Hauptaltar gehört eine Kreuzigungsgruppe aus dem späten 15. Jh., überhaupt führt die Geschichte des ehemaligen mittelalterlichen Hochaltars, den Meister Bertram bis 1383 fertigte, weit zurück. Er ist deshalb nicht nur eines »der Hauptwerke der Hamburger Kunstgeschichte«, wie der Kunsthistoriker Hermann Hipp betonte, er zeugt auch von einer wahren Odyssee: 1724 durch einen Barockaufbau ersetzt, war der historische Altar im »Exil«, und zwar im mecklenburgischen Grabow gelandet. Dort wurde er von Alfred Lichtwark, dem Gründungsdirektor der Hamburger Kunsthalle, 1903 entdeckt und anschließend in der Kunsthalle ausgestellt.

Gar nicht museal wirkt St. Petri seit dem letzten großen Umbau (2009). Ins Südschiff wurde nun eine gläserne Box für das Kirchenbüro eingestellt (Akyol Kamps). Gotik verbindet sich mit Glas, und gemeinsam würdigen sie ein Thema: Licht im Gotteshaus. Die Nutzungsansprüche an eine große Kirche haben sich geändert. Die Einbauten stehen in Korrespondenz mit zwei Hochbauprojekten außen: für eine Kindertagesstätte der Gemeinde und für ein neues

Kontorhaus, beide hinter Backsteinkleidern. Im engen Dialog mit der Hauptkirche bilden die Neubauten ein gut strukturiertes Ensemble aus präzise formulierten Kuben und zeigen, dass der Ziegelbau in der Backsteinstadt in 150 Jahren zwar eine gewaltige technische Entwicklung gemacht hat, aber die Eleganz und Lebendigkeit von Chateauneuf aufgrund von technischen Zwängen nicht mehr erreichen kann.

◆ St. Michaelis (I I8; 1661) liegt, weithin sichtbar, in der Neustadt direkt auf dem Geestrand und ist das Wahrzeichen der Freien und Hansestadt Hamburg. Sie steht für einen Baustil, der Hamburg originär zugeschrieben wird. Zwischen dem Mittelalter und der Neuzeit hatten sich auch hier Konstruktion und Fassaden zeitgenössischen Einflüssen von außerhalb angepasst. Der Stil von St. Michaelis hingegen kann als eine hanseatische Eigenart des Barocks verstanden werden und wird dem Baumeister Ernst Georg Sonnin (1709–1794) zugeschrieben. Sonnin, der etwa seit 1730 in Hamburg lebte, war ein Generalist, wie viele Baumeister seiner Zeit. Er arbeitete auch als Mathematiklehrer und Feinmechaniker. Er hatte miterleben müssen, wie die Weserrenaissance und holländische Architektur in Hamburg Einfluss nahmen, wie der Backstein mit dem Werkstein verbaut wurde. Bremen spielte dabei als Stapelort des Oberkirchener Sandsteins eine große Rolle. Dieser Stein gliederte an Pilaster, Säulen und Gesimse die traditionell flächigen Hamburger Fassaden. Sonnins Verdienst bestand darin, den Anteil des Werksteins zu reduzieren und das Dekor zurückzunehmen. Er wollte damit ein typisches Merkmal für Hamburger Ziegelarchitektur erzielen. Selbst die Lisenen, die senkrecht vorstehenden Mauerstreifen, waren bei Sonnin wieder aus Backstein. Zur »Sonnin-Schule« gehörten Baumeister wie Johann Leonhard Prey, Johann Hinrich Nicolassen und Johannes Kopp. Zu den besonderen Werken Sonnins zählt die Hauptkirche St. Michaelis, der »Michel«, wie ihn die Ham-

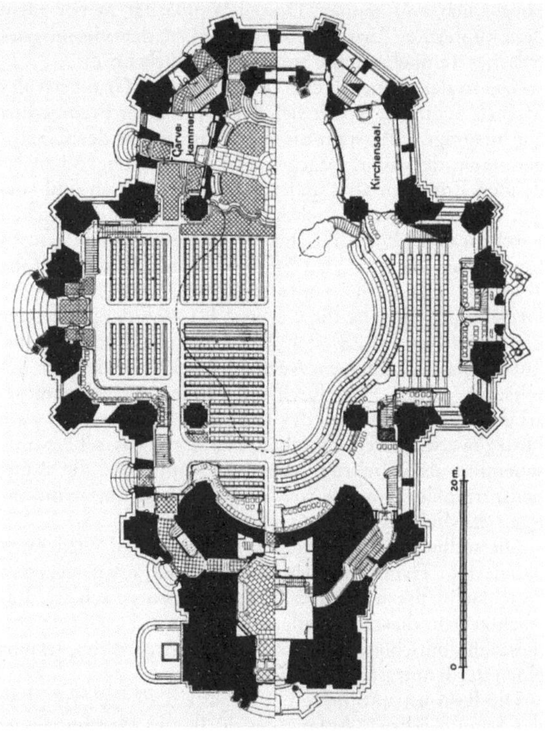

Grundriss der St.-Michaelis-Kirche
(links: Erdgeschoss; rechts: Empore)

burger liebevoll nennen. Dessen Popularität ist vor allem dem kupfernen Turmhelm zu verdanken, der wie ein griechisches Tempelchen die Spitze des Michels krönt.

Wie in der Frauenkirche Dresden ist der Grundriss des Michels zentriert, womit sich der Typus einer Predigerkirche ausprägt. Hier steht die Kanzel im Fokus der Gläubigen, nicht der Altar. Dagegen sind die schwungvoll ausladenden Emporen alles andere als protestantisch und sorgen für unerwartete Leichtigkeit in einem norddeutschen Kirchenraum. Die dreischiffige Halle mit den kurzen Querarmen hatte in den Städten Hamburg und Altona Tradition, z. B. in **St. Trinitatis** (Altona; II H8) und in der **Dreieinigkeitskirche** (St. Georg, I J8). Von der Dreieinigkeitskirche ist im Zweiten Weltkrieg allerdings nur der Turm erhalten geblieben. Auch der Michel wurde stark beschädigt – schon 1906 durch einen Brand nach Reparaturarbeiten am Kupferdach des Turmes. Damals wurden viele Holzgewerke durch Eisenbeton ersetzt, was sehr wahrscheinlich dazu beitrug, dass die Hauptkirche die Bombenstürme des Zweiten Weltkriegs im Gegensatz zum übrigen St. Michaelisquartier überlebte.

Die südliche Neustadt gehört zu den frühen Wiederaufbauvierteln Hamburgs, deren Einfachheit aus geziegelten Satteldachhäusern der 1950er Jahre prototypisch ist. Betrachtet man diesen mächtigen Kirchenbau zusammen mit dieser ihn umschließenden 1950er-Jahre-Architektur, stimmt einen der Kontrast heute nachdenklich.

Die Rekonstruktion von 1906 hatte dafür gesorgt, dass der Sonnin-Barock Anfang des 20. Jh.s in Hamburg eine Renaissance erfuhr, wie der Bau des Hulbe-Hauses oder des Rappolt-Hauses in der Nähe der Petrikirche an der Mönckebergstraße bezeugen. In der Hauptkirche St. Michaelis ist die jüngste Sanierung 2011 abgeschlossen worden (Joachim Reinig, Aufwand: ca. 20 Mio. Euro).

Diese Hauptkirche ist längst nicht mehr nur Gotteshaus allein, sondern Konzert- und Veranstaltungsort.

St. Jacobi, zwischen Mönckebergstraße und Steinstraße inmitten der Altstadt (I J8), wurde 1255 erstmals erwähnt. Sie ist eine vierschiffige Hallenkirche mit polygonalen Apsiden und zählt wie St. Petri zur Gruppe der Kirchen, die nach dem Vorbild von St. Johannis in Lüneburg errichtet und im Laufe der Jahrhunderte kontinuierlich verändert und ausgebaut worden sind. St. Jacobi wurde in den 1860er Jahren renoviert und erhielt damals das Fenstermaß, das sie heute noch prägt. Aus dem noch jungen 19. Jh. stammt ein neogotischer Turmaufsatz, der mit großen Teilen der Hauptkirche 1944 zerstört worden ist. Die Architekten Hopp & Jäger krönten beim Wiederaufbau in den 1960er Jahren das Kirchenschiff mit einem moderat provokanten und schlanken Kupferhelm, der sich mittels vier Pfeilern optisch absetzt, somit Neues von Altem trennt. Nach außen – in die Hamburger Stadtkontur – wurde damit das Signal gegeben, dass im 20. Jh. in Altstädten mit modernen Stilmitteln weitergebaut werden kann. Drei Dinge rechtfertigen einen Besuch der im Vergleich mit den anderen Hauptkirchen häufig nachrangig behandelten Kirche: die klangvolle Orgel von Arp Schnitger (1689–1693); ein zweigeschossiger Anbau, der zu einem der letzten erhaltenen Profangebäude aus dem Mittelalter in der City zählt; der idyllische St.-Jacobi-Kirchhof (Ostermeyer und Suhr; 1954–1955).

Die Kirchenruine St. Nikolai (I I/J8) ist eine Besonderheit, weil sie 1874 am Hopfenmarkt durch den Briten George Gilbert Scott nach Zerstörung durch den Großen Brand 1842 in großer Geste wiederaufgebaut wurde. Mit dieser Kirche und ihrem 147 Meter hohen Turm wurde damals in neogotischer Tradition eines (gerade geweihten) Kölner Doms ein stattliches Zeichen gesetzt. Das erklärt sich aus dem Zeitgeist des jungen (Zweiten) Deutschen Reichs, das in Verbindung mit den christlichen Kirchen der Gotik huldigte. 100 Jahre später führte das dazu, dass englische Bomber bei ihren zahlreichen Angriffen auf die

Stadt den Turm als Landmarke begriffen und die Kirche stark zerstörten. Das Gotteshaus wurde nicht wieder aufgebaut, Turm und Apsis blieben als Mahnmal erhalten. Seit 2005 ermöglicht ein gläserner Aufzug den Besuch der Turmspitze. Die Nachfolgekirche **St. Nikolai** steht seit 1962 am Klosterstern in Harvestehude (III I/J6).

Venedig an der Alster: »das Kunstwerk«

Das Typische der Stadtlandschaft Hamburgs erschließt sich dem Besucher am Rathaus unmittelbar. Rathaus und Rathausplatz lehnen sich an den Stadtraum der **Binnenalster** an (I J8). Diese ist bis 1842 ein »Stück Landschaft gewesen, mit architektonisch verzierten Ufern«. So schrieb es Hamburgs früherer Oberbaudirektor Fritz Schumacher (1908–1933) zu Beginn des 20. Jh.s nieder. Nach dem Großen Brand von 1842 wurde die Wasserfläche als Raum entdeckt. Was der Hamburger Senat initiierte, als er im Bebauungsplan diese zum bewusst gestalteten Architekturraum machte, führte zu einer entscheidenden Wende Hamburgs und gilt als größte städtebauliche Leistung der Hansestadt auf dem Wege zur modernen Großstadt. Der Erfolg ist unter anderem einer recht rigiden Gestaltungsvorschrift über Dachneigung und Material (Kupfer und heller Putz) zu verdanken, die immer noch greift. Die Binnenalster samt Umbauung gehört heute zu einer der ganz großen Hamburgensien. Die Binnenalster lässt sich besonders gut von der **Lombardsbrücke** betrachten, die 1868 von Johann Hermann Maack erbaut und 1901 erweitert wurde – eine beeindruckende, steinerne Korbbogenbrücke mit prächtigen Kugelkandelabern (I J8).

Schumacher hat die Binnenalsterbebauung als »Kunstwerk« begriffen, und man kann sie durchaus mit dem venezianischen Ensemble San Marco vergleichen. Die ursprünglichen Planungen für den Rathausplatz sind 1842

Blick von der Binnenalster auf den Rathausturm
und den Turm von St. Nikolai

von Gottfried Semper vorgenommen und später verfeinert worden. Wenn man vom Rathausplatz in den **Reesendamm** (I J8) einbiegt, entsteht der Eindruck, als gehe man vom Markusplatz zum großen Wasser hin. Nur stehen hier statt des prächtigen Dogenpalasts die **Alsterarkaden**. Sie repräsentieren den Geist des Wiederaufbaus nach dem Großen Brand. Die Urbauten wurden nach Plänen von Alexis de Chateauneuf bis etwa 1846 errichtet. Danach waren sie vielen Kapriolen der jüngsten Baugeschichte ausgesetzt. Beispielsweise führte eine Brandstiftung in der Silvesternacht 1990 zu einem Neuanfang. Wolfgang Schultz-Coulon baute die Anlage danach sehr einfühlsam wieder auf, so dass immer noch die harmlose Formenwelt des ausgehenden Biedermeiers spürbar bleibt. Viergeschossig, städtisch, aber im City-Bereich inzwischen durch Neubauten im großstädtischen Maßstab ersetzt. Die Arkade ist heute Teil des Alsterwanderwegs.

♦ Der Bereich direkt vor dem **Rathaus** (I J8) orientiert sich tatsächlich am Grundmuster des venezianischen Markusplatzes. Damit ist nicht nur die Pfahlgründung gemeint, sondern der Gesamtauftritt. Die 111 Meter lange Hauptfassade des Rathauses, die an Motive aus der Hochrenaissance in den Niederlanden erinnert, und der schlanke Mittelturm mit einer Höhe von 112 Metern sind Ausdruck hanseatischen Stolzes, wie er sich Ende des 19. Jh.s ausprägte. An der herrschaftlichen Fassade geben sich Figuren und Skulpturen ein Stelldichein, vor allem mit der »Hammonia«, Hamburg in personifizierter Gestalt, deutlich sichtbar am Turm. Man erkennt dort auch Darstellungen bürgerlicher Tugenden wie die Concordia (Eintracht) und die Pietas (Frömmigkeit). Weil der zur Zeit des Neubaus regierende Kaiser Wilhelm II. nicht dargestellt wurde, ist die Annahme zulässig, dass hier ein Gegenkurs zum früheren Deutschen Kaiserreich eingenommen wird. Allerdings gibt es im Rathaus einen überaus prächtigen Kaisersaal, in dem sich die Hanseaten mit ihrem Bürgerschloss großartig

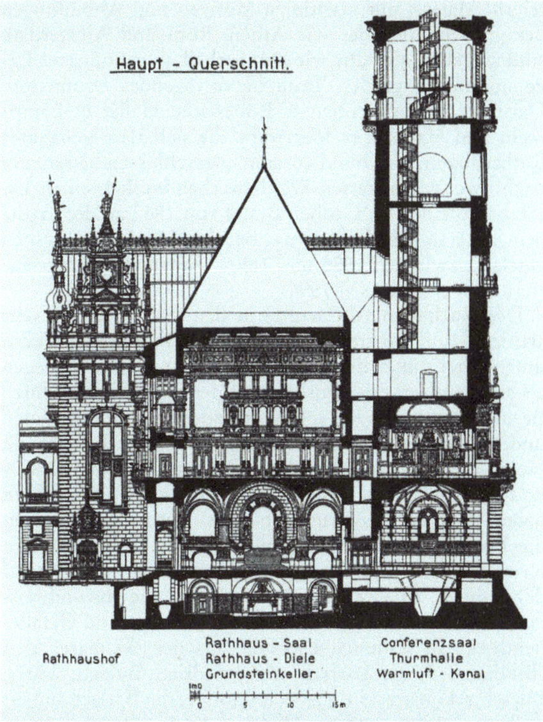

Schnitt durch das Rathaus

feiern. Malerei mit maritimen Motiven und Abbildungen der großen Vorbilder wie Athen, Rom und Amsterdam sind zu sehen. Ein Ort wie Donnerhall, in exponierter Lage mit einem großen Team hervorragender Baumeister. Darunter waren Grotjan & Robertson, Haller & Lamprecht und Hanssen & Meerwein, die sich als sogenannter Rathausbaumeisterbund zusammengeschlossen hatten, um nach zwei gescheiterten Wettbewerben endlich einen Ersatzbau für den im Großen Brand von 1842 an der Trostbrücke zerstörten Altbau zu entwerfen. Der Ursprungsbau entstand zwischen 1886 und 1897. Umfangreiche Restaurierungen erfolgen seit 1994.

Der **Rathausmarkt** wurde in den 1980er Jahren sehr artifiziell mit postmodern-protzigen Glastonnendächern umgestaltet, unter denen sowohl Kioske und WCs liegen als auch ein zentraler Busbahnhof der Stadt (Timm Ohrt). Besucher von auswärts sollten trotzdem genau hinschauen und auf Spuren aus früheren Zeiten achten: Es gibt ein Heine-Denkmal von Waldemar Otto aus dem Jahr 1982 – und einige Platzleuchten aus den sachlichen 1930er Jahren haben die Modernisierung überlebt. Beeindruckend sind die Flaggenmasten mit den allegorischen Botschaften zu Krieg, Frieden und Versorgung (aus den Vierlanden) auf den Fahnen. Andere wichtige Bauwerke, die vor und seitlich des Rathauses liegen, wie Treppenanlage und Gefallenendenkmal, stammen ebenfalls aus der Weimarer Zeit (Bildhauer Ernst Barlach mit Friedrich Bursch, 1931). Bursch rekonstruierte 1949 die Motive, die Barlach um eine Kriegerwitwe und ein Mädchen komponiert hatte und die im Nationalsozialismus gegen einen Reichsadler ausgetauscht wurden.

Die Schleusenanlage aus den 1930er Jahren steht oberhalb der Alster an der Grenze zwischen Alt- und Neustadt. Am Denkmal hinter der Schleusenbrücke wird deutlich, dass die Alster künstlich aufgestaut wurde und dass der Schifffahrtsweg zur Elbe über Schleusen verbunden ist.

Schaut man von der Lombardsbrücke auf die andere Seite der Binnenalster, rund um das Binnenalsterbecken, fällt der Blick auf eine erstaunliche Ansammlung von Bauten aus unterschiedlichen Epochen, die dennoch ein harmonisches Ganzes bilden. Ganz vorn, rechts an der Lombardsbrücke, am Neuen Jungfernstieg, steht das **ehem. Standardhaus/Esso-Haus** (1938, Elingius & Schramm). Es ist die Stelle, für die Konstanty Gutschow (1902–1978), der 1941 den Titel »Architekt für die Neugestaltung der Hansestadt Hamburg« verliehen bekam, Konzepte für ein Hochhaus entwickelte, womit er die Strahlkraft dieses Ortes richtig einschätzte (aber nicht realisierte). Elingius & Schramm hatten zur gleichen Zeit das **Nivea-Haus** vollendet. Es steht am Neuen Jungfernstieg und den Colonnaden. Beide Häuser verfügen über pathetische, geometrisch ausgezirkelte Baukörper, die sehr typisch für viele europäische Großstädte der Zwischenkriegszeit sind. So passt in die Zeit, dass der Eckturm an der Esplanade/ Neuer Jungfernstieg schon lange vor dem Krieg als Standort für Flakgeschütze ausgerüstet wurde.

Ebenfalls an dem nach Nordwesten hin begrenzenden Neuen Jungfernstieg liegen das **Grandhotel Vier Jahreszeiten** (I J8), der **Übersee-Club** und einige interessante Häuser mit modernen Aufstockungen. Sie zeugen von dem stetig und harmonisch verlaufenden Weiter- und Umbau des »Kunstwerks« Binnenalster, das heute auch als Geschäfts- und Tourismuszentrum der Hansestadt zu begreifen ist. Franz Gustav Forsmann hat hier 1834, knapp zehn Jahre vor dem Großen Brand, für den Bankier Gottlieb Jenisch erstmalig ein herrschaftliches Wohnhaus errichtet, das die klassische Hamburger Verflechtung zwischen Arbeiten und Wohnen leugnete. Gottlieb Jenisch war ein Bruder von Martin Johann Jenisch, der das Jenisch-Haus im Jenischpark (Nienstedten) ebenfalls von Forsmann entwerfen ließ. Die optische Nähe ist unverkennbar.

Heute residiert in dem stattlichen Putzbau der weit über

Hamburgs Grenzen hinaus bekannte Übersee-Club, dessen seitliche Eingangsfassade allerdings nicht authentisch, sondern fremden historischen Vorbildern nachempfunden ist; früher war der Rand zur Alster geschlossen. Der städtische Raum der Binnenalster gestattet dem Betrachter den nötigen Abstand zu den Bauwerken, so dass er sehen kann, wie sich hinter der direkten Uferbebauung Maßstab und Dichte verändert haben, aber der Gesamtmaßstab am Alsterbecken wegen der Gestaltungsvorschriften eingehalten wird.

Am Jungfernstieg fallen ganz rechts das ehemalige Streits-Kino und der **Hamburger Hof** (I J8) auf, der an dieser heiteren Stelle der Stadt fast düster scheint. 1845 war dort Sillems Bazar entstanden, Mutter aller Hamburger Arkadendurchgänge, die für Einzelhandelsaktivitäten kommerziell genutzt werden. Aber schon 1880 wurde diese schöne kleine Passage durch den trutzigen Hotelbau des Hamburger Hofs ersetzt. Er störte mit seiner selbstgefälligen und dunklen Sandsteinfassade die helle Geschlossenheit des Binnenalsterensembles. Im Zuge der Passagen-Renaissance in den 1980er Jahren entstand durch Peter Schweger u. a. eine Einkaufspassage, die das Passagenviertel, d. h. das Hanseviertel, direkt anbindet.

Dem Hamburger Hof gegenüber liegt der **Alsterpavillon** (I J8). Die Hamburger sind nie zimperlich mit architektonischem Gut umgegangen, das im Laufe der 1950er Jahre an das Alsterufer gespült wurde. Vieles ist wieder verschwunden. Der Pavillon des Ferdinand Streb an der Binnenalster aus dem Jahre 1953, entstanden auf dem Grundriss des Vorgängerbaus, steht immer noch. Inzwischen lohnen viele 50er-Jahre-Details im Innenausbau die Einkehr.

2005/06 hat Hamburg seine »gute Stube« noch einmal ◆ aufgeräumt. Der **Jungfernstieg** (I J8), ein kurzer, aber sehr schöner Boulevard mit Aussicht auf die Binnenalster, war zugewuchert, ein »Seeboulevard« nicht mehr sichtbar.

Zum »Wildwuchs« gehörten Bauten wie das HAPAG-Lloyd-Reisebüro (aus den 1970er Jahren an der Wasserseite) und eine Baumallee, die das breite Trottoir des Jungfernstiegs mehr bedrohte als schmückte. Mit dem einfachen Trick, die Baumreihen querab zur Binnenalster neu aufzustellen und die Flanierzeilen an den Geschäften und zum Wasser großzügiger zu dimensionieren, hat dieser öffentliche Raum wieder an Klarheit und Ausstrahlung gewonnen. Alle Hochbauten, Restaurants, Kioske und U-Bahnhofzugänge wurden in unauffälliges Glasdesign der Spätmoderne getaucht.

Der dort zuständige Architekt André Poitiers hat gleich an der Einmündung der Großen Bleichen eine schmale Gebäudelücke ansehnlich mit Glas gefüllt, so dass das Bürohaus **Kemper-Trautmann-Haus** (2008) entstanden ist. Die Architekten Bothe Richter Teherani ließen die große **Europa Passage** (2007) am **Ballindamm** (I J8) in diesen neugestalteten zentralen Stadtraum einfließen. Allerdings konnten BRT sich hier in der strengen Form des »Kunstwerks« nicht so frei entfalten wie bei ihren gläsernen Kontorhäusern in der City Süd; sie trafen den Maßstab nicht so gut wie Rogalla & Osmers, die den Ballindamm 36 (1986–1988) aufgestockt haben. Und schon gar nicht konnten sie die Grandezza des Hauptquartiers von **Hapag Lloyd** erreichen (Architekten u. a. Haller & Geißler, Fritz Höger, Elingius & Schramm). Fritz Höger hatte mit dem Gedanken gespielt, hier (wie für das Chilehaus auch) Ziegel an die Fassade zu bringen. Er unterlag mit seiner Idee 1920 der Baukommission, die das Erbe des weißen Stadtraums schützte. Allerdings brachte er durch verschiedene Elemente, einen Mittelrisalit oder ein mächtiges Dach, den wiedererstarkten Geist deutscher Reeder für diese Zeit angemessen in die Welt.

Im Hinterland vom Ballindamm, dem durch Nachkriegsmaßstäbe geprägten Quartier, sind wenige Nachbrandgebäude wie die **ehem. Niemitz-Apotheke** von 1848 erhalten. Das Thalia-Theater (I J8), nach dem Deutschen Schauspielhaus Hamburgs zweites großes Sprechtheater, verbirgt sich hinter harmlosen neoklassizistischen Putzfassaden. Den Wiederaufbau nahm einer der wichtigsten und federführenden Hamburger Nachkriegsarchitekten, Werner Kallmorgen, vor, der überdies den Speicher errichtete, auf dem heute die Elbphilharmonie steht. Kallmorgen hatte die selten gewordene Aufgabe übernommen, ein Bauwerk seines Vaters Georg (Lundt und Kallmorgen) wiederaufzubauen. Neu definiert wurde der Zuschauerraum durch eine gekrümmte Wandschale, ansonsten sind durchaus Unterschiede zwischen Urbau (1912), Denkmalschutz und Wiederaufbau zu sehen, was dieses Gebäude interessant macht.

Von der Lombardsbrücke zum Deichtor: die Kunstmeile

Steht man auf der Lombardsbrücke mit dem Rücken zur Binnenalster, wird eine weite Seenlandschaft sichtbar: die Außenalster mit den Stadterweiterungen des 19. Jh. s. Dazu gehören die Stadtteile Harvestehude und Rotherbaum, die nordwestlich der Alster liegen; St. Georg und Uhlenhorst nordöstlich.

Kunst- und Architekturinteressierten sei empfohlen, ◆ sich zunächst der Hamburger Kunsthalle (I J8) zu widmen. Ihr jüngster Bauteil (1996, Oswald M. Ungers, Köln) steht direkt an der Alster. Sie eröffnet die Hamburger Kunstmeile, die von hier aus bis zum Deichtor reicht und heute in das »Kreativenviertel« des Oberhafens führt. Was große Kunstmuseen betrifft, kann Hamburg vordergründig nicht mit München oder Berlin mithalten. Niemand stand als Mäzen zur Verfügung. Erst spät wuchs das hanseatische Bürgertum in diese Rolle. Alfred Lichtwark, der erste Direktor der Kunsthalle (1886–1914), war der entscheidende Katalysator für Sammlung und Sendung, die vor allem dem 19. Jh. gewidmet war. Die Kunsthalle war Ausgangspunkt dafür, dass sich in gut 100 Jahren eine schmale »Museumsinsel« zwischen Schnellstraße, Tunnel des Wallrings und Verbindungsbahn herausgebildet hat. Die drei Bauten der Kunsthalle spiegeln den Wandel der Baukunst in dieser Zeit wider. Der erste Abschnitt von 1866 (Schirrmacher, Hermann von der Hude) wurde mit Ziegelmauerwerk und farbigen Terrakotten der Berliner Schinkelschule des Klassizismus angepasst. Zahlreiche Künstlerdarstellungen mit Michelangelo und Raffael dominieren die Fassade. Jüngst haben im Inneren Rekonstruktionsarbeiten stattgefunden. Dabei sind in den Obersälen Deckenlichter freigelegt und ursprüngliche Raumhöhen wiederhergestellt worden.

Der Urbau liegt heute in der Mitte zweier Bauerweiterungen von 1921 und von 1996. Der Vorentwurf stammt von Albert Erbe, realisiert wurde er von Fritz Schumacher. Die Erweiterung der Kunsthalle ist vor allem Alfred Lichtwark zu verdanken. Er wollte nicht nur eine bauliche Erweiterung, sondern auch ein Vorbild für alle deutschen Museen schaffen. Mit Erbe und Schumacher kümmerten sich gleich zwei hohe Baubeamte um das Gebäude. Die Muschelkalkarchitektur ist zurückhaltend; dafür ruft in Richtung Hauptbahnhof eine Kuppel mit Säulen ausdrucksstark das Motiv des Pantheons in Erinnerung. Der spätere dritte Bauteil wurde ebenfalls als »Tempelbau der Kunst« gestaltet.

Die Galerie der Gegenwart aus dem Jahr 1996 eröffnet das Kunsthallentrio – sehr gut sichtbar vom Jungfernstieg – ein vorgeschobener Beobachter der Kunst an der Binnenalster. Einer der wichtigsten deutschen Nachkriegsbaumeister und Architekturtheoretiker, Oswald Mathias Ungers (1926–2007), verarbeitete dabei konsequent auf die ihm typische Weise das Motiv des Quadrats: Der Neubau ist ein in der Höhe leicht gekürzter Kubus aus hellgrauem

Granit, der freie Platz zwischen Neu- und Altbau ein Quadrat; auch die Fenster folgen dieser Form. Die gesamte Anlage liegt erhöht über Straße und Alster und präsentiert sich auf einem Pyramidenstumpf aus rotem Granit – eine Inszenierung, die den »Kunsttempel« der übrigen Stadt entrücken soll und in der »Bürgerstadt« Hamburg erwartungsgemäß zu heftiger Kritik führte. Das Sockelgeschoss verbindet die Galerie der Gegenwart und den Altbau miteinander, seine Außenfläche ist inzwischen ein Paradies für Inlineskater. Die Galerie der Gegenwart nimmt die Sammlung des 20. und 21. Jh.s auf. In großräumigen unterirdischen Galerien und überirdischen Sälen, die ein haushohes (quadratisches) Atrium einfassen, werden die oftmals sperrigen Kunstwerke ausgestellt.

Die Schätze der Kunsthalle stammen schwerpunktmäßig aus Hamburg und aus dem 19. Jh., also aus der Zeit, als dieses Institut gegründet wurde. Werke von Philipp Otto Runge, Caspar David Friedrich und vielen anderen Romantikern gehören dazu, aber auch Bilder von Auguste Renoir, Claude Monet oder Paul Cézanne. Der Zeitraum dieser Sammlung reicht von der Romantik bis zum Impressionismus. Bilder aus dem 20. Jh. – u. a. von Max Beckmann, Willi Baumeister, Ernst Ludwig Kirchner und Emil Nolde – hängen wieder im Gründungsbau. Wichtig sind außerdem das Kupferstichkabinett, dessen Bestand vom 15. Jh. bis in die Gegenwart reicht, die Sammlung der alten Meister und natürlich die Sonderausstellungen.

Von der Rotunde aus, die innerhalb des zweiten Bauabschnitts neben dem Haupteingang entstand, ist der stark frequentierte **Hauptbahnhof** (I J8) schnell zu erreichen. Mit seiner einzigartigen Eisenkonstruktion überspannt er die Gleise, die in Tieflage auf den ehemaligen Wallanlagen verlaufen. Die Kunstmeile ist also praktisch unterbrochen, auch wenn von der anderen Seite (aus St. Georg) das **Museum für Kunst und Gewerbe** (MKG; I J8) herübergrüßt. Das frühere Hauptpostamt **Hühnerposten** (I J8; 1906,

Baurat Ernst Schuppan), ein recht stolzer Backstein- bzw. Putzbau am Hauptbahnhof, führte als zentrales Bahnhofspostamt lange ein Dornröschendasein, weil es ausschließlich im Dienst der Post stand. Das Haus wurde umgebaut und ist heute Standort der **Zentralbibliothek** der städtischen Bücherhallen sowie des Goethe-Instituts.

Am Deichtorplatz tummelten sich seit dem Mittelalter Anbieter von frischen Waren zur Versorgung der Großstadt. Sie kamen über das Wasser direkt aus dem Hafen oder den Vier- und Marschlanden. Die Gemüse-Ewer (wie die Boote hier hießen) machten an einer 500 Meter langen Landungsbrücke fest. Hochwasser und Hygienegesetze sorgten zu Beginn des 20. Jh.s für den Bau von Markthallen. Am Klosterwall sind heute der **Kunstverein**, die **Freie Akademie der Künste** und zahlreiche andere öffentliche und private Galerien zu finden. Die Architekten Störmer + Partner und Floder & Simons haben 1993 den Umbau vorgenommen und für eine zeitgemäße Performance der schönen Künste gesorgt, wobei der bauliche Grundcharakter von 1917 bzw. 1951 erhalten blieb. Die Hallen bieten flexible Ausstellungsflächen und sind mit (sich gegenseitig ergänzendem) Tages- und Kunstlicht ausgestattet. Hier wird u. a. Institutionen Platz geboten, die wegen der Erweiterung der Hamburger Kunsthalle ihr ursprüngliches Domizil aufgeben mussten, so zum Beispiel dem Kunstverein. Auf der anderen Seite der Straße, die zu den Elbbrücken führt, hat in den 1990er Jahren der international anerkannte Museumsarchitekt Josef Paul Kleihues (1933–2004) zwei weitere Markthallen von 1912 umgebaut. Sie sind als **Deichtorhallen** (I J8/9) zum Zentrum für moderne Künste ◆ geworden. Inzwischen ist auch der international bekannte private Sammler Harald Falckenberg einbezogen worden und es ist das Zentrum für Weltfotografie des Fotografen F. C. Gundlach entstanden. Die südlich gelegene Halle (das Haus der Fotografie) wirkt wuchtig und gedrungen, durch einen in der Mitte liegenden Turm erinnert sie an eine Basilika. Die nördliche ist lang und einschiffig. Nachdem die Markthallen in den 1980er Jahren durch Konzentration auf den Großmarkt in Hammerbrook ihre Funktionen verloren haben, wurden die düsteren Gewerbehallen zu lichten Galerien umgebaut. Wenig prätentiös, aber effektiv.

An dieser Stelle endete früher die Innenstadt und es begann der Freihafen mit der Speicherstadt. Jetzt steht dort das »Tor« zur Hafencity. Über Schleichwege entlang der Stadtbahnbögen und über die Oberhafenbrücke ist sehr schnell das neue Kreativenquartier **Oberhafen** (I J9) erreichbar. Der Neubau des **Spiegel-Verlags** (I J9) markiert den Anfang der neuen Hafencity. Daneben liegt mit dem **Deichtor-Center** ein anderer Vertreter der Generation eines gläsernen Hamburger Kontorhauses. Auf einem Restgrundstück in Nachbarschaft zum Kontorhausviertel und Chilehaus haben es die Architekten Bothe Richter Teherani 2002 entworfen. Sie nahmen dort selbst lange Zeit Quartier. Was gebaut wurde, sollte das Lebensgefühl einer neuen Generation von Dienstleistungsberufen vermitteln. Die Architektur selbst zeigt keine wesentliche Weiterentwicklung des Typus Kontorhaus. Die Größe (Bruttorauminhalt: 140 000 Kubikmeter) ist zu tolerieren, weil das Kontorhausviertel mit seinen großvolumigen Bauwerken gegenüberliegt. Die Proportionen der riesigen Glaswände wurden handwerklich gut bewältigt. Auf dreieckigem Grundriss werden die Büroetagen im Zickzack geführt, ferner sind imposante Innenhöfe zu betrachten.

Das Kontorhausviertel

Die Vorbilder aus dem beginnenden 20. Jh. liegen dem Deichtor-Center gegenüber. Einen wesentlichen Teil der frühen Metamorphose des Hamburger Stadtkerns hin zur modernen City ist diesem Kontorhausviertel zu verdanken: Es hat mit großstädtischer Körnung (Struktur, Maß-

Kontorhausviertel, Luftbild von 1925

stab, Größenordnung) ihrer (Büro-)Häuser den Maßstab der alten Stadt buchstäblich überrollt. Es gibt frühe Luftbilder, die dokumentieren, wie nur noch wenige Fachwerkhausruinen ins Stadtbild ragen und die Kontorhäuser daneben sehr bedrohlich wirken. »Kontorhaus« meint einen Vorratsbau mit zu vermietenden Einzelkontoren. Das Mietangebot richtete sich an kleine Firmen, Reeder, Rechtsanwälte etc. Die Aufgänge und Flure sind noch repräsentativ, die Bürozimmer, Küchen und WCs klein und funktional.

Wenn dieser Typus des damals neuen Hamburger Kontorhauses heute verehrt und gelobt wird, ist das dem Bau des Chilehauses (I J8; 1924) zu verdanken. Zusammen mit der Speicherstadt und dem restlichen Kontorhausviertel wurde es 2015 in die Liste der Welterbestätten der UNESCO aufgenommen. Im Buch *Hamburg und seine*

Chilehaus

Bauten wird in der Ausgabe für die Jahre 1918–1929 vermeldet: »Auf einer Grundfläche von 5950 qm entstehen in nur zweieinhalb Jahren Bauzeit 3600 qm Nutzfläche. 750 Güterwagen Zement werden angeliefert, 30 000 cbm Kies verbraucht, 1600 Tonnen Rundeisen und 900 000 Deckenhohlsteine vermauert.« Das Chilehaus wurde zum Fanal für den Wiederaufstieg der Wirtschaftskraft nach dem Ersten Weltkrieg. Später feierte man es als die Inkunabel der Hamburger Architektur, und noch später erschienen Briefmarken mit der Chilehausspitze. Mit frühen historischen Fotoaufnahmen des noch recht einsam stehenden Chilehauses wurde durch die bewusst gewählte Perspektive des Fotografen die Metapher vom steinernen Schiff geboren, die bis heute kultiviert wird. Bewertet aus heutiger Zeit nahmen alle emphatischen Metaphern ihren Anfang in dem sehr schmalen Grundstück. Dass das Schiff in der Architektur Vorbild wurde, war bereits wenige Jahre zuvor in den Niederlanden am Scheepvaarthuis und anderen Amsterdamer Häusern zu beobachten. Die gewaltige Bauleistung, die dem Kaufmann Henry B. Sloman durch den Handel mit chilenischem Salpeter möglich geworden war, wurde seinerzeit von Schriftstellern wie Rudolf G. Binding entsprechend gefeiert: »Wer dieses Haus nicht erschütterlich betrachtet, weiß nichts vom Mut, nichts von Freiheit, Selbstbewusstsein, Zuversicht, Unterliegbarkeit, Unbesiegbarkeit!«

Baumeister Fritz Höger (1877–1949) – der seit 1907 in Hamburg als selbständiger Architekt ansässig war – baute das Chilehaus auf einem »schmalen zungenhaften Fetzen Land« wie Binding schrieb, »es erhebt sich, zu jener Spitze förmlich hineilend, ein einiger Häuserleib, erstreckt wie eine Forelle, hinauswehend wie ein Fittich, unheimlich stark wie die Schwungfedern eines Adlers und sich entrollend wie eine Fahne im Wind«. Betrachtet man die fabelhafte Baukörperführung und -verstaffelung, die schwunghafte Fassadenführung im Spiel mit den scharfkantigen Mauervorlagen, die Mauerdetaillierung und den Keramikschmuck, darf man dem Verfasser der Zeilen recht geben. Für Fritz Höger war es die Krönung seines architektonischen Schaffens, weil es ihm gelang, die Vorgaben regionaler Baukreativität mit den Anforderungen der Großstadt zu vereinen. Nach und nach entstand im Schlagschatten des Hauses das erste reine Bürohausviertel Deutschlands – ein entscheidender Schritt auf dem Weg zur Großstadt.

Direkt an der Westseite lehnt sich mit den **Landherrenschaften** (1908, Albert Erbe) eine eigenwillige Neobarock-Architektur mit Schweifgiebel an. Erbaut als Dienstgebäude für die Hamburger Gebietsverwaltung und die Polizei, hatte es repräsentative Funktion. Albert Erbe, einer der Vorgänger Schumachers, erinnerte mit diesem Entwurf an Motive von alten Hamburger Bürgerhäusern. Daher sehen die Landherrenschaften tatsächlich so aus, als sei ein »Dreifensterhaus« einfach nur »aufgeblasen« worden. Es ist ein Vorzeigeprojekt für die aufkommende Heimatschutzarchitektur. Eine bildhafte Architektur, die Portalfiguren mit Früchten oder Fischen zeigt, passt zur ursprünglichen Bestimmung des Gebäudes.

Schräg gegenüber in Richtung Hauptbahnhof steht der **Meßberghof** (1924, Hans und Oskar Gerson), früher Ballinhaus genannt. Wegen seines mächtigen Daches und des Türmchens wirkt das Kontorhaus konventioneller als das Chilehaus, es steht in exaltierter Lage frei an der Achse der Willy-Brandt-Straße. Es wurde in den 1990er Jahren von Schweger Architekten saniert und im Dachbereich optisch wieder in den Urzustand zurückversetzt. Wie das Chilehaus kann man den Meßberghof als maßgebend für das Kontorhausviertel bezeichnen, aber seine hochfahrende, geradezu gotisierende Gestaltung – Eckstrebenpfeiler – beweist, dass hier von den Architekten stärker zurück als nach vorn geschaut wurde. Dennoch entwickelten sich die Brüder Gerson zu den Protagonisten einer Hamburger Moderne.

Insgesamt 16 Jahre sind vergangen, bis die drei Bauteile

des Sprinkenhofs (I J8; 1927–1943, ebenfalls Brüder Gerson mit Fritz Höger) fertiggestellt waren. Wie beim benachbarten Chilehaus sind seine Ausmaße so gewaltig, dass eine Straße überbaut werden musste. Der sachliche Baukörper mit netzartigem Fassadenüberwurf aus Backstein und vergoldetem Terrakotta verbreitete noch einmal den Glanz des Expressionismus. Die komplex gestalteten Säulen, Pfeiler und Kapitelle an den später erbauten Seitenflügeln wurden vereinfacht ausgeführt. Der Montanhof (1926, Distel & Grubitz) steht in der Kattrepel und zeugt als ehemaliges Reichspostgebäude von dem beginnenden Abstieg des Expressionismus: sehr gleichförmig, fast schematisch die Fassade mit ihren dreieckigen Pilastern. Spötter sprechen von der »Dreiecksmoderne«.

Eine echte Großstadtkulisse: die Mönckebergstraße

Auf dem Weg vom Kontorhausviertel nach Norden zur Mönckebergstraße, einem anderen Zeugnis radikaler Veränderungen in der Innenstadt zu Anfang des 20. Jh.s, werden zwei Dinge deutlich: Zum einen ist Hamburg nicht ausschließlich »norddeutsch-flach«, denn hier steigt man durch einen in den 1930er Jahren schön gestalteten Hof der Altstädter-Twiete treppauf (und zwar auf den Geesthang). Zum anderen sieht man das »Werden der Großstadt« auch am heutigen Finanzamt Hamburg-Hansa (Steinstraße), der früheren Hauptverwaltung von Karstadt (I J8; 1924, Philipp Schaefer) aus Sandstein mit prächtigen Lisenen: ein neoklassizistisches Superbauwerk mit Säulen und Mittelrisaliten – kein typisches Beispiel für Hamburger Geschäfts- bzw. Kontorhäuser. Nur die Rückseite besteht aus Backstein, die Front hat eine Werksteinverkleidung aus weißem Main-Sandstein. Es gibt vier Lichthöfe und einen unterkellerten Wirtschaftshof. Bauherr und

Nutzer war die Rudolf Karstadt AG. Motive aus der »Warenhaus-Metropole« Berlin wurden variiert. Ähnliche Repräsentationsbauten hatte der Architekt und Designer von AEG, Peter Behrens, dort schon viel früher errichtet.

Neben der Entwicklung des Kontorhausviertels bewies Hamburg auch mit dem großstädtischen Straßendurchbruch der **Mönckebergstraße** – auf einer Breite von 29 Metern vom Hauptbahnhof zum Rathaus – den Willen, das enge Kleid einer norddeutschen Landstadt abzustreifen. Hier wurde ein sehr langer unterirdischer Abschnitt der U-Bahn gebaut. Die ersten Geschäftshäuser, die wie in allen europäischen Metropolen (Barcelona, Mailand etc.) in der hohen Blockrandbebauung entstanden, wurden zunächst noch mit Sandstein, später mit Ziegel verkleidet. Es sind flexible Stahlskelettbauten für unterschiedliche Nutzungen. In der City wurde jetzt nicht mehr gewohnt, sondern gearbeitet und eingekauft. Für öffentliches kulturelles Leben und Bildung stand symbolisch die **ehem. Bücherhalle** (I J8; 1915, Fritz Schumacher) mit dem davorliegenden **Mönckebergbrunnen**. Johannes Georg Mönckeberg war Bürgermeister in den letzten schwierigen Jahren des 19. Jh.s. Heute ist der Tempietto am Mönckebergbrunnen Ort eines Coffeeshops und des Elbphilharmonie-Kulturcafés (Barkhof 3).

Das **Levantehaus** (1912, Carl Gustav Bensel, Franz Bach, Mönckebergstraße 7), eine imposante Erscheinung aus Klinker und Werkstein, entstand unter Mitwirkung von Franz Bach, der sich großen Einfluss auf die neue City sicherte. In das Haus wurde später eine Passage eingebaut, und ein Luxushotel ist eingezogen. Dessen Zugang liegt in der rückwärtigen **Bugenhagenstraße**. Dort verbindet eine vollverglaste Brücke (2004, Architekten Bothe Richter Teherani), die hoch oben über die Straße führt, zwei Häuser miteinander.

Das **Klöpperhaus** (1913, Architekt Fritz Höger, Mönckebergstraße 3) war noch fest in der Heimatschutzbewegung, also im Geiste Alt-Hamburgs verankert. Es wurde von klassischen Elementen beherrscht: einer klaren Gliederung in Sockel, Mitte und Dach sowie einer geschickten Eckbetonung durch einen kleinen Erker vor der konkaven Hausstirn. Die Freude des Betrachters wird heute dadurch getrübt, dass es zum Warenhaus mit größeren Schaufensterzonen und Eingängen umgebaut worden ist. Es ist aber dieser Teil der City, der den Charakter des frühen 20. Jh.s rudimentär bewahrt. Von vielen anderen Straßen der Innenstadt kann das längst nicht mehr behauptet werden.

Allerdings kommen die Einschläge näher. Die markante Vorhangfassade eines Kaufhauses (heute Saturn) nach Entwürfen von Egon Eiermann, ist verschwunden, wie das gesamte **ehem. HEW-Kundenzentrum** (1969, Garten & Keil) mit einer geschwungenen, eloxierten Stahlfassade der besseren Siebzigerjahre-Qualität. Ein preisgekrönter Pavillon aus jenen Jahren (Peter Schweger) ebenso, und es ist nicht abzusehen, was es bedeutet, wenn Kaufhäuser aufgekauft, geschlossen und deren Grundstücke neu bebaut werden. Die Hamburger City ist (wieder einmal) in einer Krise. Gesucht werden neue Konzepte, damit die City nicht stirbt: Verstärkt sollen Wohnungen gebaut werden.

Eine Petitesse zum Ende der Straße, direkt an St. Petri gelegen, ist das **Hulbe-Haus** (1911, Henry Grell). Nachvollziehbar wird dieser Solitärbau erst, wenn man bedenkt, dass die neue Mönckebergstraße (wie später die Ost-West-Straße) mitten durch die Altstadt gezogen wurde. Dem Hulbe-Haus kam die Aufgabe zu, zwischen der historischen Petrikirche und den neuen Geschäftshäusern stilistisch und maßstäblich zu vermitteln, also einen eigenen Akzent zu setzen. Das erfüllt der Bau in eigenwilliger Form mit hohem Giebel und gedrehtem Treppenhausturm. Das Haus scheint der letzte Versuch gewesen zu sein, sich gegen den neuen fremden Stil des Baudirektors Fritz Schumacher und seiner Epigonen zu stemmen.

Die südliche Altstadt

Direkt an der heutigen Willy-Brandt-Straße steht südwestlich des Chilehauses der Neue Dovenhof (1992, Kleffel Köhnholdt Gundermann). Der alte Dovenhof stand dem Chilehaus gegenüber, und obwohl er vom Rathausbaumeister und Architekten Martin Haller stammte, wurde er für den Bau der damaligen Doppelhäuser von Spiegel und IBM in den 1960er Jahren abgebrochen. Der Neue Dovenhof ist eines der eindrucksvollsten Kontorhäuser der 1990er Jahre und beispielhaft für die Variante mit überdachtem Innenhof. Das Bauwerk ist ein janusköpfiger Spross des Kontorhaustyps. Dort, wo zehn Geschosse übereinandergetürmt sind, wirkt er wie ein Solitär: Zur Willy-Brandt-Straße hin bildet er eine schroffe Blockrandwand, als wolle er das zerrissene Straßenbild der Ost-West-Magistrale nachträglich wieder schließen. Blaurote Steine, Messingkandelaber und keramikverkleidete Säulen erinnern an die expressionistischen Nachbarn im Kontorhausviertel, die in den 1920er und 1930er Jahren entstanden sind. Innen wird das Glasatrium von vier Aufzugstürmen aus rohem Beton flankiert, die an Flaktürme erinnern.

Die beiden Entwürfe Werner Kallmorgens für die Doppelhäuser von Spiegel und IBM (I J8/9; 1968) sind für ihre Zeit Vorreiter gewesen. Das Ensemble, das denkmalpflegerisch erneuert und ergänzt wurde, bildet ein modernes östliches Stadttor zur Willy-Brandt-Straße (I I/J8). Diese Transversale gehört zu den problematischen städtebaulichen Entwicklungen Hamburgs. In der ersten Phase ihrer Bebauung ist sie durch das Bekenntnis zu Solitärbauten im Hochbau vorkriegsmoderner und amerikanischer Tradition gekennzeichnet: einzeln stehende Hochhäuser in Skelettbauweise mit Vorhangfassaden, im Einzelfall von erstaunlicher Qualität. Der östliche Bau trägt eine glatte Lochfassade aus eloxiertem Stahlblech und erinnert an eine Lochkarte und damit programmatisch an den ersten Nutzer, die IBM. Das Gebäude hat seinen Nutzer an diesem Standort überlebt, wie auch das *Spiegel*-Haus mit feinem, außen liegendem Stahlbetonskelett. (Der Neubau für den *Spiegel* wurde Ende 2011 in der Hafencity eröffnet.) Beide Häuser sind im Sinne der Denkmalpfleger sinnvoll saniert worden, allerdings um den Preis einer Nachverdichtung durch neue Baukörper. Im *Spiegel*-Haus befand sich ein farbenfrohes Zeitdokument des heroischen Designs der 1960/1970er Jahre von Verner Panton für die Kantine. Seit 1998 steht die *Spiegel*-Kantine unter Denkmalschutz und wurde, als der Spiegel-Verlag umzog, dem **Museum für Kunst und Gewerbe** geschenkt. Heute steht sie zur Besichtigung und Anmietung frei.

Auf dem Weg vom alten Spiegel-Haus zur Hauptkirche **St. Katharinen** (I J9) steht an der südlichen Seite der Willy-Brandt-Straße eines der letzten **Bürgerhäuser** aus dem 18. Jh. im Hamburger Sonnin-Barock. Auffällig ist der Schweifgiebel mit seiner typisch barocken Silhouette. Die Fassade selbst wirkt stoisch beruhigt mit zurückhaltenden kargen Sandsteinapplikationen.

Dieses Stadthaus ist das letzte seiner Spezies; es existiert sonst nur noch in übertriebenen Rekonstruktionen in der Peterstraße. Das Haus an der damaligen Ost-West-Straße wurde 2006 saniert und rekonstruiert, doch die Baumaßnahmen können nicht darüber hinwegtäuschen, in welch misslicher Lage es sich befindet. Denn die ehemalige Gröninger Straße verschwand zum größeren Teil unter dem breiten Band der neuen Durchgangsstraße. Von dort aus wirken die alten Häuser wie im Boden versunken: Sie »teilen mit«, wo früher das Eingangsniveau der Häuser in der Altstadt lag. Die Altstadt ist hier nicht mehr sichtbar. Aber das soll sich ändern. In jedem Fall will man den sozialen Zusammenhalt der alten Stadt wiederherstellen. Einzelne Maßnahmen wurden gestartet: die Freilegung von alten Fleeten und eine Neuorientierung hin zu Wohnen und Gewerbe – zur »Case Study« wurde ein altes Parkhaus, das zum Genossenschaftsmodell Gröninger Hof umgewidmet wird.

Zwischen den Kirchen St. Nicolai und St. Katharinen sind einige besondere Neubauten zu finden, erwähnt seien das **Zürichhaus** mit großen gläsernen Atrien (1992, von Gerkan, Marg und Partner) und das 30 Jahre ältere Ensemble der **ehem. Hamburg Süd** (I J9; 1962, Cäsar Pinnau). Seitdem das Gebäude der Condor-Versicherung (ebenfalls Cäsar Pinnau) eine neue steinerne Fassade erhielt, ist das grundsanierte Haus der Hamburg-Süd wohl das älteste erhaltene Bauwerk in Hamburg mit einer klassischen Vorhangfassade. Anders verhält es sich mit einem weiteren Nachbarn von St. Katharinen: dem **Katharinenhof**. Nur rudimentär konnte das **Zippelhaus-Ensemble** aus dem Jahr 1891, das direkt neben der Hauptkirche stand, nach dem Krieg wiederaufgebaut werden. Bei einer notwendigen Sanierung wurde das Eckhaus mit seiner bis dahin schwerfällig wirkenden Neorenaissance-Relieffassade aufgestockt; heute heißt dieser Bauteil Katharinenhof. Die Leichtigkeit großflächiger, bündig gesetzter Metallfenster klärt die Verhältnismäßigkeit zwischen Alt und Neu im Sinne einer harmonischen Gesamtheit zu Gunsten der Aufstockung. Innen wurde das Thema radikal angegangen: Der altehrwürdige gusseiserne Treppenaufgang wurde durch eine rohe, industriell vorgefertigte Stahltreppe fortgesetzt. Es ist einer der überzeugendsten Entwürfe des leider viel zu früh verstorbenen Architekten Daniel Gössler (1964–2003).

Ebenfalls am Zollkanal, vis-à-vis der Speicherstadt, steht westlich der Hauptkirche das Bürohaus **Steckelhörn 11** (2009, Jürgen Mayer H., Berlin). Dieser Berliner Architekt, der u. a. das Parasol Metropol in Sevilla baute, hat seine Eindrücke folgendermaßen zusammengefasst: »Wie eine Flüssigkeit gleiten an der massiven Gebäudeform mit Keramikverkleidung vertikale Fensterbänder an den Fassaden herunter. Die Straßenfassade nimmt mit ihren abgerundeten Staffelgeschossen und der vertikalen Gliederung die

Gestaltung und die Höhenentwicklung die Nachbargebäude auf. Die besondere Grundrissgeometrie lässt ein spannendes Gebäude entstehen!« Nördlich der St. Katharinenkirche ist auf dem Terrain der ehemaligen Katharinenschule ein neues Wohngebiet entstanden. Es gab großes Wehklagen, dass die Katharinenkirche von Norden aus nicht mehr gut sichtbar sei. Doch auch die historische Stadt war dicht bebaut und meist nicht transparent und durchgängig.

In der Reimerstwiete stehen noch Fragmente von Fachwerkhäusern aus dem 18. und 19. Jh. Ein wenig weiter die **Deichstraße** (I I9) entlang blieb erhalten, was Denkmalpfleger eine Museumsinsel nennen. Der Große Brand von 1842 hatte hier begonnen. Fortan änderte sich die Hamburger Stadtentwicklung. Die Ironie der Geschichte will es aber, dass sich ausgerechnet in der Deichstraße das ursprüngliche Bild aus den Zeiten der Hamburger Kaufleute mit ihrem Bürgerhaus und den Nebengelassen bis ins 21. Jh. erhalten hat – in fragmentarischer Form und einer geplanten Straßenerweiterung zum Trotz mit Hilfe des renommierten Vereins »Rettet die Deichstraße«. Hier gibt es Kartoffelkeller, Labskaus-Gaststuben und neue Kaffeeterrassen über den ehemaligen Transportkanälen. Allerdings dokumentiert nur die Rückseite das ganz alte Hamburg mit den sogenannten Dreifensterhäusern aus Fachwerk. Das 19. Jh. hinterließ nach dem Großen Brand seine Spuren – zu erkennen an den Ladenfenstern und veränderten Giebeln. Knapp zehn barocke **Bürgerhäuser**, der Fleetspeicher mit der Hausnummer 27 und schließlich einige typische »Nach-Brand-Häuser« sind für einen Besuch empfehlenswert, auch wegen der Innenrekonstruktionen wie die der Treppenhalle des Hauses Nr. 19.

Eine zweite dieser Inseln der Tradition ist der **Cremon** (I I/J9), ursprünglich eine Insel in der Marsch, auf der sich eine typische Bürgerhausbebauung Hamburgs entwickelte; so typisch, dass hier schon im Nationalsozialismus eine »Museumsinsel« entstehen sollte.

In den Vorkriegsjahren geriet man in eine Zwickmühle: einerseits die Tradition bewahren, andererseits Stadt und Land fortentwickeln. Auf dem Cremon sollte deutsches Siedlungskulturgut zusammengefasst werden. Zu diesem Zweck sind noch in den frühen 1940er Jahren Kunstgegenstände und Bauteile eingelagert worden. Im Sommer 1943 markierten die Bombenangriffe das Ende aller Ambitionen. Heute kann man von der Willy-Brandt-Straße am Katharinenfleet noch an der Hausnummer 31 Rudimente eines alten Hauses erkennen. Die Straße Cremon teilt durch den Zuschnitt ihres Straßenraums noch einiges über das alte Stadtbild mit. Die angestrebte Rekonstruktion von 1938 wäre ein Rückbau der bestehenden Fassade in die Welt der Schweifgiebel gewesen; man hätte das eine eigenwillige Interpretation nennen müssen. An der Hausnummer 22, wo die Architekten Schramm und Pempelfort am **Neptunhaus** 1973 Altes und Neues verknüpften, kann die Spurensuche beginnen. Das alte Katharinenfleet wurde wie andere Fleete nach dem Krieg vereinheitlicht: Starr und fremd wirken dort jetzt Speicher mit Krangalgen. Der **Neue Kran** (Zollkanal) wirkt heute ebenso deplatziert, obwohl er bis 1974 in Betrieb war. Weiter westlich, an der Grenze zur Neustadt, steht das **Stellahaus** (I I9; 1922, Zauleck & Hormann). Es gilt als das eleganteste Kontorhaus des Expressionismus, weil es nicht in dunklem Ziegel, sondern in hellem Putz (heute hellgrau) steht. 1922 wurden die ursprünglich fünf Geschosse um weitere fünf aufgestockt. Diese Aufstockung erhielt eine eigene Grundlegung, da die alten Etagen einer weiteren Belastung nicht Stand gehalten hätten. Das Haus liegt in Logenlage zum Hafen und wirkt durch die Rücksprünge der hinzugefügten Etagen leicht. Der **Rödingsmarkt** (I I8/9) ist hier allenfalls durch die Streckenführung der U-Bahn in Hochlage attraktiv. Zu sehr zerstört, zu häufig geflickt. Eine Ausnahme erinnert daran, wie die zerstörte Stadt parzelliert hätte aufgebaut werden können: das frühere **Ibau-Haus** (1986, APB).

Kaum vorstellbar ist heute, dass dieses Stadthaus mit seinem Tonnengewölbe im Dachgeschoss eine kleine Baukultur-Revolution auslöste. Nicht, weil es wie im Kontorhausviertel ein tief blaurotes Backsteinkleid mit postmodernem Dekor und harten Farben im Eingangs- und Treppenhausbereich trägt – nein, es war die Chuzpe, mit der die Architekten sich dem Nachkriegsviertel am Rödingsmarkt entgegenstellten: indem sie die vorherrschende vertikale Baustruktur unterm Flachdach mit ihrem eigenen Bau in Frage stellten. Sie behielten recht, weil mit ihrer Bauweise die alten Hamburger Traditionen aufgenommen wurden. Es war eines der kleinsten, aber bis heute nachhaltigen Signale für den Paradigmenwechsel in der Architektur 1975, als im Europäischen Denkmalschutzjahr die Zeichen für eine neue Auseinandersetzung mit der Bauvergangenheit gesetzt worden sind.

Am Rödingsmarkt (Richtung Rathaus) liegt die **Oberfinanzdirektion** (1912, Albert Erbe und das Hochbauwesen): seit 2019 ein stilgerecht umgebautes 5-Sterne-Hotel (Architekten Meding Plan Projekt).

Hinter dem Rathaus

Der Spaziergang durch die Altstadt führt zum Ausgangspunkt zurück: zu Binnenalster und Rathaus. Wenn man die Rathaushalle durchquert, kann man auf einem der schönsten Plätze der Stadt kurz verweilen und die dahinterliegende **Börse**, heute: die **Handelskammer**, betrachten (I J8; 1912, Carl Ludwig Wimmel, Gustav Forsmann). Es gab Zeiten, in denen die Börse für Hamburg wichtiger war als das Rathaus. Sie ist ein Konglomerat aus Hausteilen und Höfen, größtenteils im 19. Jh. entstanden. Die Halle III wurde 1912 fertiggestellt. Die drei Hauptsäle sind beeindruckend groß und nehmen auch die wichtige Handelskammer und die historische Commerzbibliothek auf.

Unter Bauhistorikern gilt die mittlere Halle II als die wertvollste. Dort kommt ein Gefühl von italienischer Hochrenaissance auf, möglicherweise wird auch an den Münchner Klassizismus, u. a. von Leo von Klenze, erinnert. Das Ensemble ist im besten Sinn eklektizistisch zu nennen, denn auch palladianische Vorbilder sind aufzuspüren (Bauteil III, die ehemalige Kornbörse).

Florentinische Klasse hat der Innenhof zwischen Börse und Rathaus, der nach langen Jahren als Behördenparkplatz wieder für die Öffentlichkeit zugänglich ist. Weil Hamburg in der Neuzeit nie Residenzstadt war, übernehmen Rathaus und Börse heute die Repräsentation. Die Börse wurde im Zweiten Weltkrieg zerstört. Sie ist wieder-auf- und kontinuierlich weitergebaut worden.

Nach Fertigstellung des Rathauses 1909 wurde der Putzbau der Börse ebenfalls mit Sandstein verkleidet. Die Wiederherstellung nach 1945 durch Georg Wellhausen war zurückhaltend, aber angemessen. Die jüngsten Einbauten in den Hallen der Handelskammer von Stefan Behnisch (2007), ein »Haus im Haus«, haben sich in das Gesamtkunstwerk gut eingefügt.

In der **ehem. Reichsbank** (1919) war das private und sehr erfolgreiche **Bucerius Kunst Forum** untergebracht, eine Einrichtung der *Zeit*-Stiftung Ebelin und Gerd Bucerius. 2019 wurde es am Alten Wall 12 neu eröffnet. Lohnenswert ist vor oder nach dem Besuch ein Spaziergang durch die südlich anschließenden Straßen der Altstadt mit ihren zahlreichen Kontor- und Geschäftshäusern (Große Bäckerstraße, Johannishof, Schauenburger Straße). Hier, an der Trostbrücke 6, steht auch das **Haus der Patriotischen Gesellschaft** (I J8; 1847), ein neugotischer Backsteinbau, 1847 von Theodor Bülau fertiggestellt. Er steht auf dem Grundstück des 1842 abgebrannten alten Rathauses.

Der Bau der Patrioten hatte etwas Wehrhaftes, Zinnen reckten sich in den Himmel, er war »schwer und dunkel«, wie Fritz Schumacher einmal sagte. Bülaus Arbeit wurde vor allem deswegen nicht wirklich respektiert, weil er sich »zu früh« für die Wiederkehr des Backsteins an repräsentativen Gebäuden einsetzte. Die vier expressiven, deutlich abgestaffelten Dachgeschosse aus den Jahren 1923/24 stammen von den Architekten Klophaus, Schoch, zu Putlitz – sie lassen das Gesamtbauwerk eleganter wirken.

Nicht weit davon entfernt steht neben der Hauptkirche St. Nicolai das alte Kontorhaus **Laeiszhof** (1897/98, Martin Haller, Hanssen & Meerwein). Es war der Platz der neuen Burg von 1061, auf dem jetzt dieses (zumindest im Inneren) ans Mittelalter erinnernde Kontorhaus steht. Das Gebäude ist gleichzeitig ein letztes Fragment der einfassenden Bebauung der Nikolaiinsel aus der Zeit vor 1945. Das ursprüngliche Interieur blieb weitgehend erhalten – eine stolze Präsentation der Reederfamilie, die damals unter anderem die weltberühmten Segelschiffe der »Flying P-Liner« betrieb.

In der Nähe ragen zwei moderne Häuser in den Altstadthimmel: Das Bürohaus an der **Rolandsbrücke** (Carsten Roth, 2005) verzahnt sich zwar mit den älteren Nachbarbauten und nimmt auf vorhandene Mansarddächer Rücksicht, hat aber eine Metallfassade. Direkt gegenüber wird die »Kleiderordnung« aber wieder eingehalten: Dieser Bau ist aus Ziegel errichtet (2009, Schenk + Waiblinger).

Colonnaden, Esplanade, Passagenviertel

An der Ecke Jungfernstieg / Neuer Jungfernstieg fällt eine Straße auf, die diagonal vom Alsterbecken abzweigt. Das sind die **Colonnaden** (I I/J8), die ursprünglich 1885 in der Hausse der Spekulation nach der Reichsgründung entstanden sind und in die Tiefe der Blöcke an der Binnenalster führen. Die Pläne zur architektonischen Überarbeitung der Colonnaden stammten zwar aus der Feder unterschiedlicher Büros, aber die Vorgaben des Städtebaus – Arkadenausbildung, Höhenentwicklung und Baulinien – sorgten für ein starkes, einheitliches Ensemble, das nur wenige nordeuropäische Großstädte in dieser Qualität zu bieten haben (Architekten: Bahre & Querfeld; Elvers & Martens; Johannes Grotjahn; Hauers & Hüser; Heyn; Jordan & Heim, Albert Klücher, Theodor Necker, Heinrich Schmidt, Ernst Wex). Erstaunlich ist, dass die Colonnaden trotz ihrer repräsentativen Fassaden und großbürgerlichen Arkadengänge nach dem Zweiten Weltkrieg in der City keine wirkliche Rolle als Einkaufsstraße spielten. Erst nach dem Anschluss an das Passagenviertel durch die Gänsemarktpassage und mit dem Ausbau der **Hamburgischen Staatsoper** (I I8) nach der Jahrtausendwende, die jetzt mit Nebengebäuden bis an die Colonnaden reicht, ist diese Straße wieder ein Laufweg von Flaneuren geworden.

Am Ende der Colonnaden trifft man auf eine zweite besondere Straße des gründerzeitlichen Hamburger Stadtraums: 1877 fertiggestellt und Teil des Hamburger Ringstraßensystems nach Wiener Vorbild. Der Abschnitt zwischen Stephansplatz und Binnenalster besitzt im Unterschied zum übrigen Ring zwei bebaute Straßenseiten. Dieser Teil wird **Esplanade** (I I/J8) genannt. Mit der heutigen **Spielbank** (ursprünglich ein Hotel) blieb nur ein Teil dieser repräsentativen Kurzallee auf der Nordseite erhalten. Ohne baulichen Zwang wurden wunderbare Altbauten dem Zeitgeist der 1960er Jahre geopfert, und es entstanden zwei Hochhäuser, von denen das **Finnlandhaus** (1966, Hentrich & Petschnigg, Düsseldorf) mehr beeindruckt, weil es der klaren Linie der skandinavischen Moderne huldigt. Das Ensemble wurde inzwischen durch einen Neubau (Architekten Winking und Froh) angemessen ergänzt.

Zurück zur Gänsemarktpassage, dem Gänsemarkt und dem Hamburger Passagenviertel. Am Anfang der neuen Entwicklungen in diesem Areal, das nach dem Krieg als Hinterhof des Jungfernstiegs galt, stand 1977 ein altes

Hamburgische Staatsoper

Kaufmannshaus (I I8), das von Peter Schweger ansprechend umgestaltet wurde. Die wunderbaren Bay-Window-Fassaden in typisch heller Keramik des ausgehenden 19. Jh.s wurden herausgeputzt, innen die Grün-weiß-Stimmung durch moderne Detailierung in Putz und Stahl aufgenommen. Das alles ist allerdings verschwunden und kalter weißer Pracht gewichen. Der Neue Wall und die Großen Bleichen bilden heute das »Schatzkästlein« des Hamburger Einzelhandels mit allen Edelmarken der Welt, vergleichbar mit der Maximilianstraße in München oder der Friedrichstraße in Berlin.

Das Kaufmannshaus war ein Quartiermacher für das **Hanseviertel**, die »Königin« der Passagen (I I8; 1980, von Gerkan, Marg und Partner). Für sie setzten die Architekten von gmp (von Gerkau, Marg und Partner) radikal auf Backstein, hanseatische Messingwappen und maritime

Motive in den Keramikböden – also auf sanften Traditionalismus und Material- und Detailqualität, die den Passagenblock auch nach einem Vierteljahrhundert noch frisch wirken lässt. Die Kulissenarchitektur für den hanseatischen Großstadteinkauf ist stimmig. Zur Erfolgsgeschichte gehört eine interessante Anekdote: Die Rückkehr zur Handwerkskunst, etwa am kuppelgekrönten schwungvollen Eckbau, war mit deutschen Bauhandwerkern allein nicht zu erreichen. Kurzerhand wurden polnische Maurer beauftragt. Wer genau hinschaut, kann unter dem Glockenspiel aus andersfarbigen Steinen den Schriftzug »Polen« herauslesen.

Inzwischen sind im Viertel ein gutes halbes Dutzend Passagen entstanden. Darunter die **Galleria** des Schweizer Architektenehepaars Trix und Robert Haussmann: außen mit niedlichen Backsteintürmchen (1982), innen mit glänzendem schwarzem und weißem Marmor – ein Höhepunkt der Postmoderne in Hamburg. Trotz allen Augenschmauses hat die Krise des City-Einzelhandels auch die Passagen erreicht. Selbst das Hanseviertel ist Mangels Umsatz bedroht; es hat aber bisher der Denkmalschutz gerettet.

Daneben steht die **Alte Post** (I I8; 1847, Alexis de Chateauneuf). Sie wurde nach dem Großen Brand neue Zentralpost und fasste verschiedene Postdirektionen (u. a. Thurn und Taxis) zusammen. Es gibt keinen anderen Bau, der in Hamburg so direkt die große Italien-Sehnsucht reflektiert. Dass mitten in der Stadt ein stolzer schlanker Campanile gebaut wurde, hatte allerdings auch praktische Gründe: Es war die hohe Zeit der optischen Telegrafie, für die dieser Turm in der kurzen Zeit benutzt wurde, bis sich die elektrische Telegrafie durchsetzte. Die Alte Post ist zwischenzeitlich zu einer Passage umgebaut worden und wurde mehrfach saniert, zuletzt bis 2012 (Alk Friedrichsen) – äußerlich im Sinne einer anspruchsvollen Denkmalpflege. Türen und Fenster mit Sprossen und Leibungen wurden in ihren Proportionen sensibel wiederhergestellt und dem historischen Original angepasst. Die inzwischen in der City obligatorische Aufstockung, hier mit zwei Staffelgeschossen, ist vom Straßenniveau aus dankenswerterweise kaum sichtbar.

Aus anderer Zeit stammt das **ehem. Broschek-Haus** (I I8; 1926, Fritz Höger). Es ist heute integraler Bestandteil des Hanseviertels. Das Haus hätte der große Star unter den Entwürfen von Fritz Höger werden können, denn das ehemalige Druck- und Verlagshaus Broschek sollte einen strammen Eckturm bekommen, so dass es mit dem Chilehaus konkurriert hätte. Der Turm wurde nicht realisiert. Die opulente Backsteinfassade mit ihrem expressionistischen »Rüschenschmuck« ist aber beeindruckend genug, so dass das Haus 1981 zum Hotel umgebaut und ins Hanseviertel integriert worden ist. Dabei hat sich der Architekt Volkwin Marg getraut, statt des Turms die Ecke in Högerscher Höhe und Manier neu zu bauen. Es gelang ihm so gut, dass man schon bei der Attika genau hinschauen muss, um zu erkennen, wo der Übergang zwischen alt und neu liegt.

Der **Heuberg** gehört zu den ältesten Plätzen der Stadt. Lange war er Parkplatz, jetzt ist er Teil einer aufdringlichen BID(Business Improvement District)-Revitalisierung. Im Umfeld sind aktuelle Neubauten oder Aufstockungen und Lückenschließungen zu registrieren, darunter die Revitalisierung eines **ehem. Bankgebäudes** (2006, SEHW u. a.). Zur wichtigsten Erneuerung gehört eine balkenförmige Aufstockung mit metallischer Einkleidung. Direkt am Heuberg hat André Poitiers 2012 einen abgestuften und schwungvollen Schulterschluss zwischen einem Bürocontainer und dem historischen Broschek-Haus (s. o.) geschaffen. Ein respektvoller Weiterbau in der City. Viele Häuser verschwinden, andere erhalten keine entsprechenden neuen Fassaden wie das **Parkhaus Bleichenhof** (Große Bleichen), das, statt seine hellgrüne Mosaikfliesenfassade der 1950er zu zeigen, nun hinter Ziegeln liegt (1956, Sprotte und Neve; Ursprungsbau).

Zwei Gebäude stehen heute stellvertretend für den damaligen Aufbruch: das **Behördenhaus** an der Wexstraße 7 (1969, Werner Kallmorgen), das mit dynamischen Brüstungsbändern den Schwung jener Jahre kennzeichnet. Das andere, das **Springer-Hochhaus** (I I8; 1955, Ferdinand Streb), steht inzwischen unter Denkmalschutz. Es nimmt hinter einer gefälligen Sandsteinfassade die Grenzen des zungenhaften Grundstücks (vgl. Chilehaus) gekonnt auf. Die Spitze des Verlagshauses steht auf schlanken Stützen. Leider ist das Haus in den 1980er und 1990er Jahren um mehrere grobschlächtige Baukörper erweitert worden. Deren Baumasse versperrt jetzt den Bewohnern der nördlichen Neustadt den natürlichen Zugang zur Innenstadt. Durch Abriss und Zubauten hat man versucht, den Eindruck zu korrigieren – mit gemischtem Erfolg.

Vom Gänsemarkt bis zur Musikhalle

♦ Der **Gänsemarkt** (I I8) liegt zwar an der Peripherie des Passagenviertels, aber dennoch mitten in der Innenstadt. Auf dem kleinen vieleckigen Areal steht das Lessing-Denkmal des Bildhauers Fritz Schaper (1841–1919). Gotthold Ephraim Lessing wirkte zwischen 1767 und 1770 als Dramaturg am Hamburger Nationaltheater, das auf dem Gänsemarkt an der Stelle des Opernhauses errichtet wurde. Dieses Opernhaus war das erste große Bauwerk für eine Bürgeroper Norddeutschlands, ein langgestreckter Holzbau zwischen Jungfernstieg und Colonnaden: die Gänsemarktoper – die war der gebaute Beweis dafür, das der Hamburger »Pfeffersack« sich gern mit Musik, Kunst und Kultur belohnte. Georg Friedrich Händel war dort 1703 als Komponist, Geiger und Cembalist tätig und blieb drei Jahre lang. 1721 wurde Georg Philipp Telemann zum Musikdirektor berufen; ihm folgte später sein Patensohn Carl Philipp Emanuel Bach. Viele weitere berühmte Komponisten lebten und arbeiteten in Hamburg, Felix Mendelssohn Bartholdy wurde 1809 in der Großen Michaelisstraße 14 geboren, und Johannes Brahms kam 1833 im Specksgang 24 (später Speckstraße 60) zur Welt. Ecke Caffamacherreihe/Speckstraße erinnert das Brahms-Denkmal an das im Zweiten Weltkrieg zerstörte Geburtshaus des Komponisten. Mitte des 19. Jh.s wurde das Nationaltheater durch das neue Stadttheater ersetzt. Dort übernahmen u. a. Hans von Bülow und Gustav Mahler die musikalische Leitung.

Heute ist die Bebauung des Gänsemarkts gemischt. Ein klares Bekenntnis zur hamburgischen Kleiderordnung ist die **Finanzbehörde** von Fritz Schumacher (I I8; 1926). Man kann an diesem Gebäude die Neuinterpretation der Backsteinbaukunst zu Beginn des 20. Jh.s erklären. Da es sich bei der Finanzbehörde eigentlich um einen modernen Skelettbau aus Eisenbeton handelt, werden die Ziegel als Dekoration und Kleid gebraucht. Viel später sollten andere Architekten abwertend über »Tapete« sprechen. Schumacher machte es anders: Er schuf einheitliche Brüstungselemente und zeigte, dass deren Applikationen keine tragende Bedeutung haben, also nicht konstruktiv, sondern dekorativ sind.

Eine »Attacke« gegen diese »Kleiderordnung« mit charakteristischer Vertikalbetonung, dunklem Stein und einer zwar sachlichen, aber auffälligen Dekoration starteten Block & Hochfeld mit dem Bau des gegenüberliegenden **Deutschlandhauses** (1929). Sie richteten ihr Augenmerk auf waagerechte Linien und runde Ecken. Darum und wegen des helleren Steins wirkte es sehr beschwingt. Das Deutschlandhaus ist eine Kuriosität; es wurde 1982 bis auf die Originalskelettkonstruktion neu erbaut, dann ab 2019 total abgerissen. Danach entstand dort in alter Kulisse ein internationales Bürohaus mit Atrium (Hadi Teherani). 1982 diente es auch als Auftakt für den Bau zweier, direkt anschließender Kontorhäuser der 1980er Jahre im Valentinskamp. Sie wirken heute, als stünden sie zwischen allen Zeiten, weil sie weder so perfekt wie die alten Vorbilder sind, noch die Leichtigkeit und Transparenz der späteren Bürohäuser besitzen. Die **Dammtorstraße**, die vom Gänsemarkt bis zum Dammtor-Bahnhof führt (I I7/8), hat eine Auffrischung durch neue Straßenbeläge und Bepflanzungen erhalten. Sie ist ein kleiner Boulevard geworden, der sie, historisch betrachtet, niemals war. Höhepunkt dieser Straße ist die **Hamburgische Staatsoper** (I I8; 1955, Gerhard Weber). Die »Bürgeroper« gehört zu den schönsten Kulturbauten der Stadt, und damit sind nicht nur die Nachkriegsbauten gemeint. Wie sie sich mit charmantem Schwung in die Dammtorstraße »legt«, die durch hohe Stadthäuser relativ statisch wirkt, ist anregend, wenn auch nicht typisch für Hamburg. Der musikalische Ruf der Hamburgischen Staatsoper nach dem Krieg wurde unter Rolf Liebermann (erste Intendanzzeit: 1959–1973) begründet. Der Bau dagegen geriet in den 1980er Jahren in die Kritik, was mit der Baufertigstellung in den 1950er Jahren zu tun hat. Dabei ist die damals übliche Travertin- und Messingglückseligkeit als Laune der Zeit zu tolerieren. Ärgerlich sind hingegen die Insignien einer »Bürgeroper«: Keine repräsentative Fronterschließung mit Vorfahrt, sondern zwei ebenerdige Seiteneingänge. Auch im Zuschauerraum, 1943 durch Bombenangriffe vollkommen zerstört und nach Plänen Gerhard Webers wiederaufgebaut, wurde jegliche Repräsentationsgeste unterlassen. Die Staatsoper ist kein Theaterbau mit geschlossenen Logen, sondern mit schwebenden Balkonen, die Decke wurde nicht mit Fresken verziert, sondern akustischen Gesetzen und der optimalen Beleuchtung angepasst. Hat man Wien oder Paris im Kopf, ist man in Hamburg enttäuscht. Dabei ist die Staatsoper einmal der Grundtypus für eine ganze neue Generation von Theaterbauten gewesen. 2004 haben Kleffel Köhnholdt Partner und SML die Staatsoper mit zwei Neubauten ergänzt und technische Malaisen beseitigt. So wurde der marode Bühnenturm (1926, Distel & Grubitz) erneuert; es sind eine attraktive Theaterkasse, ein neuer Malersaal, drei neue Probebühnen und Lager- und Magazinräume entstanden, Werkstätten wurden eingerichtet und die Opera Stabile, die kleine Studiobühne, wiedereröffnet. Diverse Hamburger Großinvestoren schämen sich allerdings für diese Staatsoper und würden gerne einen Neubau neben die Elbphilharmonie setzen. Hamburgs Oper steht für eine sehr gute Akustik und Bürgernähe.

Architektonisch kritischer zu bewerten ist die jüngere Entwicklung der Straße: meist zu groß und zu hoch, eine Bauweise, die technisch und energetisch korrekt, aber nicht immer schön ist. Erwähnenswert sind der **Goldene Schwan** (1912, Jacob & Ameis) und die **ehem. Oberschulbehörde** daneben (1913, u. a. Fritz Schumacher); dort streiten sich Hamburger Bürgerbarock und Reformstil um die bessere architektonische Aussage für die damals junge Großstadt. Die **ehem. Oberpostdirektion** (I I8; 1887, Oberbaurat Hake, Baurat Ruppel) gegenüber und das frühere **Hotel Esplanade** bilden prächtige Endpunkte der Dammtorstraße, die an dieser Stelle auf den ehemaligen Wall trifft und heute zum Gorch-Fock-Wall und Dammtor-Bahnhof führt.

Beide Häuser wurden erheblich umgebaut, die ehemalige Oberpostdirektion wurde 2012 saniert und bietet heute Büros, Praxen und dem Einzelhandel ein neues Domizil. Auf diesem Areal wird das Ringstraßensystem sichtbar, das im späten 19. Jh. nach Wiener Vorbild entstand. Der Ring wurde mit Staats-, Verwaltungs- und Kulturbauten bestückt, die im Vergleich zu Berlin oder Wien zwar kleiner ausfielen, aber doch wie das ehemalige Postgebäude mit seinem fein ziselierten Eckturm belegen, dass die Städte damals einen »Wilhelminischen Ausdruck« erhalten sollten.

Nördlich der Dammtorstraße wird u. a. anhand des **Side-Hotels** (2001, Jan Störmer Partner; Innenarchitekt: Matteo Thun) deutlich, dass der Boom zur Jahrtausendwende Hamburg außergewöhnliche Architekturbeiträge bescherte. Das 5-Sterne-Kunst- und Designhotel hat eine ansprechende Glasfassade, doch das Kernstück ist ein 30 Meter hohes Atrium, das von zwei raumhohen Lichtfeldern beherrscht wird, die im zeitlichen Wechsel aufleuchten. Das Lichtkonzept stammt vom New Yorker Theaterregisseur und Lichtkünstler Robert Wilson. Der Neubau des Versicherungsmaklers **AON** (2009; Böge Lindner) und das kleine Bürohaus (2001, Schweger Architekten) in unmittelbarer Nachbarschaft des Hotels sind positive Beispiele für den Hamburger Bürohausbau des ausgehenden 20. Jh.s.

Kritischer zu sehen ist hingegen der Zubau des ehemaligen **Unilever-Hochhauses** (1964, Hentrich & Petschnigg, Düsseldorf) mit dem **Hotel Emporio** (2011; MLRV Architekten). Vor allem aus städtebaulicher Sicht ist dieses Projekt vom Denkmalschutz in Frage gestellt worden. Die Begründung lautete, dass mit dieser Art von niedriger Mantelbebauung die elegante Struktur eines klassischen Hochhauses der Nachkriegszeit im näheren Stadtraum nicht mehr zur Wirkung komme. Es ist ein ähnlicher Effekt entstanden wie an der Ost-West-Straße: Der locker bebauten Stadt der 1950er und 1960er Jahre wurden Blockrandstrukturen übergestülpt.

Das ehemalige Unilever-Haus wird als Altlast aus Zeiten der Flächensanierung verstanden. Weil es bis zur Außenalster weithin sichtbar ist und die Skyline Hamburgs völlig neu definierte, wurde das Hochhaus anfangs von den Hamburgern mehrheitlich missbilligt. 2000 Beschäftigte fanden hier ursprünglich ihren Arbeitsplatz, heute hat das Unternehmen seinen Firmensitz in der Hafencity und beschäftigt etwa 1100 Mitarbeiter. Der Lebensraum des letzten größeren innerstädtischen Gängeviertels war damals beim Bau vernichtet worden. In den Gängevierteln wohnten meist sehr arme Leute, und das viel zu dicht beieinander. Die Gänge verdienten die Bezeichnungen »Straße« und »Gasse« nicht. Dort befand sich auch eines der letzten Innenstadtbordelle, von dem kolportiert wird, Mitglieder des dänischen Königshauses hätten es häufiger aufgesucht.

Indirekt ist dieses Hochhaus mit seinen 22 Etagen Auslöser für die Planung der City Nord gewesen, denn mehr als ein Hochhaus wollte sich der damalige Oberbaudirektor Werner Hebebrand innerhalb des Wallgebiets nicht gefallen lassen, obwohl es architektonisch gelungen ist und deshalb später von vielen Hamburgern akzeptiert wurde. Die lichtgrüne Vorhangfassade passt sich an Hamburgs Lichtverhältnisse an. Vielleicht wirkt die Fassade deshalb so weich und melancholisch. Soweit es die neuen energetischen Maßnahmen für eine Vorhangfassade zulassen, wurde die alte Fassade bei den (Um-)Baumaßnahmen so genau wie möglich rekonstruiert.

Gegenüber zeigt sich, wie eng die jüngste Hamburger Baugeschichte bisweilen noch über Jahrhunderte hinweg mit Restbeständen verflochten ist. Dort liegt das **Bürgerhaus Valentinskamp** (I I8; ab 1650, Instandsetzung: Padberg, Reumschüssel & Partner). In der Neustadt Hamburgs Spuren einer ursprünglichen Bebauung zu finden, ist fast aussichtslos. Doch wie mit der buchstäbliche Nadel im Heuhaufen verhält es sich dem Bürgerhaus Valentinskamp, dessen Erscheinungsbild dank sorgfältiger Restaurierung in den 1990er Jahren erhalten geblieben ist: ein kleinbürgerliches Wohn- und Kontorhaus trotz vielfältiger Veränderungen, u. a. eine Aufstockung. Wer um die Ecke biegt, kann sich im Bäckerbreitergang das ursprüngliche Gesicht der Stadt mit den Gängevierteln leicht vorstellen. Im Rückraum und Übergang zum Komplex des Springer-Verlags, der den gründerzeitlichen Maßstab der Neustadt sprengte und direkt an der Kaiser-Wilhelm-Straße liegt, sind inzwischen fein gegliederte mehrgeschossige Wohnhäuser gebaut worden. Die Wohnungen des **Brahmsquartiers** (2009, Carsten Roth) zeichnen sich durch sehr gut komponierte Grundrisse und Fassaden aus Metallpaneelen aus. Sie sind Teil des Konzepts, die Innenstadt zum Wohnen wieder attraktiv zu machen. Damit soll eine Klientel angezogen werden, die es schätzt, Mu-

Gängeviertel

sikhalle (Laeiszhalle) und Staatsoper zu Fuß erreichen zu können.

Das Brahmsquartier liegt am Übergang zu einem kleinen Gängeviertel (I I8), das als letztes seiner Art zumindest in Teilen erhalten geblieben ist. Im Jahr 2009 wäre es fast den Sanierungs- und Abrissplänen eines holländischen Investors zum Opfer gefallen. Mit Unterstützung von Daniel Richter haben Künstler die Initiative »Komm in die Gänge« gegründet, aus der heute die Gängeviertel Genossenschaft 2010 hervorgegangen ist, die große Unterstützung in Hamburg findet. Diese Rettungsaktion hat europaweit Aufmerksamkeit erzielt und den Erhalt des Gängeviertels gesichert. Es war das Zeichen für Veränderung und der Beginn einer breiten Bottom-up-Initiative zu den verschiedenen Themen der Hamburger Stadtentwicklung.

In der Nachbarschaft liegt der **Johannes-Brahms-Platz** (früher: Karl-Muck-Platz; I I8), eine der schönsten Platzanlagen der Stadt. Sie entwickelte sich aus Holstenwall und Gorch-Fock-Wall und bildet den Auftakt zum Justizforum jenseits der früheren Wallanlagen. Die **Musikhalle** an der Nordostseite (I I8; 1908, Martin Haller, Wilhelm Emil Meerwein), inzwischen wieder nach ihrem Stifter Carl Heinrich Laeisz benannt, führt mit ihrer Architektur den Sonnin-Barock fort und zählt zu den schönsten Europas. Obwohl der Große Saal über 2025 Besucher fasst, wirkt die Musikhalle kompakt, gedrungen. Am 4. Juni 1908 wurde sie eingeweiht und galt als größtes Konzerthaus in Deutschland. Richard Strauss, Sergej Prokofjew, Igor Strawinski, Paul Hindemith und Yehudi Menuin spielten oder dirigierten hier, und nach wie vor gelten die Konzerte der Maria Callas als unvergesslich. Die Musikhalle wird auch nach der Elbphilharmonie-Eröffnung von internationalen und Hamburger Orchestern, Jazz- und Popbands bespielt und ist meistens ausverkauft. Dabei ist die Atmosphäre im Vergleich zur Elbphilharmonie familiär und fast intim. Im Großen Saal steht seit 1951 die mächtige Erstlingsorgel von Rudolf von Beckerath, einer Barockorgel nachempfunden. Das Brahms-Foyer wird überwiegend für Pausen und Eröffnungsreden genutzt und verdankt seinen Namen einer Marmorplastik, die den Komponisten darstellt. Weitere Büsten zeigen Joseph Joachim, Clara Schumann, Julius Stockhausen und Hans von Bülow.

Gegenüber der Musikhalle bildet das Kontorhaus des »Handlungsgehilfen-Verbandes« den westlichen Platzabschluss; es wurde in mehreren Etappen zwischen 1904 und 1931 errichtet (Ferdinand Sckopp, Wilhelm Vortmann; Lundt und Kallmorgen). Später Sitz des Polizeipräsidiums und DAG-Haus, wurde es nach Renovierung und einem Teilneubau hinter alter Fassade zum **Brahmskontor** (I I8; 2009, Kleffel Pappey Warncke). Es war zum Zeitpunkt sei-

Die Musikhalle vor dem ehemaligen Unilever-Hauptquartier

ner Errichtung Hamburgs höchster Profanbau. Backsteinpilaster und Staffelgeschosse sind eindeutig an Vorbildern aus dem Kontorhausviertel angelehnt, stehen hier aber in einem völlig anderen Kontext, nämlich zum wilhelminischen Justizforum. Der ursprüngliche Bauherr, der Handlungsgehilfen-Verband, huldigte kolonialistisch-nationalkonservativen Motiven. Dem ist wohl die beeindruckende Elefantenskulptur aus Kupfer am **Pilatuspool** zu verdanken. In den Höfen sind mehrere ehemalige Gewerbeflügel unter Schutz gestellt. Heute leben und arbeiten dort Kreative.

Auf den Wallanlagen und vor der Stadt: erst die Friedhöfe, dann die Justiz

Neben dem Johannes-Brahms-Platz und den ehemaligen Wallanlagen, mittlerweile vornehmste Grünfläche der Innenstadt und Standort von drei Internationalen Gartenschauen (1953, 1963 und 1973), liegt der Sievekingplatz. Wo jenseits der Stadtmauer Friedhöfe angelegt worden waren, steht das Justizforum. Es ist der Glanzprospekt wilhelminischen Städtebaus in Hamburg und heute ein Bindeglied zwischen Wallgebiet, Johannes-Brahms-Platz und Messegelände.

An den Flanken stehen sich zwei im Bau ähnliche Flügel gegenüber, die das **Ziviljustizgebäude** und das **Strafjustizgebäude** aufnehmen (I 18; 1903). Carl Johann Christian Zimmermann ließ die Renaissance mit entsprechenden Treppengiebeln wieder aufleben. Den Platz beherrscht allerdings das ein Jahrzehnt später errichtete **Hanseatische Oberlandesgericht** (1912, Werner Lundt, Georg Kallmorgen), das mit Portikus, Rotunde und Kuppel den Stellenwert der Justiz im Stadtstaat Hamburg glaubwürdig in den Vordergrund spielt. Auch hier klingt wieder eine antikisierende und italienische Sehnsucht an. Für eine der wichtigsten Bauaufgaben – im Ursprung eine Art Verfassungs- und Revisionsgericht für Hamburg, Bremen und Lübeck – wurden die Bauten Palladios oder die Caracalla-Thermen in Rom (im Innern für die Eingangshalle) als Vorbilder bemüht. In westlicher Richtung haben dann Architekten unter Leitung von Fritz Schumacher (1930) das Ziviljustizgebäude erweitert. Das Gebäude in seiner sachlichen Bauart und seiner für jene Jahre üblichen Horizontalbetonung schafft es, sich demonstrativ von der wilhelminischen Haltung abzusetzen und trotzdem ein Ensemble zu erzeugen. Noch deutlicher wird der »späte« Schumacher mit dem **Untersuchungsgefängnis** (I 18; 1928). Gleich fünf geschickt komponierte kubische Bauteile umfasste die Erweiterung des Hamburger Untersuchungsgefängnisses: einen Wirtschaftsflügel, den Umbau des Torflügels, das Frauengefängnis, die Verwaltung und eine Aufstockung des Mittelbaus für die Zellen. Insgesamt entstand zusätzlicher Raum für 800 Inhaftierte. Interessant ist, dass sich Fritz Schumacher auch um solche Bauaufgaben kümmerte und sie angemessen löste. Vielleicht sogar überdurchschnittlich angemessen. So ist es nicht verwunderlich, dass die Straßenfassade heute eine der meist gefilmten des Hamburger Stadtbildes ist: Das große Tor ist immer wieder in Kriminalfilmen zu sehen, die in Hamburg gedreht werden. Das Gefängnis wurde in den 1990er Jahren von APB-Architekten um eine Krankenstation ergänzt.

Nach Norden schließen Frei- und Sonderflächen an: In ◆ den ehemaligen Wallanlagen ist das traditionelle **Planten un Blomen** (das Gelände der Gartenschauen, I I7/8) entstanden, ehemals Heimat des Botanischen Gartens, der inzwischen in Klein Flottbek zu finden ist. Seine Gewächshäuser stehen Besuchern noch offen. An Frühlings- und Sommertagen, wenn Hunderte von Menschen die Rasenflächen belagern, entwickelt sich ein Feeling wie im New Yorker Central Park. Leider sind einige wunderschöne Pavillonbauten der 1950er und 1960er Jahre latent abbruchreif. Hinter Planten un Blomen liegen zwei weitläufige Areale, auf die keine Großstadt verzichten möchte. Auf dem **Heiligengeistfeld** mit einem weithin sichtbaren ehemaligen Flakbunker, der inzwischen aufgestockt wurde und mit Tausenden von Pflanzen begrünt wird, findet der Hamburger Jahrmarkt statt (»Dom« genannt). Dahinter liegt das **Messegelände** (I I7/8; 2006, Ingenhoven Architekten, Düsseldorf), ein Hightechareal.

Nördliche Neustadt, Großneumarkt und Millerntor

In der nördlichen Neustadt, wo der Anteil der Wohnungen innerhalb des Wallgebiets recht hoch ist und mittlerweile sogar wieder zunimmt, gibt es einiges zu entdecken, etwa die verborgene Ruine einer **Tempelsynagoge** im Hinterhof an der Poolstraße 11–14 (I I8; 1844, 1944 weitgehend zerstört). Nur wenige Mauerreste erinnern noch daran, dass sich in der Neustadt das Zentrum des jüdischen Lebens befand, bevor sich der Schwerpunkt nach Rotherbaum und Harvestehude verlagerte. Ganz in der Nähe, im selben Straßenzug, zeugen gleich mehrere Gebäude von der gründerzeitlichen Großstadt: das **Schuldt-Stift** (1890er Jahre, Hinrich Fittschen) als Ausdruck sozialer Verantwortung. Im Stil ähnlich ist die erste **Hamburger Bücherhalle** (I I8; 1909, Hugo Groothoff). Sie wurde 1899 von der Patriotischen Gesellschaft gegründet und startete hier in einem bildungsschwachen Innenstadtgebiet hinter dem Großneumarkt ihre erste Ausleihe. Sie war die erste deutsche Bücherei, in der die Folianten im freien Zugriff verfügbar waren. Um diese Einrichtung der Volkskultur den Hamburgern nahezubringen, wurde eine moderate repräsentative Bauform ausgesucht, bei der Heimatstil, Neobarock und natürlich Backstein eine gelungene Verbindung eingingen. Leider ist der Büchereibetrieb eingestellt worden, nur die Eule über dem Eingang erinnert noch an kulturell bessere Zeiten.

Ein weiteres Zeugnis jener Zeit ist die »Stadtteilschule am Hafen« (1999, ASW Architekten)s. Sie fällt aus zweierlei Gründen aus dem Rahmen: zum einen, weil ihre weiße Kubatur einschließlich der Pilotis, der schmalen Säulen im Erdgeschoss, eine Huldigung an die Moderne Le Corbusiers ist. Zum anderen, weil diese siebengeschossige Schule mitten in der Stadt steht, was zeigt, wie die vielen Nachkriegsschulen im Bungalowstil in den Hamburger Vororten zu Beginn des 21. Jh.s im Zuge der Bewegung »Zurück in die Stadt« innerstädtische Konkurrenz bekamen.

Am Ende der Straße **Kohlhöfen** (I I8) fällt ein Sanierungsgebiet rund um den **Rademachergang** (1937, Heinrich Wilhelm Behrens, Rudolf Klophaus, Puls & Richter) auf. Die akkuraten Ziegelhausblöcke bildeten in der Zeit des Nationalsozialismus das letzte der vier großen Sanierungsgebiete, die sich als Konsequenz aus den Hygienemaßnahmen nach den Choleraepidemien 50 Jahre zuvor ergeben hatten. Diese letzten intakten und sehr unübersichtlichen Arbeiterquartiere galten während der NS-Zeit nicht nur baulich als sanierungs- und abbruchreif. Das in jener Zeit entstandene Bild »typisch« deutscher Siedlungen mit Erkern, Sprossenfenstern und Gauben ist als wichtige Teilmaßnahme eines nationalen Heimatschutzstils zu verstehen, denn wie in vielen anderen deutschen Großstädten waren derartige Baumaßnahmen zur generellen Korrektur der Flachdach-Moderne aus der Weimarer Zeit gedacht und damit gegen die Ideale der Sozialdemokratie gerichtet. Kurioserweise fielen die beteiligten Architekten vorher oft durch »moderne« Ambitionen auf.

Mitten im Quartier steht der volkstümelnde **Hummelbrunnen** des expressionistischen Bildhauers Richard Kuöhl, dessen Keramiken an zahlreichen Hamburger Bauten, z. B. am Chilehaus, zu sehen sind.

Rund um den **Großneumarkt** (I I8) schließt dann ein Gründerzeitquartier an. In Richtung Holstenwall wird dieser Teil der Neustadt zum bunten Setzkasten kleiner Reliquien aus der Baugeschichte des frühen 20. Jh.s.

Ganz in der Nähe liegt das stattliche **Museum für Hamburgische Geschichte** (heute: Hamburg Museum; I I8). Es wurde zwischen 1913 und 1922 von Fritz Schumacher auf der ehemaligen Bastion »Henricus« im Hamburger Befestigungssystem geplant und ersetzte an dieser Stelle die alte

Hamburger Sternwarte, die nach Bergedorf umgezogen war. Obwohl mit einem immensen Raumprogramm belastet, stellte Fritz Schumacher mit der Geste des Kulissenmalers ein rotes Ensemble in die grünen Wallanlagen. Er nimmt dabei die Keilform der Bastion auf und stellt das Haus schräg zum Holstenwall. Unter hohen Walm- und Mansarddächern bilden die Bauteile zum Holstenwall hin einen kleinen Ehrenhof. Ähnlich aufwendig sind innen die Treppenanlagen in der Halle inszeniert. Dem Architekten gelingt es, Schauräume unterschiedlicher Dichte und Konzentration aneinanderzureihen, ohne dass der Gesamteindruck des Ensembles gestört wird. In einem großen Innenhof werden historische Portale und Großobjekte ausgestellt. Dem Hamburger Regenwetter ist es zu verdanken, dass seit 1989 eine zarte Gitterschalenkonstruktion mit Glas den Hof schützt (von Gerkan, Marg und Partner). Dem Krieg und der Inflation war übrigens die extrem lange Bauzeit geschuldet. Gleich gegenüber wird der Parforceritt durch die Baustile fortgesetzt, eine Einheit entsteht nur durch den Backstein. Das gesamte Ensemble breitet sich vis-à-vis dem Museum aus und wird zu dessen Außenstelle, »Abteilung Baukultur«. Fritz Schumacher hat das Museum entworfen, Albert Erbe, einer seiner Vorgänger, gestaltete die frühere **Volksschule am Holstenwall** gegenüber, symmetrisch getrennt für Knaben und Mädchen und von einem Doppelgiebel bekrönt. Ein Stückchen Brügge oder Amsterdam mitten in Hamburg, in Maßstab und Höhe aber durchaus wilhelminisch und übertrieben aufwendig. An der rechten Seite steht, feiner und unscheinbarer, das **Heine'sche Wohnstift** mit seinem Ehrenhof (1902, Martin Haller, Hermann Geißler), barocken Vorbildern nachempfunden. Wie mit den Bauten Albert Erbes wurde auch mit dem Stiftsbau ein grundsätzlicher Beitrag zur damals aktuellen Diskussion geliefert. Die Frage war, welche Richtung die Hamburger Architektur nach dem Eintritt ins 20. Jh. einschlagen sollte.

Gleich in der Nähe, in der Peterstraße, ist das **Beyling-Stift** zu finden (ursprünglich 18. Jh.; I I8). Mit dem Beyling-Stift und dem dazugehörigen Gang wurde ab 1965 eine weitere Traditionsinsel in die heutige Zeit herübergerettet, nicht originalgetreu, was Haustiefen oder den Sitz der Türen betrifft, doch das Bild stimmt. Allerdings ist das Fachwerkstift nun in ein Umfeld eingebettet, das die offiziellen Denkmalpfleger ablehnen – da dieses mehr inszeniert als bewahrt. So tauchen Elemente aus dem Requisitenraum des hanseatischen Heimatstils auf. »Das Alt-Hamburger Bürgerhaus«, ein Speiselokal am Grimm mit hanseatischer Küche, lugt durch die Fassade von Nummer 28; das Justussche Haus aus der Gröninger Straße ersteht im Haus 34 wieder auf, eine Würdigung der großen Zeiten des Sonnin-Barocks. In der Peterstraße entstanden oder entstehen mehrere Musikermuseen (Nr. 39 für Brahms und Telemann, Nr. 28 für Carl Philipp Emanuel Bach und Johann Adolf Hasse, außerdem für Fanny und Felix Mendelssohn sowie für Gustav Mahler). Eine der heftigsten Auseinandersetzungen zwischen alter und neuer Baukultur ereignete sich wohl in der Straße **Hütten**, dort wo moderne weiße Kuben dem betulichen Altbau des Beyling-Stifts buchstäblich aufs Dach rücken. Über diese Fassade, deren Ausdruck zwischen exakt und aggressiv zu interpretieren ist, vermittelt sich sehr genau, dass eine Stadt auch modern weiterentwickelt und nicht nur rekonstruiert werden kann. Hinter dem Tor an der Straße liegen vier Höfe, genauer: drei längliche »Taschen«, zwei Durchgänge und ein Appendix, die **Wallhöfe** genannt werden (2011, u. a. Bieling Architekten). Der nordöstliche Gang überrascht mit einer harmonischen Auseinandersetzung zwischen dem neuen weißen Wohnriegel und dem rotschwarzen Fachwerkstift – denn gewaltige Baumkronen vermitteln würdig zwischen den unterschiedlichen Architekturstilen. Weil die Hamburger Sparkasse mit ihrem Bürogebäude nach Hammerbrook verzog, entstand Platz für eine kleine konzentrierte Anlage. Das wichtigste Ziel lautete: neuen Wohnraum in der Innenstadt zwischen Planten un Blomen, Kiez (Reeperbahn) und Großneumarkt zu schaffen. Vom Motel One, das auch zum Projekt gehört, lohnt ein Rundumblick auf die Hauptkirche St. Michaelis und den **Zeughausmarkt** mit der **Englischen Kirche** (I I8; ursprünglich 1838 fertiggestellt, nach dem Weltkrieg wiederaufgebaut).

Wer den Zeughausmarkt mit der Englischen Kirche betrachtet, erhält einen Eindruck von Hamburg in der Biedermeierzeit. Nord- und Südseite sind allerdings im Zeitgeist der 1990er Jahre neu bebaut. Die **Millerntorwache** (I I8; 1820, Carl Ludwig Wimmel), ein kleiner dorischer Tempel mit Triglyphenfries, diente als Wachhäuschen für die Durchführung einer »Torsperre«, die sich das alte Hamburg immerhin bis 1861 leistete. Ursprünglich existierte ein Doppelgänger auf der anderen Wegseite. Hier, jenseits der heutigen Wallanlagen, endet die Kernstadt: heute eine architektonisch unentschiedene Gegend. Die Millerntorwache führte lange Zeit einen »Dornröschenschlaf«, sie war heruntergekommen. Im Jahre 2005 wurde das Haus mit hohem technischen Aufwand um wenige Meter verschoben und ist nun Ausstellungsraum des Hamburg Museums, das in den Wallanlagen dahinterliegt. Westlich davon, am heutigen Millerntorplatz, beginnt eine völlig andere Welt. Wer an der U-Bahn-Station St. Pauli aussteigt und unter dem Kunstglasdach entlanggeht, um auf die Reeperbahn zu kommen, erhält einen Vorgeschmack darauf.

Anfang des 20. Jh.s wurden für den »eisernen« Kanzler Otto von Bismarck in Deutschland flächendeckend Türme und Denkmäler gebaut. In Hamburg steht zwischen Neustadt und St. Pauli das **Bismarck-Denkmal** (I I8; 1906, Johann Emil Schaudt, Bildhauer: Hugo Lederer). Wie ein moderner Roland auf steinerner Bastion blickt der überdimensionierte Bismarck nach Westen in Richtung England. Das Denkmal ist in Detail und Proportion schon ein Abschied vom Historismus und eine Bewegung in Richtung

Jugend- bzw. Reformstil; trotzdem wird es heutzutage immer wieder in Frage gestellt.

Etwas östlicher – in unmittelbarer Nähe der Hauptkirche St. Michaelis – liegen die **Krameramtsstuben** (I I8; 1620, Restaurierung 1974). Hafen- und Handelsstädte zeichneten sich in guten Zeiten durch ein dichtes soziales Netz aus. Die Krameramtswohnungen wurden von der Zunft der Kramer an die notleidenden Witwen der Einzelhändler vergeben. Zwei Wohnungen fanden in den Fachwerkreihenhäusern Platz. Nach der sympathischen Rekonstruktion sind Besucher geneigt, das Wesentliche zu übersehen: Denn bautypologisch bildet dieser Gang einen Großteil des traditionellen Arbeiterwohnungsbaus der Hansestadt ab. Dort wohnten auf der Fläche, die heute manchem Wohnzimmer entspricht, mehrere Generationen einer Familie zusammen.

Gegenüber, auf der nördlichen Seite der Ludwig-Ehrhard-Straße, wird eine andere Welt sichtbar. In den 1990er Jahren wurde die **ehem. Hauptverwaltung des Deutschen Rings** (BHL Architekten) erweitert und modernisiert. Im Jahre 1964 war am westlichen Ende der neuen, quer durch die alte Stadt gebrochenen Ost-West-Straße ein Hochhaus gebaut worden. Es gehört zu den Bauten wie sie Le Corbusier in den 1920er Jahren als ideal für eine aufgelockerte Bebauung in der Stadt propagierte. Der vorerst letzte Bauabschnitt konterkariert dieses städtebauliche Leitbild allerdings und findet zur straßenbegleitenden und blockbildenden Form zurück. Das Hochhaus mit Vorhangfassade, wurde im Rahmen aktueller Energievorschriften und nach der Maßgabe, sich optisch nahe am historischen Vorbild zu orientieren, saniert (vgl. auch Unilever-Hochhaus).

Wenn man sich als Autofahrer dem gläsernen »Schiffskörper« von Osten nähert, macht dieser Bau eine gute Figur. Durch ihn wurde die Straße aufgewertet; darüber hinaus bildet er den vorläufigen Abschluss einer langen städtebaulichen Entwicklung.

Von der Ost-West-Straße zum Hafenrand

Hinter dem Millerntor am Übergang zu St. Pauli beginnt die ehem. Ost-West-Straße (I I/J8) ihren Lauf durch die Hamburger Innenstadt. Sie ist ein Sonderfall der jüngsten Baugeschichte nach dem Zweiten Weltkrieg. Dieser für die Automobilität der Stadt zwingende Eingriff nach dem Krieg stellte auf breiter Trasse die notwendige Verbindung zwischen den westlichen Stadtteilen an der Elbe, der Innenstadt und dem Osten (Wandsbek, Bergedorf) her. Die Bezeichnung reflektiert das eindeutig – allerdings gehören inzwischen namentlich jeweils die Hälfte dieser Straße den früheren Bundeskanzlern Ludwig Ehrhard (in der Neustadt) und Willy Brandt (in der Altstadt).

Es war ein »landschaftsdramatischer« Plan, die große Straße durch die Trümmerlandschaft zu ziehen – nicht unten am Hafen entlang, sondern mitten durch das Innenstadtgebiet. Hilfreich war es insofern, als kaum mehr ein Gebäude stand, das hätte abgebrochen werden müssen. Dennoch kann die Trassenführung als größter Irrtum der Hamburger Stadtentwicklung in der zweiten Hälfte des 20. Jh.s bezeichnet werden. Die Straße zerschneidet die City (also das Wallgebiet) in zwei ungleiche Teile, dessen südlicher so schmal ist, dass er nicht richtig »lebensfähig« wurde. Hilflos wirkt der Versuch, ihn mit Fußgängerbrücken über die Schnellstraße ans Herz der Stadt anzuschließen. Allmählich gelingt aber die Rückorientierung der Stadt an den Hafen, die Speicherstadt, die neue Hafencity und die Elbe. In der jüngsten Baugeschichte spielt die Ost-West-Straße eine Hauptrolle, weil sie zwei konträr zueinander stehenden Stadtmodellbildern zu dienen hatte. Unter dem schon damals untergehenden Stern einer autogerechten, durchgrünten Parkstadt wurde die Straße zum Zeichen der Renaissance dichtbebauter europäischer Städte des 19. Jh.s. Und so folgten dem Parkgedanken seit den 1980er Jahren neue Hausschluchten und Blockränder und dem Stahl-Aluminium-Glaskleid früherer Jahre der in Hamburg besser gelittene Backstein. Weil der Umbau, in diesem Fall der Weiterbau, nicht abgeschlossen ist und weil jene beiden Philosophien des Offenen und Geschlossenen nicht nahtlos miteinander verschmelzen wollen, ist ein kurioses Ensemble auf zwei Kilometern entstanden, das sich allerdings nur mit Bus oder Auto zu erkunden lohnt. Denn der Maßstab ist nicht auf Fußgänger zugeschnitten.

Das Nebeneinander zweier Bauperioden der späteren Moderne lässt sich beispielhaft an zwei Bauten beschreiben – dem **Michaelisquartier** und dem Bürohaus der Reederei **Hamburg Süd**, das Cäsar Pinnau entwarf. Der Architekt arrangierte dort Niedriges und Hohes miteinander. Dem Hochhaus wurde zur Straße ein niedriger Baukörper vorgelagert, um den Maßstab für den Menschen angemessen erscheinen zu lassen. Das Haus schimmert dank der Gläser- und Fassadenpaneele grün – eine perfekte Kopie des Lever House (1952) von Skidmore, Owings & Merill (SOM) in Manhattan. Die inzwischen vollzogene Aufstockung und Grundsanierung hat das Hochhaus ohne ästhetische Einbußen überstanden. Hamburg Süd im Design der klassischen Moderne als Markierungspunkt einer eleganten Stadtschnellstraße war die Realisierung dessen, was sich die »Väter« der Straße, wie der Oberbaudirektor Werner Hebebrand (vgl. auch City Nord), vorgestellt hatten.

Auf derselben Straßenseite sind in den 1990er Jahren wieder Blockrandbebauungen entstanden. Am Michel (gegenüber dem Ensemble des ehemaligen Deutschen Rings) entstand das **Michaelisquartier** – bestes Beispiel für den Paradigmenwechsel (I 18; 2001, Otto Steidle, München). Es steht auf einem der letzten verfügbaren Großgrundstücke an der Ost-West-Straße, die an dieser Stelle nun Ludwig-Ehrhard-Straße heißt, direkt im Schlagschatten des Michels. So nah, dass nach Wiederherstellung der Straßenkante – einschließlich einer Eckbetonung, die den Namen

Hochhaus nicht verdient – dem Autofahrer manchmal die Sicht auf den Michel verstellt zu sein scheint. Eine unsägliche Diskussion wurde deswegen geführt und man vergaß dabei, lobend zu erwähnen, dass das lange Haus die Lücke stattlich schließt und den Stadtraum angemessen begrenzt. Otto Steidle neigte dazu, seine Hamburger Bauten immer eine Spur hanseatischer zu gestalten als es seine Hamburger Kollegen taten. Hier verliert er sich in einem feingewebten Patchwork aller nur denkbaren Klinkerbrände. Das Backsteinkleid ist an schönen Tagen durchaus ein humorvoller Farbtupfer. Richtig in den Farbtopf gegriffen hat Otto Steidle bei den dahinterliegenden verputzten Wohnhäusern. Eine sympathische Ansammlung von Häusern im Stil der »Villa Kunterbunt«, mit Hof, Garten und Spielplatz, direkt am Michel.

In der Nachbarschaft zum katholischen **Kleinen Michel** (I I8; 1955 Wiederaufbau durch Jean Charles Moureaux und Gerhard Kamps), auf der **Fleetinsel** – einer der zuletzt geschlossenen innerstädtischen Freiflächen, die der Krieg hinterlassen hatte –, wurde mit der Admiralitätsstraße ein Speicherhausensemble gerettet, das heute eine interessante Kunstgalerienlandschaft beherbergt und einen Besuch sehr lohnt. Gegenüber liegt die sensibelste Sanierungs- und Modernisierungsmaßnahme der Hamburger Innenstadt – heute Stadthöfe genannt (2019, David Chipperfield Architects, Kuehn Malvezzi Architects, Stephen Williams Associates, agn Leussmann). Das neu erstandene Stadthaus war ab 1814 Sitz der Verwaltung und der Polizei in Hamburg und liegt zwischen dem Neuen Wall und dem Bleichenfleet. Es bezog damals das 1710 errichtete Görtz-Palais mit ein, das während der französischen Besetzung (1811–14) als Mairie (Rathaus) genutzt wurde und dessen Fassade nach dem Zweiten Weltkrieg rekonstruiert wurde. Während der NS-Zeit lag hier die Zentrale der Hamburger Gestapo. Nach einem großen Umbau zu einem Luxusquartier mit Hotel und Einzelhandel sollte auch ein Ort des Erinnerns entste-

Verlagshaus Gruner + Jahr mit dem Turm des Michels

hen. Der ambitionierte Umbau einschließlich der Rekonstruktion eines Eckturmes mit Kuppel ist inzwischen weitgehend abgeschlossen; um den Gedenkort wird gestritten. Er wird überdeckt von einer großen metropolitanen und kommerziellen Geste, die eigentlich nicht zum hanseatischen Kaufmannscharakter Hamburgs passt. Ganz anders wirken zwei Gebäude auf der anderen Seite der Stadthausbrücke: Der **Fleethof** (I I9; 1993, Bernhard Winking) ist für die weitere formale Entwicklung des Hamburger Kontorhauses mit einem geschlossenen Atrium ein ungewöhnliches Beispiel. Winking konfrontiert den Backstein mit riesigen Glasflächen. Stadträumlich wird der urbane Fleetinselplatz sehr schön gefasst, und die Mieter der gegenüberliegenden Altbebauung genießen durch die Spiegelungen der Fenster ungewohntes Sonnenlicht. Das dahinterliegende **Deutsch-Japanische Zentrum** (1995, von Gerkan, Marg und Partner) wurde 1980 zum Gegenstand eines Wettbewerbs von besonderer Beachtung: Mit einer entsprechend guten Bebauung musste eine Lücke zwischen der City und dem Herrengraben geschlossen werden. Das Deutsch-Japanische Zentrum ist dabei nördlicher Ausgangspunkt einer Fußgängerverbindung zum Hafen und zur Elbe geworden. Zahlreiche Neubauten am Herrengraben stärken eine der Achsen im Sinne der Rückorientierung zur Elbe. Das Alter Ego am Ende dieser Achse ist das **Gruner + Jahr Druck- und Verlagshaus** (I I9; 1990, Steidle & Partner, Kiessler + Partner, München; Schweger & Partner) am Baumwall. Transparent, demokratisch und licht sollte es sein, eine Medienwerkstatt; und nicht bloß gut funktionierende Verlagsmaschine, in gar keinem Fall aber die feierliche Selbstinszenierung eines Medienkonzerns – soweit die damals formulierten Ziele der Verlagsleitung. Die bayerischen Architekten Kiessler und Steidle verwendeten viel Metall, vor allem Zink, und ließen schmale schlanke Profile für Fenster bauen und Sonnenschutz an die Fassaden montieren, als ginge es um ein Kreuzfahrtschiff. Doch ganz hanseatisch steckten sie die gespreizten und mit Zink verkleideten Betonstützen in Backsteinpantoffeln. Eine Verbeugung vor der Backsteinstadt?

»Ein Verlagshaus ist kein Bürohaus«, sagte der Architekt Uwe Kiessler. Deswegen hatte er zusammen mit Otto Steidle gleich eine ganze Pressestadt entworfen. Geradezu penibel orientiert sich der Neubau an den strukturellen Merkmalen einer schachbrettartig gebauten Stadt, wie man sie von den systematischen Stadterweiterungen von Milet oder Olynth in der Antike oder von dem Stadtplaner Ildefonso Cerdá aus Barcelona kennt. Vier Flurstraßen laufen in dem nur fünfgeschossigen Gebäudeensemble (Ausnahme: ein runder höherer Turm) im rechten Winkel auf die Elbe zu. Daran angeschlossen liegen die Büros, durchweg Einzelräume; der kleinste misst gut 14 Quadratmeter bei 2,80 Meter Breite. Man kann die Büroanordnung mit einer Blockrandbebauung vergleichen, denn auch hier wurden – und das ist ein großer Vorteil des Entwurfs – zwischen zwei Büroachsen kleine, karg begrünte Innenhöfe angelegt. Das Baukonzept ist gut, doch nachdem sich die Medienindustrie durch das Internet rasant verändert hat, sucht das Haus dennoch einen neuen Nutzer. Sich im Charakter treu geblieben ist sich das beliebte Portugiesenviertel, mit Kneipen und Restaurants, zahlreichen Seemannskirchen, der historischen **Feuerwache Neustadt** (I I9; 1909, Albert Erbe), einem Informationspavillon und einer Schleuse an dem Mündungsbereich, in dem die Alster in die Elbe fließt. Dort liegt auch der historische **Elbhof** (1905, Walter Martens). Der Elbhof hat nach seinem Umbau 1991 seine ursprüngliche, stark wilhelminische Ausstrahlung zurückbekommen. Dachaufbauten und Fassade wurden dem Original angeglichen. Über den Eingangsportalen sieht man die Skulpturen »Flüsternde Wellen« und »Stürmische Wogen« – Allegorien des Bildhauers Arthur Bock. Wer beim Anblick des Hauses glaubt, eher in Berlin zu sein, sollte nach links blicken. Dort hat die Reederei Sloman 1909 in Backstein und mit stark vertikaler Betonung durch Pfeiler eine »hamburgische« Antwort auf die gegenüberliegende Speicherstadt aus Backstein gefunden. Auf dem Weg nach Westen zu den Landungsbrücken sollte man gen Himmel schauen: entweder mit der Hochbahn den Traumprospekt des Hafenblicks genießen oder zwischen Hafencity und den Landungsbrücken spazierengehen. Die Promenade mit zahlreichen Plätzen und Treppen ist Teil des Hamburger Hochwasserschutzes. Architektin ist die 2015 verstorbende Zaha Hadid – Protagonistin einer dekonstruktiven Richtung der Architektur.

Speicherstadt und Hafencity

Die Speicherstadt: moderne Hafenanlagen hinter mittelalterlicher Kulisse

Die **Speicherstadt** (I I/J9) ist der Ort, von dem man heute sagen mag: Das ist Hamburg! Als die Hansestadt ihren Status als Freie Reichsstadt im neu gegründeten Deutschen Reich aufgeben musste, erhielt sie im Gegenzug einen fest umrissenen Freihafenbereich. Allerdings wurde dafür der Holländische Brook, ein geschlossener und typischer Stadtteil geopfert. Mit der Schlusssteinlegung am 29. Oktober 1888 wurde das gigantische »Unternehmen Freihafen« nach nur sieben Jahren Aufbauzeit abgeschlossen. Dort durften Ende des 19. Jh.s **Zollanschlussgebäude** errichtet werden, die einen für damalige Verhältnisse modernen Handel zuließen: Wertvolle Waren wie Teppiche, Tabak oder Kaffee wurden hier über die Fleete in kleinen Hafenschuten angeliefert, in den Speichern zwischengelagert und über den Straßenweg zum Verkauf weitertransportiert. In Anlehnung an die alten Hamburger Speicher entstand ein neuer verdichteter Speichertypus in Reihenbauweise – im Prinzip also Gewerbebauten, für die in Hamburg Rohziegel vermauert wurden – gewissermaßen ein Vorläufer des modernen Hochregals. Viele Speicher sind gut erhalten. Die Lagerflächen verbergen sich hinter Fassadenschmuck, der für mehr als schlichte Nutzarchitektur steht: »Eine effektvolle Inszenierung zur Verherrlichung [von] Hamburgs wirtschaftlicher Kraft«, wie die Bauhistorikerin Karin Maak 1985 schreibt.

Üppiger Schmuck von Herrschaftshäusern und Palästen mit allerlei Wehrhaftem, also Türmen und Zinnen, wurden den Speichern damals übergestülpt. Ausführender Architekt war Franz Andreas Meyer – Generalist, Ingenieur,

Baumeister und Künstler zugleich. Ausgebildet wurde er am Polytechnikum Hannover, wo in der Hannoverschen Architekturschule unter Conrad Wilhelm Hase die große Renaissance der mittelalterlichen Ausdrucksformen eingeleitet wurde.

Mit den radikalen Veränderungen der Hafentechnik und des Seeverkehrs fiel spätestens nach dem Zweiten Weltkrieg die wirtschaftliche Grundlage für die Speicherstadt weg. Nachdem der Verkehr über die Fleete unwirtschaftlich geworden war, konnten Logistik und Lagerung von Tabak oder Teppichen in modernen Gewerbegebieten seither weitaus ökonomischer betrieben werden.

Die Speicherstadt wurde im Zweiten Weltkrieg stark zerstört, ihr westlicher Teil fast flächendeckend. Einer der erfolgreichsten Hamburger Nachkriegsarchitekten, Werner Kallmorgen (1902–1979), der aus einer alten Altonaer Künstler- und Baumeisterfamilie stammt, wurde zum bedeutenden Erneuerer der Speicherstadt. Er ließ den Geist des alten Hamburgs fortleben, indem er mit hohem Verantwortungsgefühl weiterbaute und Alt und Neu auf eine Weise miteinander verzahnte, dass das eine wie das andere aus dem Kontrast seine ästhetische Kraft zog. Das trifft im besonderen Maße auf die in Teilen stark kriegszerstörte Speicherstadt zu. Mit dem **Speicher G** (1955), der **Kaffeebörse** (I J9; 1887), wiedereröffnet 1956, 2014 modernisiert, umgebaut zum Hotel, dem **Speicher O** (1958) und dem kantigen Kubus des **Speicher T** (I J9; 1967) schuf er moderne und markante Signale mitten in der altehrwürdigen mittelalterlichen Wehrkulisse. Der Speicher G schmückte jahrzehntelang Hamburgs wichtigsten Architekturführer als Titelbild und ist ein Symbol für die gelungene Nachkriegsarchitektur in alter Kulisse. Das **ehem. Freihafenamt**, ein modernes Kontorhaus aus den 1950er Jahren, wurde revitalisiert (I J9; 2013, Sibylle Kramer). Auf dem kantigen **Kaispeicher A** (1966) thront heute die **Elbphilharmonie** (I I9).

Anfang der 1990er Jahre wurden die westlichen Areale der Speicherstadt neu bebaut. Aus heutiger Sicht erscheint das dort errichtete **Hansesatic Trade Center, HTC** (I 19) architektonisch weit weniger spektakulär als damals erhofft. Denn zu Beginn der 1990er Jahre hatte man bei mehreren Architekturwettbewerben auf alle Experimente verzichtet und die mutigen Entwürfe von Alsop & Störmer oder Massimiliano Fuksas (Rom) verworfen. Was gebaut wurde, ist konventionell und aus Ziegel, wie man an den Bauteilen von Kohn Pedersen Fox (New York) besonders deutlich sieht. Die Architekten von gmp (von Gerkan, Marg und Partner) machten dort weiter, wo sie mit dem Zürichhaus aufgehört hatten, und bauten 1999 eine Staffel von Kontorhäusern mit gläsernen Atrien. Optisch herausragend ist das Hochhausgesicht mit spitzer Nase und elliptischem Dachhut des HTC (1997, Kleffel Köhnholdt Gundermann). Im runden Turm gegenüber wurden Büros eingerichtet. Vom heutigen Standpunkt aus kann man sich mit der dichten, kantigen »Blockbau-Urbanität« nicht anfreunden – sie wird im Osten von der historisierten Speicherstadt feinsinnig konterkariert.

In den 1980er und 1990er Jahren war es zu einer generellen Debatte um die Speicherstadt gekommen: Denkmalschutz contra Umnutzung und Modernisierung. Obwohl immer noch viele Traditionsfirmen am Standort Speicherstadt verblieben waren, standen mehr und mehr Flächen leer. Eine generelle Umnutzung war mit großen Schwierigkeiten verbunden, da die niedrigen, sehr tiefen und daher schlecht belichteten Böden der Speicher sich nicht für Büros oder Wohnungen nach heutigem Standard eigneten.

Seit dem Bau der Hafencity ab der Jahrtausendwende ist der hohe Immobilienwert der Speicherstadt erkannt worden, entsprechend aufwendig, also sensibel und denkmalgerecht, werden die Speicher nach und nach für Büros und vor allem für kulturelle oder touristische Zwecke umgebaut. So haben etwa das **Speicherstadtmuseum**, das

St. Annen, »Rathaus der Speicherstadt«

Deutsche Zollmuseum, ein Gewürzmuseum (Spicy's) und eine der größten Modelleisenbahnen (Miniatur Wunderland) der Welt hier ihren Platz gefunden. Die Speicherstadt ist jetzt das liebenswerte Bindeglied zwischen City und Hafencity und nach wie vor ein starker Touristenmagnet. Eine Fahrt auf den Fleeten gehört zum Pflichtprogramm eines jeden Hamburg-Besuchers. Zusammen mit dem Kontorhausviertel und dem Chilehaus wurde der Speicherstadt am 5. Juli 2015 von der UNESCO-Kommission der Welterbe-Titel verliehen.

Zu den vorbildlich revitalisierten Bauwerken gehört St. Annen (I J9), das Verwaltungsgebäude der Hamburger Hafen und Logistig AG, HHLA aus dem Jahr 1903, erbaut nach Entwürfen von Architekt Johannes Grotjan und der Firma Hanssen & Meerwein. Es wird gemeinhin als das Rathaus der Speicherstadt bezeichnet. Stilistisch ein eklektizistisches Gemisch, das der neoromantischen Linie zugeschrieben wird. Das Kontorhaus »türmt und zinnt«

und sieht verwunschen wie ein Backstein-Dornröschenschloss aus. Mit hellrotem Verblendmauerwerk, dekorativen Gliederungen aus Sandstein sowie den verzierten Giebeln und Türmen war und ist es das Gesicht in der Menge. Die angrenzenden Speicher Holländischer Brook 4, 5 und 6 zählen seit Jahren zu den notwendigen Erweiterungen und werden für Bürozwecke genutzt. Der Raum zwischen Verwaltungs- und Speicherbau konnte in eine beeindruckende haushohe Halle umgewandelt, gläsern überdacht und mit einem Glaslift ausgestattet werden. Das Holzskelett der drei Speicher, glasierte Klinker, Schiefer, Kupfer, polierte Granitsäulen, Terrakottakacheln, Gusseisensäulen und Stuck des Speicherrathauses – das ist zusammengenommen ein wahrer Steinbruch aus der Hamburger Baugeschichte »Abteilung Freihafen«. Der neue, dreibündige Grundriss erlaubt nun Einzelbüros zu beiden Seiten des Gebäudes. Glastrennwände mit schmalen Stahlprofilen und helle abgehängte Deckenfelder zwischen dem vorhandenen Holztragwerk lassen die Büroräume licht und weit erscheinen. Im Innenbereich wurden Decken entfernt, um einen optischen Bezug zwischen den einzelnen Böden der Speicher herzustellen und diese miteinander zu verbinden. Durch das neue Glasatrium und den Umbau werden alle drei Speicher zu einem neuen harmonischen Ganzen vereint (2000–2002, von Gerkan, Marg und Partner).

St. Annen steht am Ende eines der Blocks in der Straße »Bei St. Annen« und liegt direkt an einem der wichtigsten Auslässe des ehemaligen Freihafengebiets, an der **St.-Annen-Brücke**. Wo 1888 der Schlussstein gelegt wurde, ist immer noch ein Zollhäuschen des früheren Freihafens aus den 1960er Jahren erhalten; die Zöllner sind hier allerdings heute durch Schaufensterpuppen in Uniform ersetzt, was oft zur Verwirrung bei Besuchern führt. Im Falle des **ehem. Freihafenzollamts** (gegenüber von St. Annen; I J9) hat sich die Weiterentwicklung der Speicherstadt bereits in einer »dritten« Generation gezeigt. Das Freihafenzollamt ist einer der ersten Nachkriegsbauten und wurde in der Speicherstadt auf dem Grundstück des völlig zerstörten Blocks R errichtet. Als der Block 1954 durch Werner Kallmorgen neu aufgebaut worden war, hieß es in einer zeitgenössischen Würdigung, Kallmorgen stelle die nachbarschaftliche Beziehung nicht nur durch Anpassung, sondern auch durch Kontrast wieder her. Wo früher Dekoration vorherrschte, setzte er dem Historismus moderne klare Formen entgegen. Das galt für alle seine Bauten in der Speicherstadt. Nach der sensiblen Revitalisierung im Jahr 2013 haben hier moderne Dienstleistungsunternehmen ihren Sitz. Die alte Kulisse, einst dem wehrhaften Charakter mittelalterlicher deutscher Städte nachgeahmt, ist nach endgültiger Auflösung des Freihafens am 1. Januar 2013 das kongeniale Bindeglied zwischen der Innenstadt im Wallgebiet und der neuesten Stadterweiterung Hamburgs, der Hafencity.

Ein Spaziergang vom Rathaus über den Domplatz und die Willy-Brandt-Straße, die Speicherstadt und die Hafencity ist wohl die schönste Strecke, um Hamburg in Kürze erfahrbar zu machen.

Neuland: die Hafencity

Im Zusammenspiel von City, Speicherstadt und den südlich anschließenden Hafengebieten erhält die neue Hafencity ihren Charakter. Ihre Flächen sind im 19. Jh. auf der Basis eines systematischen Hafen-Generalplans mit seeschifftauglichen Kaianlagen an Hafenbecken entwickelt worden, die für die Tide offen sind. Die Hafen- und Industrieentwicklung verlief in Grasbrook, Sandtorhafen oder Baakenhafen im Detail unterschiedlich. Entsprechend ist das Vermächtnis auf diesen Flächen nicht einheitlich, was an den unterschiedlich geformten bzw. gebauten Hafenbecken deutlich wird. Man muss sich die Hafencity als Insel vorstellen, die nur über wenige Brückengänge erreichbar ist. Es ist eine Erweiterung der City mit großstädtischem Gepräge entstanden, ein gemischter Wohn- und Arbeitsort und ein Erholungs- und Ausflugsort für Millionen von Besuchern. An ihrem westlichen Ende wird die Hafencity durch die architektonische Haute Couture der Elbphilharmonie aufgewertet. Unter dem Aspekt einer offenen und modernen Stadt erhielt sie Promenaden, Parks und Plätze, die zum Verweilen einladen, eine eigene Universität, weitere Einrichtungen für Wissenschaft und Bildung und dazu eine neue Schauseite zur Elbe: die Waterfront.

Das übergeordnete Planungsziel, die **Hafencity** (I I/J9) als Teil der Stadt zu entwickeln und den hanseatischen Charakter ihrer Architektur fortzuschreiben, hat zu einer besonderen architektonischen Vielfalt geführt. In Hamburg streitet man seit jeher über die Vor- und Nachteile einer weißen (Putz-) und einer roten (Ziegel-)Stadt. Die eine steht vornehmlich für das 18. und 19. Jh., die zweite für das Mittelalter und das 20. Jh. Es ist ein müßiger Konflikt, da es keine eindeutige Antwort geben kann. Die Hafencity ist aber weder weiß noch rot, weder geputzt noch ausschließlich aus Stahl und Glas, sie ist wie die gesamte Metropole ein Mixtum compositum. Dennoch sind Relationen und Verbindungen erlaubt, sogar erwünscht, natürlich in Maßen und ungezwungen. Es zeugt also von Stringenz, dass ein »roter« Sandtorkai, ein »rotes« Brooktor aus Backstein und ein »rotes« Überseequartier geplant wurden und entstanden, da alle drei in unmittelbarer Nähe der Speicherstadt liegen. Areale wie der »bunte« Dalmannkai/Kaiserkai entstanden dagegen nach anderen Entwürfen. Die Quartiere der Hafencity unterscheiden sich jedoch auch, weil mit regionalen, überregionalen und internationalen Architekten ein Stadtteil des modernen 21. Jh.s geplant wurde, der für die Nutzung diverser Zielgruppen geeignet sein soll. Für Unterschiede gibt es noch einen weiteren Grund: der jeweilige Zeitpunkt von Wettbewerbsentscheidung und

Baubeginn. Das heißt, dass sich bei einer Planungs- und Bauzeit von mehreren Jahrzehnten die Quartiere zwangsläufig unterscheiden, weil sie immer den herrschenden Moderichtungen der Architektur entsprechen. Die Entwicklung der Teilquartiere erfolgte schrittweise und nach Vorgabe des Masterplans – soweit möglich – in Übereinstimmung mit dem prinzipiellen Verlauf der Entwicklung von West nach Ost.

Ihren individuellen Charakter bezieht die Hafencity aus einer unvergleichlichen Stadttopografie: dem Zusammenspiel von Wasser und Stadtraum, in einer beinahe aquatischen oder auch amphibischen Landschaft an der Norderelbe, den alten Hafenbecken und an den Fleeten. Die Hafencity verfügt allein über zehn Kilometer lange Kaianlagen. Das Bauen direkt am Elbestrom war eine große Herausforderung, denn die Erweiterung der bestehenden City durch die Hafencity liegt in den von Hochwasser bedrohten Hafengebieten und teilweise außerhalb der historischen Deichlinie der Stadt.

Im Masterplan musste deswegen auch der Hochwasserschutz berücksichtigt werden. Von einem zentralen Sperrwerk der Elbe nach holländischem Vorbild hat man abgesehen, weil die Kosten nicht kalkulierbar waren. Eine Eindeichung hätte den großartigen Wasserbezug in den unteren Geschossen und auf den Promenaden versperrt. Deswegen wurde mit dem Masterplan das Modell der Warftenlösung favorisiert.

Es begann im Westen

Das erste Quartier der Hafencity **Am Sandtorkai / Dalmannkai** wurde 2009 fertiggestellt. Baulicher und kultureller Höhepunkt dieses Quartiers ist die neue **Elbphilharmonie** (I I9; 2007 bis 2017, Chefarchitekten: Herzog & de Meuron, Basel; s. a. Rundgang S. 41), die durch markante

Elbphilharmonie

Aufstockung des historischen Kaispeichers A als einzigartige Landmarke in der Hafen- und Elblandschaft wirkt.

Das Gebäude steht als Beispiel für die Bürgerstadt Hamburg, ihren Gemeinsinn und die Verantwortung für soziale und kulturelle Aufgaben. Privat initiiert, entwickelten die engagierten Ideengeber die Eckdaten gemeinsam mit dem Basler Architekturbüro Herzog & de Meuron. In der Folge ermöglichten private Spenden von über 60 Millionen Euro, dass das Projekt in eine gesicherte Planungs- und Bauphase überführt werden konnte. Der Bau des Musiktempels wurde von Beginn an gemeinsam von Politikern und Bürgern mit hoher Sympathie getragen.

Die vertrackte Planungs- und Baugeschichte hat die gesamte Kultur- und Architekturwelt zunächst amüsiert, dann jahrelang verärgert, weil die Kosten sich im Laufe von zehn Jahren etwa verzehnfachten. Als die Elbphilharmonie dann nach einer Bauzeit von einem Jahrzehnt im Januar 2017 endlich eingeweiht wurde, war es wie eine Erlösung; die Medien jubelten, die Hamburger ZEIT war entzückt: ein Gebäude zwischen Himmel und Erde. Eine »Kathedrale der Klänge« (Die Welt) war entstanden und verzauberte alle.

Ein Rückblick: Die Philharmonie fußt auf dem **ehem. Kaiserhöft** mitten im Elbstrom an der westlichen Spitze des ersten Hamburger Dampfschiffhafens am Nordufer der Norderelbe. Es wurde 1875 als Kaispeicher von Johannes Dalmann, dem früheren Hamburger Wasserbaudirektor, errichtet. 19 000 Quadratmeter bemaß die Speicherfläche des Baukörpers, der auf nicht ganz nachvollziehbare Weise Burg, Rathaus und Kirche in sich vereinte und mittelalterliche Bilder von Macht und Einfluss ins Gedächtnis rief. Die beiden Weltkriege überstand der Kaispeicher nur fragmentarisch, mit Turm und erhaltenen Seitenwänden wirkte er wie ein Mahnmal für die Zerstörungen. 1963 entwarf Werner Kallmorgen Pläne für einen neuen Speicher, der als großer, purer Backsteinkubus in die Hafenlandschaft implantiert wurde. Mit 30 000 Quadratmetern und einem fünften Boden war er nicht nur komfortabler, er konnte mit Hilfe von Portalkränen auch direkt beladen werden. Weil sich der Hamburger Hafen rasant zum Containerhafen entwickelte, blieben der ursprünglichen Nutzung des Bauwerks nur 40 Jahre.

Ein erster Wettbewerb 2001 sah eine neue Verwendung des Kaispeichers vor allem als Medienzentrum vor. Der damalige Bauherr gab das Projekt jedoch auf, und so wurde die Idee geboren, zur bestehenden Musikhalle – der Laeiszhalle am Johannes-Brahms-Platz – eine zweite Philharmonie in der Hafencity zu bauen, die mit einem hohen musikalischen Niveau international Reputation erlangen soll. Die Philharmonie wurde auf den Kaispeicher aufgesattelt. Im Kaispeicher selbst wurden u. a. PKW-Stellplätze, Backstage-Bereiche, Probenräume, Lager und ein weiterer Konzertsaal untergebracht. Der große Konzertsaal oberhalb des Speichers verfügt über 2150 Plätze, der kleinere Saal unten über 550 Plätze. Die größtenteils öffentlich zugängliche Plaza-Ebene erschließt die beiden Säle.

Mit ihrer gut 110 Meter hohen Spitze zeigt sich die Elbphilharmonie im ganzen Stadtgebiet selbstbewusst als neues städtebauliches und kulturelles Wahrzeichen Hamburgs. Mit ihr ist ein Bauwerk entstanden, das sein Quartier überragt wie früher die Kathedralen ihre mittelalterlichen Stadtkerne. Die Philharmonie fügt sich trotz ihres massigen Unterbaus gut in das Profil der Stadt ein, denn sie ist in der Höhe gläsern, transparent und lässt an ein geblähtes Segel auf dem Rumpf eines Schiffes denken.

Da das alte Stützenraster für die Garagennutzung zu eng war, wurde der alte Speicher neu konstruiert, die Außenwände, die Luken und der große »Balkon« auf der Westseite blieben erhalten. Allerdings wurde die alte »Bastion« um ein Geschoss aufgestockt. Die Glasfassade ist ein besonderer Entwurf Herzog & de Meurons und bildet eine weithin sichtbare, lebendige und individuell siebbedruckte Außenhaut. Mit über 1000 unterschiedlich geformten Paneelen ist die Konstruktion einzigartig. Eine asymmetrische Rolltreppe führt vom Erdgeschoss zur öffentlichen Plaza in etwa 33 Metern Höhe. Sie ist Teil der Inszenierung des »Ankommens« und auch des Wunderns. Man gleitet in die Höhe – ohne klares, sichtbares Ziel vor Augen – und wird mit einem sensationellen Blick auf die schöne Flusshafenstadt belohnt (vgl. S. 42).

Über dieser Ebene, dem Foyer der Philharmonie auf dem Dach des alten Speichers, erhebt sich der Hauptsaal. Dank des Akustikers Yasuhisa Toyota wird er zu den Top Ten der besten Konzertsäle der Welt gehören. Verglichen mit der Berliner Philharmonie von Hans Scharoun, die wegen ihrer vergleichbaren Asymmetrie und Vieleckigkeit und der Anmutung eines hohen Zelts Vorbild für die Elbphilharmonie gewesen sein soll (oder sein könnte), ist der Saalgrundriss nur etwa halb so groß. Die Zuschauerränge liegen daher turmhoch übereinander; sie sind terrassenförmig um die Bühne angeordnet. Was die architektonischen Qualitäten des Saales betrifft, setzten die Architekten die Metapher vom Weinberg perfekt um. Die Balustraden wirken wie die Mäuerchen im terrassierten Weinanbau, die alles ordnen. Die Menschen sind gewissermaßen die Weinstöcke – ein schöner Vergleich. Der Klangraum kommt wegen seiner ovalen Ausformung auch sichtbar zum Fließen. Was die Klangqualitäten betrifft, ist diese Philharmonie ein Geschenk an die Hamburger und das Publikum aus aller Welt. Je besser die Musiker, desto sensationeller der Klang: immer prägnant, klar und von allen Plätzen aus gleichermaßen gut zu genießen.

Südlich der Straße **Am Sandtorkai** (I I/J9) entstand gegenüber der Speicherstadt das erste Hausensemble der neuen Hafencity. Das **Bankhaus Wölbern** (I J9; 2005, Jan Störmer Partner) bildet in dieser Hausreihe den östlichen »Portier«. Den Architekten ist es gelungen, einem heute gängigen Bankhaustyp aus Glas und Stahl durch rötliche Einfärbung der Betonbänder jene hanseatische Aura zu verleihen, die der Speicherstadt zugeschrieben wird. Fast technisch wirkt dagegen die **China Shipping Agency** (I I/J9; 2005, Architekten Bothe Richter Teherani). Mit Betonung der Horizontalen – zwei herausgeschobenen Etagen – macht das Gebäude auf sich aufmerksam. Die Geste, mit der dieser »Hauscontainer« an einem rostroten Stahlgerüst aufgehängt ist, weist auf die Historie des Standorts hin: Hier war Hafenland. Sie korrespondiert auch mit dem gegenüberliegenden historischen **Kesselhaus**. Der Backsteinbau war einst Energiezentrale der Speicherstadt, und er ist es – in übertragenem Sinne – während der Bauphase der Hafencity auch heute. Schon von weitem ist das Infocenter an den beiden Drahtkorb-Türmen zu erkennen, die an die Schornsteine des ehemaligen Elektrizitätswerks erinnern. Das Kesselhaus wurde von 1886 bis 1888 durch Franz Andreas Meyer errichtet, der als Spiritus Rector der Speicherstadt gilt. Heute ist das Innere ein Multifunktionsraum mit Terrasse für den Start der Führungen am großen Hafencity-Modell mit Fotos und Multimedia-Installationen.

Die **Genossenschaftswohnhäuser am Kaiserkai** (I I9; 2007, Jörg Friedrich Architekten) sind den örtlichen Bedingungen stark angepasst worden: zugeknöpfte Fassaden mit wohlgesetzten kleinen Öffnungen, dort, wo die Bewohner vor Einblicken geschützt sein möchten, und Fassaden mit vollständig verglasten Wänden und großzügigen, geschosshohen Fenstern an den Wasser- und Hofseiten. Innerhalb der Wohnungen können nach gründerzeitlicher Tradition Wohnräume durch Schiebetüren miteinander verbunden oder voneinander getrennt werden. Auffällig ist das **Oval** (2008, Ingenhoven Architekten, Düsseldorf), ein Wohnturm, der die Gebäudezeile am Kaiserkai überragt. Sehr gut sichtbar ist »das Runde im Eckigen« auch aus der Altstadt heraus, ein »Leuchtturm« für den Aufbruch in der Hafencity. Rückschauend hätte er durchaus höher ausfallen dürfen. Zwei weitere Solitäre springen ins Auge: im Süden des künftig als Marina genutzten Beckens des Grasbrookhafens in der ersten Reihe des Strandkais, direkt an der Elbe, stehen die Firmenzentrale von **Unilever** und der **Marco Polo Tower** (I J9; 2009/10, Behnisch Architekten, Stuttgart). Das Unilever-

Gebäude und der Wohnturm erzielen eine weit bis auf die andere Elbseite strahlende Wirkung: der niedrige und der hohe Baukörper bilden einen Gegensatz und ergänzen sich mit ihren prominenten Formen – eines der auffälligsten Ensembles im Viertel. Am ehemaligen Unilever-Haus fällt die vorgehängte Folie vor der eigentlichen Fassade auf, die es ermöglicht, dass der dahinterliegende Sonnenschutz des Hauses auch bei höheren Windstärken in Betrieb gehen kann. Diese zusätzliche Hülle verleiht dem Gebäude eine eigenwillige, beinahe gewölbte Form, der eigentliche Hauskörper ist dagegen rechtwinklig. Im Zentrum des Bürogebäudes überzeugt ein mit Licht durchflutetes hohes Atrium. Rundherum liegen die Büroräume, die durch eine Gangway in luftiger Höhe quer durch das Atrium miteinander verbunden sind. In den letzten Jahren entstanden rings um den Marco Polo Tower, der das Areal mit seinen 14 Wohnetagen bis dahin dominiert hatte, immer weitere höhere Häuser am Strandkai und im neuen südlichen Überseequartier. Die Bebauung wurde zunehmend dichter, wodurch die Hafencity hier im westlichen Teil ihre ursprüngliche Eleganz und Lockerheit eingebüßt hat. Aber es gibt auch gewisse Geistesblitze wie das Architekturzentrum Hochform, das speziell für Kinder und Jugendliche konzipiert wurde.

Hochwasser, Kaimauern, Parks und Promenaden

Die **Hafencity** ist kein gewöhnliches Stadtentwicklungsgebiet. Denn die Gezeiten erreichen ungehindert den Hafen: Bei Ebbe liegt der Wasserspiegel sehr tief. Bei Flut kann es »Land unter« heißen. Die Entscheidung für die Warftenlösung (Anhebung der gesamten Hafencity auf ein hochwassergeschütztes Niveau, s. o.) hat die neue urbane Topographie rund um die ehemaligen Hafenbecken erst ermöglicht. Die Geländehöhen lagen ursprünglich bei 4,5 Metern über Normalnull, die Flächen waren damit – wie die gesamte Speicherstadt – bei Sturmflut gegen Überflutung nicht geschützt. Bei der Neubebauung wurden die Gebäude auf einem hochwassersicheren etwa 8 Meter hohen Warftsockel platziert. Im Sockelbauwerk befinden sich Garagen, die im Falle einer Sturmflut mit Flutschutztoren geschlossen werden. Die neu angelegten Uferpromenaden entlang der historischen Kaikanten befinden sich auf dem ursprünglichem Niveau, so dass der unmittelbare Bezug zum Wasser erhalten blieb.

In der Hafencity gibt es daher meist zwei Ebenen im öffentlichen Bereich – die obere ist auch bei Hochwasser noch nutzbar. So entstanden verbindende Treppen, Brücken und Pontons, darunter auch zwei große besondere Plätze: Am Kopf des Sandtorhafens liegen die zuerst vollendeten **Magellan-Terrassen** (I J9), am Grasbrookhafen die **Marco-Polo-Terrassen** (I J9). Die Namen sind Programm: Sie sollen Erinnerungen an das Licht des Südens, an die iberischen Seefahrer und Entdecker wachrufen. Die Plätze sind auf mehreren Ebenen treppenförmig angelegt, führen zum Wasser hinab. Die beiden wichtigen Freiräume bilden eine Mischung aus Terrasse, Promenade, Platz und – im Fall der Marco-Polo-Terrassen – aus sanft modellierten Rasenflächen. Sie wurden vom Architekturbüro EMBT Arquitectes Associats in Barcelona entworfen, das 2002 den dafür ausgeschriebenen Freiraumwettbewerb gewann: Die Terrassen sind Musterbeispiele für gelungene öffentliche Räume der Kommunikation, Begegnung und Erholung. Design, Material, Topographie und vor allem der offene Horizont mit dem Blick auf das Wasser sind in dieser Konzentration im Hamburger Stadtbild sicherlich selten. Im Sommer finden hier kulturelle Veranstaltungen statt, Konzerte, Open-Air-Tango und Lesungen.

Zwischen den Wohnbauten am Grasbrookhafen, auf dem Hochparterre – und somit den höchsten Wassern entzogen –, liegen kleinere privat anmutende Plätze, Promenaden und Treppen am Dalmannkai. Auf dem **Vasco-da-Gama-Platz** (I J9) wurde ein Basketballspielfeld angelegt, auf der Dalmannkai-Promenade wachsen Kirschbäume. Vereinendes Element vieler Stadträume in der Hafencity sind die Warftsockelwände. Sie wurden an vielen Stellen mit Klinker-Mustern geschmückt.

Die abwechslungsreiche Landschaft aus Wasser- und freien Landflächen der Hafencity macht Hamburg noch attraktiver, als es ohnehin schon war.

Überseequartier und Magdeburger Hafen

♦ Das **Überseequartier** (I J9) wird als City der Hafencity betrachtet und gleicht einem »Marktplatz«. Zusammen mit dem Magdeburger Hafen bildet es den zentralen Bereich des Stadtteils, ist zum Knotenpunkt ihrer Entwicklung geworden. Es liegt zwischen der historischen Innenstadt und der Elbe. Der **Überseeboulevard**, »die Hauptstraße«, ist vergleichbar mit einem mäandrierenden Fluss und läuft durch das gesamte Quartier. Der nördliche Teil wurde bereits 2014 fertiggestellt. Der Straßenzug mit seinen Brüchen, Schwüngen und Durchblicken ist stellenweise schmal wie ein Bach und weitet sich dann wieder zum »Fluss«. Bisweilen gehen Wege ab, die ein Quartier durchziehen, oder solche, die auf Höfe und Plätze führen. Rampen, Treppen und Terrassen verbinden verschiedene Ebenen. So soll eine bewegte Stadt entstehen – nach den Vorbildern der historisch gewachsenen Stadt, wie man sie aus Südeuropa kennt. So der Planungsgedanke. Solche Städte leben vom Charme des Altgewordenen. Um dorthin aufzuschließen, braucht das Überseequartier noch Zeit.

Zwei Gebäude fallen besonders auf: Das **Sumatrakontor** (I J9; 2010, Erik van Egeraat, Rotterdam) wirkt durch seine für hanseatische Verhältnisse provokante Architekturlinie – kantig, schräg, mit Brüchen – wie ein »kunstgewerblicher« Felsen im Hafen. Der hybride Block **Virginia** (I J9; 2012, Böge Lindner) beherbergt im Wesentlichen das Hotel »Twenty Five Hours« (Südseite) und Wohnungen; der Innenhof ist Teil des öffentlichen Überseequartiers, bewahrt aber gleichwohl seinen Charakter als Rückzugsort. Das Hotel liegt an der **Osakaallee** am **Magdeburger Hafen**. Diese ist eine der wichtigen Nord-Süd-Verbindungen der Hafencity; sie bringt die Innenstadt und die Elbe einander näher. Auf der Westseite stehen die Elbarkaden, auf der Ostseite führt eine tieferliegende Promenade am Wasser entlang – dort befindet sich ein kleiner Showroom, in dem Ausstellungen zu ökologischen Themen wie nachhaltiger Architektur stattfinden. Unmittelbar in Richtung Elbe anschließend entstand in den letzten Jahren das urbane Zentrum der Hafencity, das gemischte **Überseequartier Süd** zum Wohnen und Arbeiten mit den Sonderfunktionen Shopping Mall und Kreuzfahrtterminal. Gegenüber, ebenfalls direkt am ehemaligen Hafenbecken, liegen die **Elbarkaden** (I J9; 2014, Bob Gysin, Zürich), die an die historischen Alsterarkaden erinnern. Hier sind das **Designzentrum Hamburg** und die Deutschlandzentrale der Umweltschutzorganisation Greenpeace eingezogen.

Eine direkte Verkehrsanbindung zur Hafencity an das bestehende Zentrum wurde mit der neuen U-Bahn-Linie 4 im Herbst 2013 mit den U-Bahn-Haltestellen **Überseequartier** und **Hafencity-Universität** realisiert (I J9). Ein Besuch dieser Stationen ist empfehlenswert: Sie liegen 80 Meter unter der Erde und entfalten ihre Räume wie Kathedralen. Das Spiel mit dem Wasser dominiert die Gestaltung der Station Überseequartier. Die Haltestelle ist ganz in Blau gehalten – eine Würdigung der nahen Elbe. In der inszenierten Unterwasserwelt leuchten die Wände, und an der Decke scheinen sich Wellen des Meeres sanft zu bewegen. Die Gestaltung der vorläufigen Endhaltestelle Hafencity-Universität wurde am Thema des »Containerumschlagplatzes Hamburger Hafen« ausgerichtet: Über den Bahnsteigen hängen kubische Lichtobjekte, die an Schiffscontainer erinnern und deren Farben sich je nach Tages-, aber auch Jahreszeit verändern. Hier liegt der Neubau der **Hafencity-Universität** (I J9; 2014, Code Unique, Dresden), ein Vorzeigeprojekt der Hansestadt. In dieser Hochschule sind alle Disziplinen untergebracht, die sich mit Planen und Bauen im Allgemeinen und mit der Entwicklung von Metropolen im Besonderen beschäftigen. Einige hundert Meter entfernt liegt das Automuseum **Prototyp**.

Weiterbau im Osten

Man kann die Hafencity auch mit der älteren Linie U1 erreichen, beispielsweise über die Haltestelle **Steinstraße** am Deichtor (I J8). Dann nähert man sich der Hafencity aus Osten. Die neue Zentrale des **Spiegel-Verlags** (I J9; 2011, Henning Larsen Architects, Kopenhagen) bildet das östliche Eingangstor zur Hafencity. In Anbetracht seiner Größe könnte man es als Pendant zur Elbphilharmonie im Westen betrachten. Zeitgleich mit dem neuen Verlagsgebäude entstand das etwas kleinere **Ericus-Contor**. Beide Häuser haben zu unterschiedlichen Seiten ausgerichtete großformatige Fenster. Die Fenster der Spiegel-Verlags-

Neubau des Spiegel-Verlags (r.) und Ericus-Contor

gruppe zeigen auf den Deichtorplatz und Wallring, das Ericus-Contor öffnet sich zum künftigen Lohsepark. Dieses Ensemble setzt architektonisch ein Ausrufezeichen hinter die Medienstadt Hamburg, gut sichtbar für alle, die von Süden mit dem Zug die Stadt befahren. **Brooktor** und **Ericus** heißen die Quartiere der Hafencity, die zwischen dem Spiegelgebäude und dem Magdeburger Hafen liegen. Sie bilden den Übergang zum historischen **Kontorhausviertel** und zur Kulturmeile am **Deichtorplatz** (I J8). Die Bebauung für den **Germanischen Lloyd** hier am **Brooktorkai** (I J9; 2010, von Gerkan, Marg und Partner, Jan Störmer Partner, Antonio Citterio, Mailand) verläuft in Form eines geschwungenen Bandes. In dieses mäandernde niedrigere Gebäudeband sind punktförmig drei elfgeschossige Hochhäuser eingestellt worden.

In diesem Teil der Hafencity existiert noch ein beeindruckender Zeuge aus dem 19. Jh: Das **Internationale Maritime Museum** (I J9; abgekürzt: IMM, 2008, MRLV-Architekten) im alten denkmalgeschützten **ehem. Kaispeicher B** ist eine private Institution und fußt auf der Sammlung Peter Tamm. Die zahlreichen Exponate – vorwiegend Schiffsmodelle und Zeichnungen – werden in einem fast ruppigen Charme ohne modische Finesse auf neun »Ausstellungsdecks« inszeniert. Es gibt regelmäßig Sonderausstellungen, Führungen und Veranstaltungen. Der Kaispeicher B ist ein Stahl- und Holzskelettbau mit monolithischen Backsteinwänden und einer lebendigen Dachlandschaft. Er wurde bis zum Zeitpunkt des Umbaus vor wenigen Jahren noch als Speicher genutzt, denkmalgerecht instandgesetzt und städtebaulich in die neue Achse »City, Hafencity, Elbe« eingebunden. Die beiden unterschiedlich hohen Bauteile des Speichers sind intern miteinander verbunden.

Ein bundesweit einzigartiges Projekt ist die **Brücke – Ökumenisches Forum Hafencity**, der Sitz eines Vereins von 18 christlichen Kirchen in Hamburg (I J9; 2012, Wandel, Hoefer, Lorch + Hirsch, Saarbrücken). Das öffentlich zugängliche Erdgeschoss des Forums bietet eine Begegnungsstätte und eine Kapelle – ein stiller Rückzugsort im sonst quirligen Viertel. Mit nur wenigen gestalterischen Mitteln gelingt es, dem Gebäude die Würde eines Sakralgebäudes zu verleihen: Die Ziegelfassade biegt und beugt sich, ein goldenes Kreuz kennzeichnet den Ort der öffentlichen Kapelle und strahlt bei sonnigem Wetter.

Von hier aus ist auch der **Lohsepark** (I J9; seit 2012, Vogt Architekten, Zürich) sichtbar. Auf dem Areal des Parks hatte sich einst der Hannoversche Bahnhof befunden. Von dem bis zur Einweihung des Hauptbahnhofs 1906 wichtigsten Bahnhof der Hansestadt, der danach zum zentralen Güterbahnhof wurde, waren während des Zweiten Weltkriegs 7692 Menschen – vor allem Juden, Sinti und Roma – in Konzentrations- und Vernichtungslager deportiert worden.

2017 wurde eine Gedenkstelle eingeweiht. Sie verläuft auf der ehemaligen Bahnstaße und des früheren Bahnsteiges 2, von dem aus die Deportationen gestartet wurden. Diese Sichtachse ist optisch so gestaltet, dass sie wie ein Einschnitt im Stadtbild wirkt. Erstmals wird in Hamburg ein Ort des Schreckens und des Erinnerns an zentraler, auch im Alltag intensiv genutzter Stelle sichtbar werden (vgl. KZ-Gedenkstätte Neuengamme, S. 180).

Die mit 3,5 Hektar größte Grünfläche der Hafencity erstreckt sich zwischen Baakenhafen und Brooktorhafen. Der Lohsepark ist der »Central Park« der Hafencity und die zentrale Naherholungsfläche für den neuen Stadtteil.

Der »wilde Osten«: Transformationsräume für eine sich ändernde Stadtkultur

Zwischen Zollkanal und sogenannter ehemaliger Pfeilerbahn, auf der die Hauptstrecke der Deutschen Bahn nach Süden verläuft, liegt das langgestreckte Quartier Oberhafen (I J9). 2008 wurde die historische Pfeilerbahn hier komplett saniert. Die neue Bahnstrecke wurde allerdings nicht (wie in einem Architekturwettbewerb vorgeschlagen) auf einer durchlässigen Brückentrasse geführt, sondern auf einem preiswerten abgrenzenden Damm. So entstand ein abgeschotteter Bereich, der sich für eine spezielle Nutzung eignet – mit alten Gebäuden, die ein Freiluftmuseum historischer Eisenbahnbaukultur darstellen. Damit ist der Masterplan der Hafencity grundsätzlich in Frage gestellt und verändert worden. Statt einer »Klötzchen-Ästhetik«, wie sie im ursprünglichen Modell der Hafencity im Kesselhaus zu sehen war, und wie mit mächtiger (Blockrand-)Bebauung im Westen weitgehend realisiert worden ist, wurde nun auf eine Bestandssicherung der fast 400 Meter langen Bahnhallen und -schuppen gesetzt und »über eine graduelle Entwicklung« nachgedacht. Die Grundstücke wurden nicht verkauft, sie bleiben Eigentum der Stadt und bilden nun den Grundstock für das Kultur- und Kreativquartier Oberhafen – eine erstaunliche Karriere für eine alte Bahnfläche, die, hochwassergefährdet, bisher überwiegend von Speditionen genutzt wurde. Zurzeit entwickelt sich ein in Hamburg zentral gelegenes Kultur- und Kreativquartier, das mit den übrigen Bereichen der Hafencity, aber auch mit **Rothenburgsort** (IV K/L9/10), der **City Süd** (IV K8/9) und den dort neu entwickelten kulturellen Aktivitäten sowie mit der Kunstmeile gut vernetzt ist.

Die backsteinexpressionistische **Oberhafenkantine** (I J9; 1920er Jahre) an der Oberhafenbrücke soll aus Reststeinen von der Chilehausbaustelle errichtet worden sein. Das Gebäude besitzt inzwischen Kultstatus und bleibt erhalten. Grund für seine Schiefstellung: Das Hafenwasser hat im Laufe der Zeit die Fundamente unterspült. Dennoch ist die Konstruktion nachhaltig gesichert.

Das letzte größere Areal der Hafencity liegt rund um den langgestreckten **Baakenhafen** (IV J/K9) mit einer Ost-West-Länge von 1300 Metern. Bis Mitte der 2020er Jahre wird dieser letzte Teil der Hafencity fertiggestellt werden; zum großen Teil ist die Baustruktur mittlerweile sichtbar geworden: Der Osten wird noch dichter bebaut als der Westen; die hohe Nachfrage nach Wohnungen macht das erforderlich. Zwei Anlagen ragen heraus. Erstens der bereits fertiggestellte Baakenhafenpark mit einem künstlichen Aussichtsberg, und zweitens der über 245 Meter hohe Elbtower (David Chipperfield Architects), der direkt an den Elbbrücken entstehen soll. Entlang des Kirchenpauerkais wird eine großzügige, begrünte Promenade angelegt, die den Elbuferwanderweg über die Hafencity bis zum **Entenwerder Elbpark** in Rothenburgsort (IV K/L10) fortsetzt. Dort ist das schwimmende Café im **Goldenen Pavillon**, einem umgebauten Kunstwerk der »Skulptur Projekte Münster« einen Besuch wert (2015, Jan Kampshoff und Marc Günnewig von »modulorbeat«): Es ist 16 Meter hoch und 11 Meter lang; die Außenhaut besteht aus goldfarbenem, gelochtem Messing.

Von der Außenalster in den Norden und Osten

Rotherbaum und Harvestehude

Die wesentliche Stadtentwicklung und Erweiterung des historischen Stadtkerns fand rund um die Außenalster statt, entsprechende Zeugen der Baukultur vor allem aus dem 19. und 20. Jh. lassen sich durch Spaziergänge in den Quartieren rund um die Außenalster erkunden. Die »Doppelbrücke« Kennedybrücke (Straße) und Lombardsbrücke (Schiene und Straße) trennt Binnenalster (kleiner See) und Außenalster (großer See). Verlässt man die **Lombardsbrücke** durch die Esplanade in Richtung **Dammtor-Bahnhof** (I/III I7), dann erreicht man das Parkgelände vor dem Dammtor-Bahnhof. Hier ist das sogenannte **76er Denkmal** errichtet worden (I I8). Das 1934 vom Traditionsverein des in Hamburg stationierten 76. Infanterieregiments initiierte und 1936 nach dem Entwurf des Chilehaus-Bildhauers Richard Kuöhl erbaute Kriegerdenkmal ist ein rechteckiger Block aus Muschelkalk. Auf einem umlaufenden Relief sind in Viererreihen marschierende Soldaten abgebildet. Unter mehreren Inschriften befinden sich auch Zeilen aus dem Gedicht *Soldatenabschied* (1914) von Heinrich Lersch. Das Monument ist zum Ziel sowohl für rechtsradikale Versammlungen wie Antikriegskundgebungen geworden. Die Bundeswehr stellte in den 1970er Jahren ihre Ehrungen an diesem Ort ein. Nach einem Wettbewerb des Hamburger Senats in den 1980er Jahren erhielt Alfred Hrdlicka den Auftrag, am selben Ort ein vierteiliges **Gegendenkmal** zu schaffen. Der Bildhauer war sich der Schwierigkeit bewusst, eine adäquate künstlerische Aussage zu formulieren. »Er sah im Gegensatz zu dem geschlossenen Block eine offene Anlage vor, deren

Teile die Form eines zerbrochenen Hakenkreuzes bilden und die Themen Hamburger Feuersturm, »Fluchtgruppe Cap Arcona, Soldatentod und Frauenbild im Faschismus behandeln sollten« (Volker Plagemann). Hrdlicka hatte die dargestellten Geschehnisse mit treffendem Gespür ausgewählt: Den »Feuersturm« bei den Bombenangriffen im Zweiten Weltkrieg, in dem unzählige Menschen verbrannten, und den Untergang von fast 7000 KZ-Häftlingen kurz vor Kriegsende, nachdem sie aus dem KZ Neuengamme in der Lübecker Bucht auf der »Cap Arcona« untergebracht worden waren und bei einem Angriff britischer Bomber starben. Wie das 76er Denkmal nationale Einigkeit und Vaterlandsliebe bis in den Tod darstellt, so wird in den Schilderungen Hrdlickas Todesangst, Elend und Schmerz des Einzelnen abgebildet. Das Gegendenkmal blieb ein Torso, aus Kostengründen wurden nur zwei der vier Teile des Denkmals realisiert. 2014 hat Hamburg entschieden, zwischen beiden Objekten ein **Deserteurdenkmal** als »Gedenkort für Deserteure und andere Opfer der NS-Militärjustiz« zu realisieren (Konzept: Volker Lang); es wurde 2015 als pavillonartiges Gebäude fertiggestellt.

Durchquert man nun den restaurierten Dammtor-Bahnhof, erreicht man einen großen Anger, die Moorweide – einst Viehweide, später Glacis (urspr. Gelände vor der Festung) und Exerzierplatz. Auf dem westlichen Teil der Weide wurde 1881 eine Halle mit einer kreuzförmigen Glas-Gusseisen-Konstruktion errichtet, die beim Sängerbundfest ein Jahr später Veranstaltungsort für Tausende von Menschen war. Ein Feuer zerstörte 1885 die Halle fast vollständig. Sie wurde nicht wiederaufgebaut, obwohl sie zur Pariser Weltausstellung 1878 gehörte.

Am nordwestlichen Rand der Moorweide steht das **Logenhaus** (III I7; 1912, Umbau durch Martin Haller), in das die Provinzialloge von Niedersachsen Anfang des 20. Jh.s einzog. Es ist ein prächtiger Bau im neoklassizistischen Stil; für verschiedene Anlässe sind seine Mozartsäle zu besuchen und zu mieten. Auf der anderen Seite der Moorweide stehen Häuser aus verschiedenen Epochen, große Versicherungsfirmen haben hier nach dem Krieg immer weitergebaut, dabei aber Denkmäler dieser Stadt wie die alten Stadtvillen am südlichen Rand der Moorweide rücksichtsvoll mit einbezogen. Bemerkenswert sind auch die **ehem. Landhäuser** (1820–1825). John Fontenay hatte sich nach der Zerstörung durch französische Truppen in diesem Gebiet um eine erfolgreiche Wiederbelebung durch die Rekonstruktion von Landhäusern gekümmert. Eines der Häuser wurde 2003 aufwendig restauriert (gmp; von Gerkan, Marg und Partner). Auf der Moorweide steht einer von ehemals zwölf **Rundbunkern des Systems »Zombeck«** (1941), die seit Kriegsbeginn in der Nähe von Bahnhöfen, bei den Elbbrücken und am Hafen errichtet worden waren. Die Wände und die Spitzen der Türme bestanden nur aus Stampfbeton und waren nicht bewehrt. Die Bomben sollten, falls sie einen Turm trafen, an ihm abgleiten, ihn also nicht zerstören. Mehr als 500 Personen waren pro Turm zugelassen, die den Bunker über Rampen betraten. Meistens waren es jedoch viel mehr, die hier Schutz suchten. Ein Pfahlrost bildete das Fundament. Keiner der Türme wurde getroffen, weswegen sie erhalten sind. Der Turm auf der Moorweide, im typischen Hamburger Ziegelkleid, beherbergt heute eine Galerie.

Im hinteren Teil der Moorweide, an der Tesdorpfstraße, leuchtet ein kleines Stadthaus mit rotem Backstein: Das heutige **Generalkonsulat der Republik Türkei** (III J7; 1873, J. F. Berger) hatte nach einem Umbau 1912 eine Ziegelfassade erhalten. Es war das erste Hamburger Bürgerhaus, das nach jahrelanger Abstinenz wieder rot trug. Dankbar nahmen die Architekten in der Folge dieses Zeichen auf. Vor allem in den wohlhabenden Elbvororten, im Alstertal und in den Walddörfern wurden Häuser nicht mehr weiß verputzt, sondern zeigten den rohen Stein.

Zwischen Bahnhof Dammtor und dem Logengebäude

liegt das Hauptgebäude der **Universität Hamburg** (III I7; 1911, Distel & Grubitz). Sie wurde erst 1919 gegründet. Mit heute mehr als 40 000 Studierenden hat sie sich als Campus-Universität im **Grindelviertel** etabliert und wird in den 2010er Jahren weiter ausgebaut. Edmund Siemers richtete das Gebäude ursprünglich für die öffentliche Erwachsenenbildung ein. Einer der wichtigsten Gelehrten war Ernst Cassirer. Weil es auch Institute für die Kolonialforschung barg und ein Denkmal des Kolonialisten Paul von Lettow-Vorbeck vor seinen Toren stand, war es in den 1970er Jahren von Studenten heftig kritisiert worden. Bauhistorisch ist die Universität in mehrfacher Hinsicht interessant. Der originelle und verspielte Putzbau würde wohl eher einer süddeutschen Universitätsstadt zugeordnet werden, passte also nicht in die aufkeimende Backsteineuphorie der Vorkriegszeit in Hamburg. Mitte der 1990er Jahre wurde er durch zwei neue Flügelbauten mit Natursteinfassaden erweitert, der Altbau 2004 durch die Architekten Dinse Feest Zurl einfühlsam saniert und innenarchitektonisch aufgewertet. Der weit in den Stadtteil Grindel reichende Campus mit einem Anbau an die historische **Staatsbibliothek** (III I7), einem schwungvollen Audimax und »Philosophenturm« genannten Hochhaus bilden die Architektur der 1960er Jahre ab: einfach, funktional, geometrisch.

Mehrere parallelgeführte Straßen verbinden die Innenstadt mit den im 19. Jh. stark besiedelten Stadtteilen Rotherbaum, Harvestehude und Eppendorf. Die wichtigste Magistrale ist dabei die **Rothenbaumchaussee** zwischen Dammtor-Bahnhof und dem Klosterstern in Eppendorf (III I6/7) – eine stolze Straße mit einer großartigen gründerzeitlichen Bebauung, deren Höhe und Dichte stadtauswärts sanft abnimmt.

Einer von wenigen Bauten in Hamburg, die im Nationalsozialismus für das Regime errichtet wurden, ist das **Wehrkreisdienstkommando**, später Standortverwaltung der Bundeswehr (III J6; 1937, Distel & Grubitz). Die grobe, spannungslose Fassade, die Autorität ausdrücken sollte und trotz der schönen Lage des Gebäudes an der Außenalster kaum wahrgenommen wurde, verriet, dass das Gebäude aus Normteilen bestand. Bis zum Jahr 2017 wurde das neoklassizistische Gebäude saniert und zu Luxuswohnungen umgebaut.

Das **MARKK – Museum am Rothenbaum. Kulturen und Künste der Welt** (III I7; 1911, Albert Erbe), aus dem imperialen Anspruch entstanden, dem wilhelminischen Staatsbürger die Exotik der kolonialisierten Länder zu zeigen, ist längst ein offenes Haus der Kulturen geworden. Während der verschiedenen Ausstellungen gibt es Führungen, Thementage, Lesungen und Filmvorführungen, und ein hervorragendes pädagogisches Angebot spricht Kinder und Jugendliche an. Bauhistorisch ist das Museum eine Art Steinbruch mit allen möglichen Vorbildern, die hier auf Albert Erbe eingewirkt haben. Ein mächtiger Mittelrisalit und eine marmorverkleidete Eingangshalle illustrieren Macht und Herrschaftsanspruch. Im Garten des Museums, und öffentlich zugänglich, befindet sich inzwischen ein chinesischer »Teepavillon«, der allerdings die Ausmaße eines kleinen Kongresszentrums hat.

An der Chaussee lag auch der ehemalige HSV-Sportplatz der Uwe-Seeler-Generation, inzwischen durch allerlei neue Bauwerke besetzt, darunter eine in Architektenkreisen stark diskutierte **Stadthausanlage Turmweg** (III I7; 1998) von der Schweizer Gruppe Atelier 5, die mit ihrer Wohnanlage in Halen in der Schweiz (1962) einen beispielhaften, verdichteten Wohnungsbau aus Sichtbeton schufen. In Hamburg sind sie an dieser Stelle mit einer weißen, engstehenden Wohnhausgruppe vertreten. In unmittelbarer Nachbarschaft liegt das **Tennisstadion** (III I6; 1999, ASP Architekten, Werner Sobek), in dem Boris Becker nie gewann, das aber als deutsche Kathedrale des Weißen Sports gilt. Unter einer ausgetüftelten, beweglichen Membrankonstruktion bewegen sich die Sportler.

Das **NDR-Hörfunk-Gelände** (III I/J6) ist ein Steinbruch der deutschen Rundfunkgeschichte. Der entsprechende Campus zwischen Rothenbaumchausee und Mittelweg, eine der weiteren wichtigen Straßenachsen hier, wurde in den 1920er Jahren als NORAG (Nord-Ostsee-Radio AG), gegründet. Der stark veränderte Urbau galt als klassisch-kubistisches Ensemble der Bauhaus-Moderne. Auf dem Gelände wurden inzwischen typische Rotherbaum-Villen von einem gläsernen Studio-Ensemble abgelöst (2008, ASP Architekten). Der heutige **Sendesaal des NDR** – das Rolf-Liebermann-Studio (1931, Felix Ascher, Robert Friedmann) – war bei seiner Entstehung als Synagoge des Tempelverbands vorgesehen und ist einer der letzten jüdischen Neubauten in Deutschland vor 1933. Auch beim Synagogenbau wurde damals Wert auf die Zurückhaltung des Neuen Bauens gelegt. Das Sakralgebäude an dieser Stelle wird von einer Freitreppenanlage, die von zwei Flügelbauten eingerahmt ist, dominiert. Es ist mit Travertin verkleidet. Die neue Sachlichkeit mag dazu beigetragen haben, dass das Haus 1938 nur geschlossen und nicht zerstört wurde. Heute gehört es zum Komplex des NDR und ist dessen großer Sendesaal. Die Architekten von SEHW haben ihn im Jahre 2002 innen sensibel modernisiert.

Andere Hinweise auf die jüdische Vorkriegskultur findet man auf der westlichen Alsterseite mit der **ehem. Talmud-Tora-Realschule** (III I7; heute: Joseph-Carlebach-Schule), dem benachbarten Café David mit koscheren Speisen, den dahinterliegenden ehemaligen Synagogenbauten und der **ehem. Jüdischen Turnhalle** (1899, Ernst Friedhelm) im Karoviertel, die 2013 von den Architekten Knaak und Prell zur Synagoge und zum Kulturbauwerk umgestaltet wurde. Die große **Synagoge am Bornplatz** soll mit Bundesmitteln wieder aufgebaut werden.

Von den beiden Brücken zwischen Binnen- und Außenalster könnte man auch direkt auf der Harvestehuder Seite entlang der Alster gehen. Bei diesem Spaziergang trifft man auf die Straße **Alsterufer** (III J7), die im weiteren Verlauf zum **Harvestehuder Weg** wird. Es handelt sich zwar um keine zweite Elbchaussee, aber sie ist ebenso beindruckend mit ihren Villen und dabei viel ruhiger. Wer möchte, kann hier einen öffentlichen Spazier- und Radwanderweg, den **Alsterwanderweg** nehmen, der weite Teile Hamburgs miteinander verbindet.

Die Außenalster ist nach dem Zweiten Weltkrieg ein wichtiger Flanierbezirk der Hamburger geworden. Nach Plänen von Gustav Lüttge wurde auf dieser Alsterseite das Alstervorland als Teil der IGA 1953 zum öffentlichen Park. Mit dem Alsterpark hatte sich Gustav Lüttge vom Entwurfsstil der Vorkriegszeit gelöst, der noch weitgehend von der formalen Strenge seines Lehrers Heinrich Wiepkings-Jürgensmann bestimmt war. Lüttges Entwurf verwandelte das Alstervorland in eine offene Wiesenlandschaft. Die Straße »Alsterufer« wurde am 11. September 2011 für den Durchgangsverkehr gesperrt, denn hier befand sich damals das **US-Generalkonsulat** (III J7; 1883, urspr. Martin Haller). Es wird auch wegen seiner weißen Säulen »Weißes Haus« genannt und ist eine Zusammenlegung von drei Gebäuden. Stadteinwärts liegt ein Bürohaus von Richard Meier (USA), das der nordamerikanische Stararchitekt im Stil seiner typischen Villen gebaut hat: weiß, elegant und mit großen holzbeplankten Terrassen (2001).

Stadtauswärts entstand mit dem **Bürohaus Alsterufer** (III J7; 1951, Ferdinand Streb) ein Kleinod der 1950er Jahre. Ein Blick auf den Grundriss macht deutlich: Durch die ausladenden Schwünge in der Fassade wurde ein »Nierentisch« als Stadtmöbel konstruiert. Einer der ersten Hamburger Versicherungsneubauten schiebt in prädestinierter Lage – genauer: an der Alten Rabenstraße – seine raumgreifenden Hausflügel in das Alstervorland. Quadratische Öffnungen im »wehenden« Vorhang der Fassade waren nicht gerade charakteristisch für die in die waagerechte Linie verliebte klassische Moderne: Schwingen, auskragen, schweben heißt es hier – der Gelbklinker passt gut zum manchmal tiefblauen Alsterhimmel und so verwundert es nicht, dass Kreativ- bzw. Werbeagenturen hier ihre Heimat fanden, als die Versicherer an andere Standorte abwanderten. Zu Recht gilt der Bau als eine Inkunabel des Wiederaufbaus.

Der kleine Stadtteilbezirk **Pöseldorf** (III J7) ist vor allem wegen seiner **Milchstraße** und einem **ehem. Remisengebäude** (1906, Martin Haller, Umbau: 1960, Helmut Gronau) weit über die Grenzen Hamburgs bekannt geworden. Es diente u. a. als Pferdestall, Kutscherwohnung oder Garage. In diesem Fall stammte die Remise vom Rathausarchitekten Martin Haller, der dank seiner Gestaltungskraft, u. a. bei der Dachgliederung, auch diesem Wirtschaftsgebäude einen besonderen Charakter verliehen hat. In den 1960er Jahren leitete der Antiquitätenhändler Eduard Brinkmann als »Retter von Pöseldorf« jenen Umbau ein, für den das Quartier einen Sonderstatus als »In«-Stadtteil erhielt. Noch heute ist die Milchstraße als Ensemble einen Besuch wert – auch wegen der **Hochschule für Musik und Theater** (III J7). Das ursprüngliche **Budge-Palais** ist mehrfach um- und weitergebaut worden, zuletzt mit einer unterirdischen Jazz-Hall (2021, MPP). Auch die in der Nähe gelegene neogotische Kirche St. Johannis (1882) lohnt einen Besuch. Ihr Architekt, Wilhelm Hauers, war ein Meisterschüler von Conrad Wilhelm Hase, dem Begründer der Hannoverschen Schule.

Stadterweiterung in Harvestehude – Innocentiapark

Wenn heute vom Wohnen in Hamburg, von wunderbaren Vierteln im Grünen und von weißen Häusern die Rede ist, meint man Harvestehude. Ursprünglich Klosterland, wurde es in der zweiten Hälfte des 19. Jh.s durch private Bauspekulationen aufgesiedelt. Auf dem Gelände entstanden Blockbebauungen im Schachbrettmuster. Noch heute fallen die kleinen Plätze in den Kreuzungsbereichen auf. Da über über mehrere Jahrzehnte hin gebaut wurde, gibt es Fassaden des Klassizismus, Historismus und des Jugendstils. Signifikant dafür sind die Bereiche um den **Innocentiapark** (III I6) mit den herrschaftlichen Stadthäusern u. a. in der Oberstraße, Brahmsallee, Parkallee und Innocentiastraße (Plan: Franz Andreas Meyer) und jene um den **Klosterstern** (III I6). Dort steht auch die neue evangelisch-lutherische **Hauptkirche St. Nikolai** (III I/J6; 1962, Gerhard & Dieter Langmaack) als Ersatzbau für die zerstörte Hauptkirche St. Nikolai, die auf der Nikolaiinsel gestanden hatte. Dass die alte Kirche nicht mehr rekonstruiert wurde, lag zum einen daran, dass sie nach den Zerstörungen durch den großen Brand und durch den Zweiten Weltkrieg innerhalb eines Jahrhunderts zweimal hätte wiederaufgebaut werden müssen. Zum anderen lebten nach dem Zweiten Weltkrieg in der City nicht mehr genug Gemeindemitglieder, um fünf Hauptkirchen rechtfertigen zu können. Am Originalstandort blieben von dieser Kirche der Turm und die Kirchenruine als Mahnmal erhalten. Am Klosterstern erhielt der Neubau in Anlehnung an das Vorbild ebenfalls einen feinen, nadelspitzen Turm von 34 Metern Höhe. Der Kirchenraum hingegen wirkt durch seine Größe und Breite eher wuchtig wie eine Arche und ist mit Schiefer ausgekleidet. Das Innere wird vor allem von einem Mosaik von Oskar Kokoschka bestimmt. Wer möchte, kann sich auf Spurensuche begeben: Im Turm wurde ein Fenster von 1939 eingebaut, das noch für die alte Kirche vorgesehen war. Trümmerstücke der Altkirche wurden auch für den Taufaltar in der Turmvorhalle verwendet. 2004 erweiterte der Architekt Carsten Roth die Kirche durch den Bau eines Gemeindezentrums.

Einen Katzensprung von St. Nikolai entfernt endet die **Isestraße** (III I/J6), einer der imposantesten Straßenräume aus der Hamburger Gründerzeit mit dem Typus der sogenannten Schlitzwohnung: Jeweils zwei hochherrschaftliche Wohnungen liegen auf einer Etage, deren Wohnräume sowohl von der Straße als auch durch einen schmalen Innenhof (Schlitz) belichtet werden. Die großbürgerlichen Wohnungen haben teilweise mehr als 200 Quadratmeter. Ein Gestaltungsplan für die Straße, in dem die Liebe zum Jugendstil unverkennbar war, sorgte für einheitliche weiße Fassaden. Hier kommt das prosperierende Hamburg Ende des 19., Anfang des 20. Jh.s zur Geltung. Nicht nur Fahrstühle, Zentralheizung und exklusiver Ausbau stehen dafür, sondern auch die Tatsache, dass die Entfernung bei der traditionellen Aufteilung einer Schlitzwohnung in vordere, repräsentative Wohnräume und hintere Schlafräume schon einmal 20 Meter Flurlänge betragen kann. Durch die Isestraße fährt die Hamburger U-Bahn auf dem bis 1912 errichteten eisernen Viadukt. Die Hamburger haben für die drei unterschiedlichen Straßenabschnitte launige Bezeichnungen gefunden. Der Teil mit der Hochbahn heißt »Fiese Straße«, die Mitte »Miese Straße« und nur das propere Ende Richtung Alster »Isestraße« (Bauzeit Gesamtensemble: 1905–1912). Unter dem Hochbahnviadukt findet dienstags und freitags einer der schönsten Wochenmärkte Hamburgs, der Isemarkt, statt.

Die **Heilwigstraße** (III J5/6) gehört auch zu den stattlichen bürgerlichen Wohnstraßen Hamburgs, sie führt von Harvestehude nach Eppendorf. An ihrer stadtauswärts betrachtet, »rechten« Seite reichen die Gärten ihrer prachtvollen Stadthäuser bis an die Alster. An der anderen Uferseite sieht man den Leinpfad. Auch dort liegen prächtige Häuser und Gärten direkt am Fluss. In der Heilwigstraße wirkt das Haus Nr. 116 vergleichsweise zurückhaltend. Das **Warburg-Haus** bzw. die **ehem. Kulturwissenschaftliche Bibliothek Warburg** (III J5; 1926, Gerhard Langmaack) fällt in ihrem einfachen Backsteinkleid nicht weiter auf. Hier war in den 1920er und 1930er Jahren die damals unvergleichliche Gelehrtenbibliothek des Künstlers und Bankierssprosses Aby M. Warburg untergebracht. Die Bücher sind mit der Emigration der jüdischen Bankiersfamilie nach London umgezogen. Der ehemalige Bibliotheksraum wurde in den 1990er Jahren rekonstruiert. Er liegt in einer Rotunde mit Galerie und wird heute von der Hamburger Universität für exklusive Veranstaltungen, Tagungen und Seminare genutzt. Eine neue Bibliothek befindet sich im Aufbau. Das Haus ist eine der Traditionsinseln der Hamburger Universität aus den 1920er Jahren und noch immer Forschungsstelle. Ein zentrales Anliegen der Aby-Warburg-Stiftung ist die Förderung der Wissenschaft und des Vortragswesens.

Eppendorf

Eppendorf, ein Stadtteil, der an den Klosterstern, den **Eppendorfer Baum** (III I6) und an die **Heilwigstraße** (III J5) anschließt, hat im 19. und 20. Jh. seine dörfliche Architektur zu Lasten der vorstädtischen Bebauung verloren. Die letzten vorindustriellen Strukturen rund um den Eppendorfer Marktplatz gehen inzwischen verloren. Was bleibt, ist die evangelisch-lutherische **St. Johanniskirche** (III J5; Kirchenschiff von 1622, Turmneugestaltung 1751, Umbauten und Restaurierungen im 20. Jh.). Im Bauwerk verstecken sich Spuren aus vielen Jahrhunderten; eine Kanzel von 1781 beispielsweise. In den letzten Jahren wurde vielfach ein- und zurückgebaut, dennoch blieb der Eindruck einer niederdeutschen Dorfkirche erhalten, die heute inmitten einer städtischen Umgebung steht. Das Pastorat stammt im Kern aus dem 18. Jh., das benachbarte **Johanniskloster** (III J5; 1912, Kahl & Endresen) ist hingegen ein stolzer Backsteinbau des frühen 20. Jh.s. Anklänge an englische Bautraditionen sind gewollt, sie weisen auf das Prestige dieser Stiftsanlage hin. Es handelt sich um eine subtile Version des in Hamburg weitverbreiteten Stifts-typus – im

Kaiserreich anfänglich der hanseatischen Oberschicht vorbehalten. Das »Kloster« ist weitgehend unzerstört geblieben. Im Originalzustand erhalten, zählt es zu den bedeutenden Baudenkmälern in Eppendorf und Winterhude.

Von historischer Bedeutung sind auch die sachlichen **Etagenbauten** an der Eppendorfer Landstraße (III I5; 1928, Robert Friedmann) von Anfang des 20. Jh.s. Dieser Haustypus, mit dem u. a. viele Spekulanten und Bauunternehmer in den Gründerzeiten wohlhabend wurden, wird nicht mehr hinter Putz, Stuckdekor und heller Riemchenkeramik verborgen, sondern hinter einer typisch modernen, also kubischen und kantigen Fassade aus Klinker. Dahinter liegen jedoch auch die erwähnten Hamburger Schlitzwohnungen.

Die **Wohngebäude Haynstraße** (III I5, zwischen Breitenfelder Straße und Eppendorfer Landstraße; 1924–1927, Johannes C. Hansen) zeigen Backsteinexpressionismus. Wer hier spazieren geht, sollte sein Augenmerk auf die Hausportale mit ihren dorischen Portalen richten. Die Mehrfamilienhäuser aus der Zeit der Weimarer Republik ordnen sich dem repräsentativen Charakter der Vorkriegsbebauung an der Eppendorfer Landstraße unter. Das Haus in der Haynstraße 23 ist ein klassischer Putzbau, die gequaderten Lisenen der anderen Bauten verweisen dagegen noch auf den Heimatstil der Vorkriegsjahre.

Das **Universitätsklinikum Eppendorf**, das 1889 bis 1934 als durchgrüntes Pavillonkrankenhaus als Antwort auf die großen damaligen Epidemien entstand, ist heute trotz zahlreicher Neubauten stadtbaugeschichtlich noch stark als eigenständiger Campus erkennbar. Das **Medizinhistorische Museum** in der ehemaligen Pathologie (III I5; 1926, Fritz Schumacher, denkmalpflegerische Sanierung Anna Katharina Zülch) lohnt einen Besuch.

Von Hamburger Terrassen und Wohnhochhäusern

Eppendorf und Hoheluft sind keine Stadtteile der großen Baukunst, sondern bezeugen als Ensembles die Qualität der Wohnvorstädte (auch »Innere Stadt« genannt). Sie sind hier durch kleinteiligen eigentümergeführten Einzelhandel, etwa am Eppendorfer Weg, belebt. Zwischen Eppendorf und Hoheluft (und auch in Nähe zum Vorzeigestadtteil Harvestehude) liegt das umfangreichste Terrassenensemble – genauer Passagenensemble – Hamburgs. Terrassen gehörten in Hamburg zum fortschrittlichen Arbeiterwohnungsbau des 19. Jh.s. Mit den parallel aufgestellten roten Reihenhauszeilen aus Mauerwerk und Verblendziegeln der 1890er Jahre und den hellen Putzbauten aus der Zeit nach der Jahrhundertwende verkörpern die **Falkenriedterrassen** (III I6) nicht nur exemplarisch Hauptmerkmale der zeittypischen Fassadenmuster jener Jahre, sondern auch eine städtebaulich besonders qualitätvolle Wohnhofvariante.

Diese Terrassen stehen für eine spezielle Entwicklung des Arbeiterwohnungsbaus in Hamburg. Man kann guten Gewissens sagen, dass aus der Not eine Tugend gemacht worden ist, denn trotz der engen Bebauung ließ sich zumindest der Eindruck einer durchgrünten, fast ländlichen Besiedlung erwecken. Die angestammte und weitgehend unkontrollierte Verbauung in den Hamburger Gängevierteln hatte im 19. Jh. aus gesundheitspolitischen Gründen und Gründen der Sicherheit zum Umdenken geführt. Deshalb kamen beim Wohnungsbau jener Zeit Vorbilder aus der hansestädtischen und europäischen Tradition gleichermaßen zum Tragen, zum Beispiel das englische »Terraced House«, mit seinen Mews, den hinter den herrschaftlichen Häusern gelegenen Versorgungsgassen.

Gegenüber den Terrassen liegt das Gelände der **ehem. Fahrzeugwerkstätten Falkenried** (III I6), die im letzten Jahrzehnt in ein gemischtes Areal zum Wohnen und Arbeiten umgewandelt wurden. Die architektonische Kraft der alten Hallen zwang die verantwortlichen Architekten beim Umbau, auf die Beschaffenheit und Struktur einzugehen; darum bleibt sie weiterhin ablesbar. Besonders deutlich wird das an der Aufstockung und dem Weiterbau eines ehemaligen Lager- und Bürogebäudes von 1928. Bothe Richter Teherani trafen auf einen soliden Gewerbebau aus Ziegel und krönten ihn durch eine Metall-Glas-Konstruktion; die Kontur entspricht einem fahrenden Hochgeschwindigkeitszug.

Gelungen sind auch die Stadthäuser. Die historischen Wagenhallentore wurden erhalten und einbezogen; so wird an die Architektur des ehemaligen Depot- und Industriegeländes erinnert (Spengler Wiescholek). Nicht minder ausgefallen ist das Wohnhausensemble aus »Turm und Riegel« (Bolles und Wilson, Münster). Aus ästhetischen Gründen hätte der Turm höher ausfallen dürfen, doch rechtliche Gründe sprachen dagegen. Der Turm blieb niedriger als die sakrosankten Hochhausscheiben aus der Nachbarschaft, die **Grindelhochhäuser** (III I6). Das hat die Hamburger Stadtplanung gesetzlich vorgegeben.

Die zwölf Hochhausscheiben sind als eine Wiederauferstehung der Stadtutopien aus den 1920er Jahren zu verstehen. Sie wurden zwischen 1946 und 1956 von einem Architekten-Kollektiv errichtet: Bernhard Hermkes, Hopp & Jäger, Rudolf Lodders, Albrecht Sander, Ferdinand Streb, Fritz Trautwein und Hermann Zess. Kurzum: die besten Architekten, die Hamburg damals aufbieten konnte.

Britische Bomber hatten in Harvestehude am Innocentiapark die westlichen Karrees einer Blockbebauung aus dem 19. Jh. nahezu vollständig zerstört. Doch nach dem Krieg brauchten die Briten ein Hauptquartier für die Besatzungstruppen. Zunächst waren sie in einem unzerstörten Teil des Rothenbaums eingewiesen worden. Nun wollten sie neue Quartiere und die deutsche Einwohnerschaft entmieten. Dieses sogenannte »Hamburg project« war unmittelbarer Auslöser für die Planung der Grindelhochhäuser; es wurde aber 1947 verworfen, weil das Hauptquartier der Briten im Rheinland genommen wurde. Es entstand die Idee für dringend benötigten Wohnungsbau.

Wer heute Einsicht in die Pläne nimmt, kann schwer nachvollziehen, warum diese 200 Meter langen Scheiben ins Bild der Stadt gestellt wurden. Aber liest man die Protokolle der Bürgerschaftssitzungen aus dieser Zeit, wird klar, dass die Gruppe der (damals) jüngeren Architekten enthusiastisch vom Nährboden der klassischen Moderne profitieren und ein architektonisches Fanal setzen wollten – vor allem nach dem verlorenen Krieg. »Jetzt erst recht«, sagte sich etwa Bernhard Hermkes: »Das Hochhaus-Projekt am Grindelberg ist eine Dokumentation moderner Baugesinnung und auch der erste großzügige Schritt zum Wiederaufbau der Wohngebiete unserer Stadt«.

Die Grindelhochhäuser bezeugen – ähnlich wie die Stalinallee im Berliner Osten und das Hansaviertel im Berliner Westen – die gesellschaftliche Ideologie der 1950er Jahre; sie sind eine Willenserklärung, wie man leben möchte. Im Erdgeschoss sind Ladenzeilen, in den darüberliegenden Stockwerken moderner Wohnungsbau, Büros, vor allem für die Verwaltung, u. a. mit dem Standesamt am Grindelberg.

Vorstadt St. Georg

Links der Alster, vom Ballindamm aus gesehen rechts, liegt die »Vorstadt« St. Georg. Sie wurde um 1200 zum ersten Mal urkundlich erwähnt und im 17. Jh. in die Hamburger Wall- und Befestigungsanlagen einbezogen. Allerdings unterlagen die Einwohner noch 200 Jahre lang der Hamburger Torsperre und mussten jeweils rechtzeitig am Abend die Stadt verlassen. Erst um 1830 konnten die Bewohner St. Georgs das Hamburger Bürgerrecht erwerben. Nach dem Bau des Hamburger **Hauptbahnhofs** (I J8) entwickelte sich wegen der Nähe zum Hauptbahnhof ein großstädtischer Vorort mit dem typischen Gesicht des frühen 20. Jh.s. Heute ist er ein kulturell vielfältiger und internationaler Stadtteil, doch nur ein paar alte Fachwerkhäuser an der **Langen Reihe** (I J8) und der Turm der evangelisch-lutherischen **Kirche St. Johannis** (I J8; 1747, Johann Leonhard Prey, Rekonstruktion: 1962, Heinz Graf) erinnern an die alten Vorstadtstrukturen. Fachwerkhäuser und Turm konkurrieren heute mit den öffentlichen Bauten des frühen 20. Jh.s, zum Beispiel mit dem **Deutschen Schauspielhaus** (I J8; 1900, Fellner & Helmer Wien). Der Bau bot anfangs fast 2000 Zuschauern Platz. Um die repräsentative neobarocke Form und die opulente Innenausstattung angemessen zu gestalten, orientierten sich die Architekten an österreichischen Vorbildern.

Hochherrschaftlich im Stil der Neorenaissance wurde das Gebäude des heutigen **Museums für Kunst und Gewerbe** (MKG; I J8; 1876, Architekten des Hochbauwesens, Carl Johann Christian Zimmermann) ursprünglich als staatliche Gewerbeschule genutzt. Schon der erste Museumsdirektor, Justus Brinckmann (1843–1915) richtete eine Jugendstilsammlung ein, die sich Weltruf erworben hat. Später folgten die ebenfalls stark beachteten Sparten Porzellan, Ostasien, Grafik, Design und Fotografie. Martin Hallers voluminöser Salon, der Spiegelsaal, gehörte ursprünglich zum Budge-Palais – heute Sitz der Hochschule für Musik und Theater – und wurde 1987 mit seinem Interieur transloziert. Mit seiner opulenten Kulisse wird der Saal heute für Events und Konzerte benutzt. Besonders beachtenswert sind die Adlerskulpturen an der Stuckdecke, die auf das ehemalige Wappen der jüdischen Familie Budge hinweisen. Für eine private Musikaliensammlung wurde das Museum in einem der beiden Lichthöfe um den **Schümann-Flügel** erweitert (2000, Alsop & Störmer). Das moderne Haus im Hof des Altbaus ist eine gelungene Erweiterung von innen. Der nach seinem Stifter benannte Schümann-Flügel bietet Platz für Veranstaltungen und Sonderausstellungen. Im Vergleich zu den historisierenden Fassaden des Altbaus an den Straßenseiten geht es im Innenhof puristisch zu. Durchsichtige Stahlgewebe hängen vor den Glasfassaden des Neubaus und umfassen einen anmutigen japanischen Garten. Vor der Haustür des Museums liegt mit dem **Zentralen Omnibusbahnhof** (ZOB; I J/K8; 2003, ASW Architekten, Schlaich, Bergermann und Partner, Ingenieure) ein imponierendes Ingenieurbauwerk – und das in einer Stadt, die sehr verhalten mit Glas-und-Stahl-Architektur umgeht. Das sichelförmige Dach scheint zu schweben, weil es auf 21 sehr schlanken Stahlstützen lagert.

Eine weitere Besonderheit in St. Georg ist der **St.-Marien-Dom** (III K8; 1893, Arnold Güldenpfennig). Dies war der erste katholische Kirchenneubau in Hamburg seit der Reformation. Der Vorgängerbau auf dem Domplatz wurde 1807 abgebrochen. Der neue Dom sollte ein würdiger Nachfolger sein und fiel entsprechend repräsentativ aus. Er erhielt, von der üblichen Hamburger Tradition abweichend, zwei Türme und eine dreischiffige Basilika. Inzwischen ist der St.-Marien-Dom die Bischofskirche der neu gegründeten Diözese Hamburg. Die Goldmosaiken in der Apsis, aber auch moderne Anbauten unterstreichen die Bedeutung dieses Dombezirks in der Diaspora.

Das Viertel St. Georg ist strukturell, baulich und auch sozial gespalten. Der nördliche Stadtteilstreifen an der Außenalster zeigt bereits klassische Merkmale der Gentrifizierung, also der Vertreibung der alten Bewohnerschaft und des Einzelhandels durch Umbau und aufwendige Sanierung. Dort liegt u. a. das **Hotel Atlantic** (I J8; 1909, Boswau & Knauer). Es war vor dem Ersten Weltkrieg der beliebte Zwischenstopp der Erste-Klasse-Passagiere, die von Hamburg und anderen norddeutschen Häfen über den Atlantik reisen wollten. Das Kaiserporträt im Kaminzimmer der Lobby und der blaue Leuchtglobus über dem gerundeten Eckturm zeugen noch immer vom Aufbruchswillen jener Kaiserjahre.

Direkt an der Straße **An der Alster** (I/III J8) sind weitere repräsentative Büro- und Hotelbauten entstanden. Das gewachsene großstädtische Milieu der Vorstadt rund um die Lange Reihe mit ihrer LGBTQ-Szene wird sich halten können.

Am **Steindamm** (III K8) folgte nach Kriegszerstörung eine grobschlächtige Neubebauung. Dort befinden sich heute wichtige kulturelle Einrichtungen wie das Polittbüro (Kabarett), das Hansa Varieté (Theater) und das Savoy (Filmtheater). Zu den frühen architektonischen Ereignissen der Nachkriegszeit zählt das Hallenbad Sechslingspforte (auch: **Alster-Schwimmhalle**, III K7; 1967, Horst Nissen, Rolf Störmer). Große und leichte Flächentragwerke wie die beiden gekoppelten Betonschalendächer sind keine Erfindung der digitalen Architektur, sie existieren seit der frühen Moderne. In den 1970er Jahren war es für Ingenieure eine Herausforderung, mutige und weit ausladende Dachkonstruktionen wie die der Alsterschwimmhalle mit Flächentragwerken von 100 Metern Länge zu entwickeln und zu realisieren. Da zur gleichen Zeit im fernen Sydney ein Opernhaus mit ebenfalls sehr mutiger Dachlandschaft fertiggestellt wurde, nannten die Hamburger das Hallenschwimmbad auch großspurig ihre »Schwimmoper«. Eine ungeliebte allerdings, weil viele funktionale Abläufe unzureichend geplant waren. Von räumlicher Großzügigkeit ist in den Nebenräumen nur wenig zu spüren, schlimmer war jedoch, dass sich in dieser experimentellen Konstruktion bald Bauschäden abzeichneten. Die Halle wird in den 2020er Jahren grundsätzlich saniert.

Der Bau des **ehem. Polizeipräsidiums** (III K8; 1962, Hans Atmer, Jürgen Marlow, Hans Th. Holthey, Harro Freese, Egon Jux) wurde durch einen Entwurf von Le Corbusier für Algier (1938) beeinflusst, so dass man später in Hamburg von einem Plagiat sprach. Die konstruktivistische Fassade, die Pilotis, auf die das Haus aufgeständert ist, und die schattenspendenden Stahlbetonbalken und -stützen sind typisch für Le Corbusiers Bauweise. Leider wurden frühzeitig starke Schäden an der Fassade registriert. Man kann sich heute kaum vorstellen, dass dieses für Hamburger Verhältnisse radikal moderne Haus in den 1980er Jahren beinahe auf einer Abbruchliste stand. Und zwar nur deswegen, weil der Nutzer des Gebäudes, die Polizei (und damit die Freie und Hansestadt Hamburg), mit der in die Zeit gekommenen Technik nicht zufrieden war, aber die anstehende Grundsanierung nicht bezahlen wollte. Die Architekten Bothe Richter Teherani bauten für einen Investor auf dem Gelände der Polizeischule ein neues Polizeipräsidium – mit einem Grundriss in Form eines Polizeisterns. Die Polizei mietete die Flächen und der Investor bekam den Altbau für eine weitere Vermarktung an die Hand, den dieselben Architekten modernisierten. Rundherum sind viele neue, teilweise hohe Häuser entstanden, u.a. für den Campus der HHAW (Hamburger Hochschule für angewandte Wissenschaften). Baugeschichtlicher Star bleibt die **Hauptfeuerwache Berliner Tor** (III K8; 1914–22, Fritz Schumacher).

City Süd und »wilder Osten«

In Richtung Süden schließen hinter der Bahnstrecke nach Berlin die ehemals kleinbürgerlichen Stadtteile Hammerbrook und Rothenburgsort an. Sie wurden wegen ihrer Totalzerstörung nach dem Krieg nicht wieder als Mischquartier aufgebaut. Der »Wilde Osten« (bis hin nach Billbrook) ist unterdessen zum ungehemmt komponierten Gewerbe- und Industriegebiet geworden und wird auch die »größte Spedition Europas« genannt. Für **Hammerbrook** (IV K/L9) hatte es seit den 1970er Jahren große Pläne gegeben, erst sollte hier das Megaprojekt einer Alster-City entstehen, ein neues Stadtviertel, das die Gebäude St. Georgs mit ihrer ungezähmten Hochhausbebauung unwiederbringlich zerstört hätte. Nachdem die Pläne nicht verwirklicht wurden, wollte Hamburg ein riesiges World Trade Center bauen. Entstanden ist dann rund um die damals futuristisch wirkende S-Bahn-Station Hammerbrook die **City Süd** (IV K8/9; 1983, Schramm, Pempelfort, v. Bassewitz, Hupertz). Es sollten zwar auch vorwiegend Gewerbe und Büros angesiedelt, aber einige Fehler der »autogerechten« City Nord nicht wiederholt werden: Es wurden keine autarken Großbauten geplant, sondern eine gemischte Blockbebauung wie bei einer gewachsenen europäischen Stadt des 19. Jh.s. Doch leider hat das Vorhaben nicht gefruchtet, weil der Anteil an Wohnungen zu niedrig war. Deshalb zeigt sich dieser Stadtteil nur tagsüber von seiner urbanen und vitalen Seite, nachts ist er wie ausgestorben. Die Neubauten sind architektonisch unauffällig – mit Ausnahme zweier gläserner Kontorhäuser.

Das **Doppel XX** (IV K8; 1999, Bothe Richter Teherani BRT) entstand auf dem Grundriss eines doppelten X und wurde in eine Art »Aquarium« eingestellt. Diese gläserne Box sollte in der heterogeneren Bürovorstadt ein städtebauliches Statement für den Aufbruch zum nachhaltigen Bauen werden. BRT verschafften den Büroangestellten durch die doppelte Fassade ökologische Vorteile, wenngleich nicht alle Energiesparziele öffentlich evaluiert wurden. Ein sehr großer Bereich des Hauses funktioniert wie ein Wintergarten, dessen Dach teilweise zu öffnen ist. Trotz der nahen neuen Hafencity wird in der City Süd heftig weitergebaut und nachverdichtet, neuerdings auch für den Wohnungsbau.

Der **Berliner Bogen** (IV K8; 2002, Bothe Richter Teherani) ist für Zuggäste aus Richtung Berlin besonders gut sichtbar. Der Berliner Bogen folgt wie das Doppel XX dem Konzept eines gläsernen Kontorhauses, seine Büros sind allerdings um glasgedeckte Atrien gruppiert. Hier ist die Großform eine Halbtonne, die einen imposanten Bogen bildet: Auf einer Länge von 140 Metern schwingt sich das Haus über ein Hochwasserbassin. Es hängt an 36 Meter hohen Stahlbögen und ist mit einer Brückenkonstruktion zu vergleichen. An seiner südlichen Stirnseite steht es über einem Kanal, der nördliche Bogenabschluss schiebt sich wie ein Visier über die Schlusswand, was dem Haus – aus dieser Richtung gesehen – etwas Martialisches verleiht. Die Architekten haben die Grenze zwischen Wand und Dach aufgelöst: Eigentlich ist alles Dach-Schale. Hamburg hat erkannt, wie wertvoll dieser Standort zwischen Alster und Elbe ist, und entwickelt hier einen Grünzug mit komfortablem Fahrradweg.

Wer für den morbiden Charme dieser zentralen Stadtteile empfänglich ist, und der folgt den Denkmalschützern, die empfehlen, Industrie- und Gewerbedenkmäler zu erhalten und nicht alle alten Gewerbebauten abzureißen. Hervorstechend sind erstens das **ehem. Kraftwerk Bille** in Hammerbrook (IV L9). Es ist das letzte einer Kraftwerkfamilie aus dem 19. Jh., das noch als Gesamtensemble erkennbar ist. Die Kraftwerkbauten sollen wegen ihrer originellen Ziegelarchitektur erhalten und geschickt umgenutzt werden. Das zweite auffallende Gebäude ist das **Wasserwerk Entenwerder** (IV L10). Mit seinem 64 Meter hohen Turm wurde es 1848 nach Plänen von Alexis de Chateauneuf errichtet; heute steht es unter Denkmalschutz. William Lindley hatte ein neues System der Wasserversorgung für Hamburg entwickelt, bei dem Elbwasser über drei Absetzbecken gesäubert in die Haushalte geleitet wurde. Das Wasserwerk Entenwerder war noch kein klassischer Wasserhochbehälter (wie später im Stadtpark). Hier wurde das Wasser hoch- und dort in das Leitungsnetz hineingepumpt. Man vermutet, dass durch das ungefilterte Wasser die schwere Cholera-Epidemie 1862 verursacht wurde. Daher wurden auf der Insel Kaltehofe von da an Sandfilter zur Wasserreinigung eingesetzt. Das dritte hervorstechende Gebäude ist das **ehem. Wasserwerk Kaltehofe** (heute: Wasserkunst Elbinsel Kaltehofe; IV L10; 2011, Studio

Andreas Heller). Es wurde durch die Hamburger Wasserwerke vorbildlich restauriert, im Wasserwerk wurde ein Museum eingerichtet. Teile der Außen- und Brunnenanlagen sind nun in ein Naturschutzgebiet integriert und durch Wander- und Radwege entlang der Elbe mit dem Zentrum, dem Hafen und den Vier- und Marschlanden verbunden. Ein ganz anderes Hamburg tut sich hier auf – das einer grünen natürlichen Landschaft am Strom.

Zu den bedeutenden Industriebaudenkmälern könnten auch zwei weitere Bauwerke gezählt werden: Der **Brandshof** (IV K9; 1929, Otto Hoyer) liegt logistisch an einer zentralen Stelle – zum einen direkt am Anfang der Nord-Süd-Autobahn der HAFRABA (Hamburg–Frankfurt–Basel, A7), aber auch an der Binnenwasserstraße in ostwestlicher Richtung nach Berlin. Zu diesem letzten komplett erhaltenen Gewerbeensemble gehörte auch das Hauptquartier der damals größten deutschen Binnenreederei »Schlesische Dampfschiffreederei« mit Kontorhaus, Lagerflächen und Wohnbauten. Die Logistik- und Verladetechnik galt vor dem Krieg als modernste Deutschlands. Erhalten blieb das imposante Kontorhaus direkt an der Autobahn, in einer expressiven Klinkerarchitektur, die an die Qualität der Häuser im Kontorhausviertel heranreicht. Das Kontorhaus und die Originallagerhallen sind inzwischen stilgerecht und sorgfältig saniert worden. Die **Oldtimer-Tankstelle Brandshof** (IV K9; 1953) am Billhorner Röhrendamm hat bereits Kultstatus. Sie wird von Privatleuten als Treffpunkt für Fernfahrer oder Beschicker des nahen Großmarkts genutzt, außerdem werden gesetzliche Überprüfungen für Old- und Newtimer durchgeführt. Die ehemalige Gasolin-Tankstelle ist bis hin zum ausgesuchten Kantinengeschirr aus den 1950er Jahren liebevoll wiederhergerichtet worden. Ihre erhöhte Position ist weitgehend dem Kriegsschutt geschuldet, der oberhalb des alten Straßenniveaus aufgeschüttet worden war. Der Billhorner Röhrendamm war vor dem Krieg die

Hauptverbindungsstraße zwischen Innenstadt und Rothenburgsort, ein lebendiger Großstadtvorort, in dem beispielsweise Max Schmeling seinen Boxstall betrieb. Heute führt diese Straße zur zentralen **Großmarkthalle** (IV K9; 1962, Bernhard Hermkes, Gerhart Becker). Das Großmarktgelände, ein nur für Marktbeschicker und -besucher zugänglicher Ort, lässt sich durch eine direkte Passage zur City nicht erschließen – noch nicht. Mit der dreischiffigen Großmarkthalle präsentierte sich der Architekt als versierter Ingenieur und konstruktiver Formenerfinder. Seine Betonbinder mit einer Länge von 48 Metern tragen doppelt gekrümmte Betonschalen mit einem erstaunlich dünnen Querschnitt von knapp 13 Zentimetern. Die spielerische, organische Führung von Dach und Konstruktion ist auffallend. Dennoch findet sich kein Detail, das von Hermkes aus stilistischer Willkür gezeichnet wurde. Was zählt, sind ausschließlich die konstruktiven Bedingungen – wenn die Profile sich verjüngen, tragen sie an diesen Stellen eine geringere Last. Bernhard Hermkes, der an der TU Berlin Baukonstruktion lehrte, gelang schon damals, was sogar heute selten technisch einwandfrei gelingt: eine riesige Dachlandschaft für unterschiedliche Nutzungen zu komponieren. Die dreifache Schale ist heute ein signifikanter Nachbar der neuen Hafencity. Bei einer imposanten Nutzfläche von 40 000 Quadratmetern ist dieser Bau immer wieder auch für andere Nutzungen im Gespräch gewesen, er hat aber (zusammen mit einem Erweiterungsbau für Blumen 1984) seine Funktion als Großmarkthalle behalten. Es wird spannend, wie sich das Areal entwickelt. Die gewaltige Halle wird bleiben, aber es gibt neue Akzente. Als 2021 *Harry Potter* in das Musicaltheater einzog, entstand ein wunderbar geometrischer Servicebau – seine außergewöhnliche Kraft wird dafür sorgen, dass das eigentlich temporäre Bauwerk lange stehen bleiben kann (Carmody Groake, London).

Uhlenhorst, Hohenfelde und Eilbek

Wenn man sich von St. Georg weiter nach Norden orientiert und etwa vom Hotel Atlantic kommt oder aber einen Spaziergang durch die alsternahen Teile der Uhlenhorst gemacht hat (u. a. auf der Straße **Schöne Aussicht**, III J/K6/7), erkennt man Hamburgs Finanzkraft an den Stadt- und Etagenhäusern des 19. und frühen 20. Jh.s. Es lohnt sich, wie auf der anderen Alsterseite, durch die Uferwiesen zu wandern und mit einem Blick die großen Wechsel der Stile einzufangen. Hier ist das »weiße Gesicht« der Alsterbesiedlung zu sehen. Mit der Einrichtung des **Literaturhauses** (III K7; 1868, Jean David Jollasse) wurde in den 1990er Jahren unter Aufbietung des Denkmalschutzes und bürgerlicher Sponsoren ein wichtiges letztes Stück Hamburger Bürgerkultur gerettet. Die gotisierende Fassade ist allerdings bauhistorisch weniger wertvoll als der 1890 eröffnete Ballsaal von Kraus und Minck, in dem heute Lesungen stattfinden. Dieser außergewöhnliche Bürgersaal mit Pilastern aus marmoriertem Stuck und beeindruckenden Deckenbildern demonstriert, wie sich das Hamburger Bürgertum am Ende des 19. Jh.s effektvoll zur Geltung brachte.

Landeinwärts und rund um die Hochbahnstation **Mundsburg** (III K7) in Form eines Backstein-Schlösschens ist beispielhaft zu sehen, wie die Großstadt Hamburg Anfang des 20. Jh.s wuchs. Leider ist der größte Bau, das gigantische Warenhaus Karstadt, im Krieg zerstört worden; dort (es gehörte zu Barmbek-Süd) ist heute das Einkaufszentrum **Hamburger Meile** zu besichtigen, eine typische Entwicklung von Einkaufspassagen, Wohn- und Bürotürmen, wie man sie aus 1970er Jahren kennt. Neben dem mächtigen Backsteinbahnhof steht mit dem **Hammonia Bad** (III K7; 1928, Carl Feindt) ein zweites »Backstein-Großereignis«. Es präsentiert sich als stolzer Eckbau aus Klinkern mit zackigem Abschluss. Werbeschilder dort ansässiger Firmen und Institutionen an der Fassade wurden nach ursprünglichem

Vorbild gefertigt – einfach, aber wirkungsvoll aus goldenen Wandbuchstaben –, so dass die Materialien miteinander harmonieren. Nicht zuletzt lassen Keramikplastiken von Richard Kuöhl etwas vom Geist der 1920er Jahre in die heutige Zeit herüberwehen. Im weiteren Verlauf des Lerchenfeldes ist die **Hochschule für bildende Künste** untergebracht (III K7; 1913, Fritz Schumacher; Erweiterungen: Godber Nissen, Bernhard Winking). Was Fritz Schumacher im Vergleich zu anderen Hamburger Schulbauten unter einem »mehr festlichen Gepräge« verstand, zeichnete er in seinen Entwurf für die staatliche Kunstgewerbeschule ein: So entstand ein Zierhof, den man durch einen kleinen ovalen Pavillon betrat. Dieser wurde in den 1950er Jahren abgeräumt. Bernhard Winking startete 1993 bei der Gebäudeerweiterung den Versuch, sich mit einer Freitreppe und einer Arkade dem ursprünglichen Entwurf anzunähern. 2022 hat Winking als Mitglied des Schumacher-Ensembles ein Atelierhaus hinzugefügt, das einfach und raffiniert zugleich ist.

Von dort aus sehr gut zu studieren ist das »Ensemble« am **Kuhmühlenteich** (III K7). Dazu gehört sowohl die evangelisch-lutherische St. Gertrudkirche (1885, Johannes Otzen), eine stolze Wandpfeilerkirche auf Kreuzgrundriss mit einem Kapellenkranz, der aus Nebenräumen besteht, als auch die weitausgelegte Brücke des Hochbahnrings, die an die Uhlenhorster Stadtbahngelasse anschließt. Ein kleiner Nebensee der Alster mit gepflegten Uferanlagen liegt daneben. Richtung Osten schließen Eilbektal und Hohenfelde an. Auch dort entstanden im 19. und frühen 20. Jh. sehenswerte Stadthausensembles mit britischem Flair. Heute liegen moderne Hausboote im Stil kleiner Villen auf der Eilbek hinter der Kunsthochschule. In der Nachbarschaft entstand auf dem Gelände und in einigen Bauten der **ehem. Frauenklinik Finkenau** (III L7; einst mit der ersten Hamburger Geburtsklinik) ein gemischtes Stadtquartier mit Medienschule sowie neuen Stadthäusern, die an Uhlenhorst oder Harvestehude denken lassen.

Rund um den Winterhuder Marktplatz

Wenn man aus Eppendorf kommt, die St. Johanniskirche rechts hinter sich lässt, die Alster auf der Brücke der Hudtwalckerstraße überquert und Winterhude erreicht, hat man zwar die Alsterseiten gewechselt, aber nicht die Milieus. Würde man an der Kreuzung zur Sierichstraße (mit dem Auto) in südlicher Richtung abbiegen (was nur zwischen 4.00 Uhr morgens und 12.00 mittags auf dieser Richtungsstraße erlaubt ist), käme man in ein geschlossenes Stadtentwicklungsgebiet aus dem 19. Jh. Die Maria-Louisen-Straße trägt den Namen der Gattin, die Dorotheenstraße den Namen der Mutter des Spekulanten Adolph Sierich (1826–1889). Sierich hatte das Terrain von seinem Vater geerbt und ab 1850 großzügig aufsiedeln lassen. An der Maria-Louisen-Straße liegt auch die **Gelehrtenschule des Johanneums** (III J5; 1914, Fritz Schumacher). Sie ist eine der staatlichen Eliteschulen Hamburgs, hervorgegangen aus dem Kloster St. Johannis. Schumacher wollte den »Klostergeist ahnen lassen, aus dem diese Keimzelle aller Hamburger Bildungseinrichtungen hervorgegangen ist«. Entsprechende Assoziationen stellen sich ein, wenn man das Säulentor passiert hat. Die entstandene dreiflügelige Anlage erinnert an den Vorgängerbau auf dem Domplatz. Auffällig thront über dem First des hohen Querbaus mit der Aula eine ovale Plattform. Hier sollten die jungen Pennäler astronomische Beobachtungen machen. Typisch ist die Eingangshalle hinter dem halbrunden Anbau in der Mitte des Hauptgebäudes und vollkommen sind die Raumkonzeption und die Bearbeitung des rohen Betons nach alten handwerklichen Steinmetztraditionen. 2007 wurde die Schule durch einen schlichten, aber perfekt proportionierten Anbau ergänzt (Studio Andreas Heller).

Die bereits erwähnte Hudtwalckerstraße führt über die Alster auf den **Winterhuder Marktplatz** (III J5). Die prächtigen Backsteinhäuser an der Südseite (1929, Johannes C. Hansen: Vorderhaus; E. Franck: Hudtwalckertwiete) stammen aus der Zeit des Expressionismus; mit ihrem Bau wurde einst der bis dahin dörfliche Stadtteil durch Größe und Maßstab sehr verändert. In die benachbarte **Ulmenstraße** waren im 19. Jh. die Bleicher und Färber aus der Innenstadt umgesiedelt worden. Dort hatte sich ein spezieller Haustypus entwickelt: weiß verputzt mit einem Mittelrisaliten und einer Hofeinfahrt, die zu zwei hinteren Hausflügeln für die Werkstätten und Reinigungsmaschinen führte. Einige Häuser sind teilweise umgebaut und mit neuen Reihenhäuschen kombiniert worden. Die Ulmenstraße gehört inzwischen zu einer der beliebtesten Wohnstraßen in Winterhude und befindet sich in direkter Nachbarschaft zum Stadtpark.

Der Stadtpark als Volkspark

Es war das erste wirklich große städtebauliche Projekt, das von Fritz Schumacher mit allen Konsequenzen verwirklich wurde: der **Stadtpark** in Winterhude (III J/K4/5; 1916, Fritz Schumacher, Ferdinand Sperber). Mit diesem Park, eine Mischung aus großer Wiesenniederung für Freiluftgymnastik, Badesee und Heimatpoesie in Form einer »Milchwirtschaft« oder »ländlichen Wirtschaft« (heute: Landhaus Walter) entstand Hamburgs damals größte öffentliche Grünanlage: 180 Hektar Fläche mit einer Hauptachse von 1,4 Kilometern, die vom Wasserturm bis zum Stadtparksee reicht. In der Geschichte der Gärten und Parks ein bemerkenswerter Wendepunkt, denn es erfolgte damit eine Abkehr vom freien »englischen« Landschaftsgarten. Schumacher führte den architektonischen Raum wieder ein, schuf Achsen und im Grundriss eine Staffel geometrischer Grundformen. Es war eine neuartige Kombination aus klassischer, fast feudalistischer Gartenarchitektur und natürlichen Landschaftsräumen. Er arbeitete

Stadtpark mit Planetarium/Wasserturm

mit Baudirektor Sperber, dem Leiter des Ingenieurwesens der Baudeputation, zusammen. Er musste sich vielen wasserbautechnischen Aufgaben stellen: Über den **Goldbekkanal** (III J/K5/6) wurde ein Wasserweg zur Außenalster gelegt – eine Idee, die sich noch heute touristisch auszahlt. Ein Teil der umfangreichen Hochbauten wie die Stadthalle sind durch Kriegszerstörungen verschwunden.

Die Jarrestadt: Wohn- und Siedlungsmuster der Zwischenkriegszeit

In Winterhude ist mit der **Jarrestadt** (III K5) ein zweiter wichtiger Zeuge der Schaffenskraft Fritz Schumachers erhalten geblieben. Diesmal auf dem Sektor des Massenwohnungsbaus in der Zwischenkriegszeit. Fritz Schumacher hatte mit einem sehr strengen Masterplan die Gestaltungsspielräume für zehn unterschiedliche Architektengruppen eng, aber nicht zu eng gefasst. Er hatte etwa vorgegeben, dass Straßen über Plätze hin zu einem zentralen viereckigen Hof führen sollten. Die einzelnen Häusergruppen variieren zwischen vier und sechs Geschossen und bilden intime Gartenhöfe. Stilbildend sind Klinker, Flachdach und weiße Sprossenfenster.

Die Wohnungsgrundrisse waren – was für alle damaligen neuen Siedlungen in Hamburg zutrifft – bis in alle Einzelheiten organisiert. Platzsparende und vor allem sachlich wirkende, weil industriell gefertigte Möbel wurden von speziellen Werkstätten in der Tradition von Werkbund oder Bauhaus angeboten. Wer es sich leisten konnte, erstand somit ein komplettes Kunstwerk aus Architektur und Design. Doch die Mehrheit der Bewohner bezog geringe, manchmal auch unregelmäßige Einkünfte. Aus diesem Grund wurden auch Kleinwohnungen von zwei bis dreieinhalb Zimmern mit einer optimierten Kleinstküche angeboten. Analog zur berühmten Frankfurter Küche von Margarete Schütte-Lihotzky hatte Friedrich R. Ostermeyer 1927 eine Hamburger Küche auf 3,86 × 3,86 Metern entwickelt. Loggia und Speisekammer schließen direkt aneinander an. In eine Schrankwand wurde eine Sitzbank für die Essecke integriert; Aufwaschtische, Plättbretter usw. passten alle in einen Raum. »Platz sparen« hieß die Losung der Stunde. Auch die Gemeinschaftseinrichtungen waren innovativ. Im Otto-Stolten-Hof in der Jarrestadt gab es beispielsweise eine Gemeinschaftswaschküche. Der neue Massenwohnungsbau war auf Wirtschaftlichkeit, Vorfertigung und Raumsparen ausgerichtet. Unter diesen Aspekten wurde die sorgfältig gestaltete Jarrestadt zum letzten Großereignis in der Zeit der Weimarer Republik. Hamburgs führende Architekten der Weimarer Zeit konnten sich hier beweisen. Zu ihnen zählten: Heinrich Wilhelm Behrens, Block & Hochfeld, Bomhoff & Schöne, Distel & Grubitz, Robert Friedmann, Otto Hoyer, Emil Neupert, Richard E. Oppel, Friedrich R. Ostermeyer, Puls & Richter, Karl Schneider.

Fritz Schumachers kultivierte Auffassung von Architektur half dabei, den richtigen Rahmen abzustecken. Die benachbarten Zeilenbauten am **Wiesendamm** (III K5; 1931, Bensel & Kamp, Block & Hochfeld, Paul A. R. Frank, Karl Schneider) gehören ebenfalls zum Feinsten der Hamburger Backsteinmoderne und sind Prototypen der Laubengangbewegung. Sie waren Versuchsbauten der Reichsforschungsgesellschaft für Wirtschaftlichkeit im Bauwesen. Dabei wurden traditionelle Mauerungen, Stahlskelette und Stahlbetonskelette für vergleichende Untersuchungen erstellt. Die Hauszeilen sind jeweils paarweise aufgestellt, wodurch der ohnehin strenge Gesamteindruck noch verstärkt wird. Der Architekt Jörg Friedrich hat diese Aufbauten in den 1990er Jahren geschickt aufgestockt und dabei Penthäuser mit großen Terrassen entstehen lassen.

Der Jarrestadt gegenüber liegt Hamburgs feines Labor für die Avantgardisten der Musik, Theater, Performance und Tanz. Ganz unprätentiös wurde die **ehem. Kampnagelfabrik** (III K6) in den 1980er Jahren zunächst zum vorübergehenden Ersatzspielort für das damals sanierungsbedürftige Deutsche Schauspielhaus. Kampnagel ist geblieben, bis heute. Mehr noch: Es ist Standort des internationalen Sommerfestivals, ohne das die Hamburger Kulturszene nicht mehr denkbar ist.

Alles erste Preise in der autogerechten Stadt: die City Nord

Ein anderes Denkmal der modernen Stadtbaukunst ist die **City Nord** (III K4). Sie wurde um 1960 als Pioniertat bezeichnet, Neuland und Wagnis zugleich. In Hamburg und anderen Großstädten lagen bis dahin die Standorte der großen Firmenhauptquartiere und wichtigen Behörden innerhalb der City. Der damalige Hamburger Oberbaudirektor Werner Hebebrand hatte allerdings erkennen müssen, dass Größen- und Höhenentwicklung weiterer Verwaltungsbauten das Stadtbild ruinieren und die Infrastruktur Hamburgs überfordern würden. In einer Art städtebaulichem »Outsourcing« wurde die »Geschäftsstadt Nord« geplant und – um das Vorhaben plakativ zu machen – als City Nord propagiert. Die City Nord wurde am Nordrand von Winterhude hinter dem Stadtpark auf dem Terrain von Kleingärten errichtet, und zwar nach den damals gängigen städtebaulichen Leitideen der »funktionellen Stadt« – so wollte es Hebebrand.

Die Mitte sollte grün sein; dieses Motiv wurde aus dem Siedlungsbau übernommen. Zudem sollten mit unterschiedlichen Verkehrsebenen die Geschwindigkeiten der Automobile und Fußgänger berücksichtigt werden, um Konflikte zwischen ihnen zu verhindern und den Verkehrsfluss zu begünstigen. Auch diese Idee stammt aus den 1920er Jahren, genauso wie die Visionen von Hochhausstädten. Im Unterschied zu den zufälligen Hochhausensembles der USA entwarf Hamburg einen sorgfältigen Generalplan mit einer grünen Mitte in der Bürostadt.

Der Senat stimmte also für eine autogerechte »Stadtlandschaft« für das 20. Jh. Die Anordnung der einzelnen Bürohäuser im »fließenden Raum«, umgeben von einem Straßennetz, war dabei ausdrücklich erwünscht: Eine sechsspurige Hauptstraße, der Überseering, erschließt das Viertel. Die ursprünglich geplante überregionale Anbindung, die Osttangente in Richtung Flughafen und der Autobahnring zwischen Barmbek, Horn und Eimsbüttel, wurden bisher glücklicherweise nicht realisiert. Die schienengebundene Verbindung beschränkt sich auf die peripher gelegene U-Bahn-Station Sengelmannstraße und die S-Bahn-Station Rübenkamp. Andere geplante Stadtbahnsysteme kamen nicht zur Ausführung. Deswegen beherrscht das Auto die Szene. Für den Fußgängerverkehr wurde in fünfeinhalb Metern Höhe eine »zweite Ebene« geschaffen – ein System aus Treppen, Rampen und Brücken, das direkt zu den Haupteingängen der Gebäude führt. Für beinahe jedes Projekt wurde ein eigener Architekturwettbewerb ausgeschrieben, und jeder realisierte Bau erhielt einen ersten Preis.

Heute ist die City Nord ein Bezirk wie aus einer anderen Zeit, aber man spürt, dass er seine Daseinsberechtigung hat. Auf dem Immobilienmarkt behauptet sich dieses anachronistische Modell einer monofunktionalen Stadt weit besser als die **City Süd** (IV K8/9), die einige Jahrzehnte später in Hammerbrook entstand.

Die **ehem. HEW-Bürogebäude** (Hamburgische Elektrizitäts-Werke, III K4; 1969, Arne Jacobsen, Otto Weitling Assoc., Kopenhagen) haben mit ihren eleganten vier Scheiben, die parallel gegeneinander verschoben sind, manche Nutzer überlebt. Kein Wunder, sind sie doch für Hamburg das absolute Highlight der nordeuropäischen Nachkriegsmoderne. Die Enden der Scheiben sind mit Naturstein geschlossen, die Seiten als Vorhangfassaden ausgebildet. Der geringe Abstand der senkrechten Sprossen bedingt das elegante Profil der dunkel getönten Curtain Walls. Sehr viele Großbauten der City Nord blieben erhalten.

Nebenan, auf ehemaligen Kleingartenflächen, ist nun ein Vorzeigewohnquartier des neuen Jahrtausends entstanden: das **Pergolenviertel**. Mit etwa 1700 Wohneinheiten auf 27 Hektar wird hier seit 2016 nachgewiesen, dass es seit den Großtaten von Fritz Schumacher und anderen Architekten in der Zwischenkriegszeit endlich wieder Bewegung im Wohnungsbau gibt. Das Viertel, gebaut von Hamburger Architekten, die in der Szene heute bedeutsam sind, zeichnet sich durch seine Vielfalt an unterschiedlichen Wohnformen aus.

Barmbek-Nord

Im klassischen Sinn ist der nördliche Teil von Barmbek kein Außenalster-Anrainer-Stadtteil, aber es liegt in der Logik der Hamburger Stadtentwicklung, ihn im Kontext von Winterhude zu behandeln. »Barmbek-Basch«, wie es im Volksmund hieß, war ursprünglich einmal eine würdigende Bezeichnung für die Barmbeker Arbeiterjugend von den Jünglingen aus den bürgerlichen Stadtteilen. Nach dem Zweiten Weltkrieg hatte Barmbek mit dem Image und Nachteil eines stagnierenden Arbeiterviertels zu kämpfen. Der Hamburger Arbeiterstadtteil der Vorkriegszeit galt noch bis in dieses Jahrhundert hinein als Stadtteil zweiter Klasse, obwohl er erstklassig an den öffentlichen Nahverkehr angeschlossen ist. Grund dafür war möglicherweise unter anderem der schnelle Wiederaufbau: reiner Wohnungsbau und viele Kleinstwohnungen. Dabei verfügt der Stadtteil über Zeugen einer stolzen Baugeschichte. Der Bereich **Barmbek Nord** (III L4/5; 1920er Jahre, Fritz Schumacher u. v. a.) gehört noch immer zum Pflichtteil von Wohnungsbau- und Architekturexkursionen aus aller Welt. Weil die geplante Aufsiedlung verhältnismäßig schlechter Ackerböden der Gemarkungen in Barmbek nicht mehr vor dem Ersten Weltkrieg mit Masse begonnen werden konnte, kam es erst viele Jahre später zur Blockrandbebauung mit Durchgängen, Gärten und akkurater Klinkerarchitektur. Prägend war die Handschrift des früheren Oberbaudirektors.

Auf der anderen Seite der Fuhlsbüttler Straße liegt ein weiteres Areal von baulicher Bedeutung: Das **Allgemeine Krankenhaus Barmbek** (III L4; 1915, Ernst Ruppel u. a.) war im Vergleich zu den Anstalten in Berlin, Hannover oder Wien eine späte Entwicklung, aber eine, die den Denkmalschutz vor allem wegen ihrer klaren städtebaulichen Struktur verdient. Die Architektur ist ein Abbild der damals vorherrschenden gängigen Strömungen wie Heimatstil und Reformbewegung – klare, einfache Backsteinfassaden unter sehr hohen Walmdächern, die sich aus dem Grundriss einer Mittelgangerschließung und den entsprechend tiefen Grundrissen (bis zu 18 Meter) ergaben.

Als nach der Jahrtausendwende mit der Asklepios-Klinik ein Hightech-Krankenhaus eröffnet wurde, erwies sich diese klassische Konversionsfläche als Geschenk für die Stadtentwicklung im Hamburger Osten. Das Quartier 21 entstand, eines von vielen neueren Beispielen, wie Barmbek sich zu einem attraktiven Standort entwickelt. Dazu gehört auch eine starke Aufwertung rund um den **Bahnhof Barmbek** (III L5) durch eine neue, mutige Architektur. Hier liegt auch das **Museum der Arbeit** (III L5; 1997, Planerkollektiv – Schües, Tietz, Trommer). Die ehemalige Fabrikanlage der »New-York Hamburger Gummi-Waaren Compagnie AG« (gegründet 1871, stillgelegt 1992) ist ein schützenswertes Denkmal für das ehemalige Gewerbe- und Fabrikmilieu des Arbeitervororts Barmbek. Die sogenannte Neue Fabrik, ein Kesselhaus und Nebengebäude, bilden nun die Heimat des 1989 gegründeten Hamburger Museums für Arbeit. Insbesondere die Neue Fabrik wird mit dem in Hamburg für Gewerbegebäude üblichen Skelettbau aus Mauerwerkspfeilern, Stahlbetonunterzügen und Rundrohrstützen zum eigenständigen architektonischen Museumsstück. Neu sind das Foyer, ein für die frühen 1990er Jahre typisches Remake, das die alte Architektur sichtbar werden lässt, und die Aufstockung für Wechselausstellungen im kriegszerstörten dritten Geschoss. Dort tragen neue, schräg nach außen gestellte Stützen konisch zulaufende Fachwerkträger, so dass das mittlere »Schiff« der Industriebasilika optisch erweitert wird. Inzwischen ist ein weiterer renovierter Altbau hinzugekommen und ein Exponat für die Außenfläche: »Trude«, das Gerät, mit dem die vierte Elbröhre gebohrt wurde, steht als Großskulptur direkt am Kanal. Die historische Zinnschmelze ist 2015 erweitert worden und nimmt ein Stadtteilzentrum auf (Loosen, Rüschoff + Winkler).

Nördlich der Inneren Stadt: Hagenbecks Tierpark und seine Nachbarschaften

Natürlich hat eine gepflegte und gewachsene Stadt wie Hamburg ihre »Outskirts«, ihren »UrbanPlankton«, wie unbeherrschbare Vorortwüsten in der Sprache der Planer genannt werden. Ganz so ausgeprägt wie in anderen europäischen Metropolen ist der »UrbanPlankton« in Hamburg allerdings nicht; gebaute Langeweile überwiegt. Sobald man die höheren Bebauungen der Inneren Stadt wie Eimsbüttel oder Eppendorf verlässt und in den Nordwesten Hamburgs fährt, gelangt man in Gebiete mit Einfamilienhäusern (es gibt einige Vorzeigesiedlungen wie jene von Fritz Schumacher in **Langenhorn** (VII) und stellenweise gelungene Einzelhäuser, aber auch mediokre Gewerbegebiete). Zu den wichtigen Beispielen der »Stadtlandschaft« Hamburgs gehört der **Tierpark Hagenbeck** (VII; 1907, Heinrich Hinsch) in Lokstedt. (Nebenan residiert seit vielen Jahrzehnten der NDR mit seinen Fernsehstudios, in denen unter anderem die Tagesschau produziert wird. Die Bauten sind erheblich banaler als am Hörfunkstandort Rotherbaum.) ◆

Der Tierpark war seinerzeit der erste Landschaftstierpark der Welt, den Privatiers je eröffnet haben. Hinter dem imposanten Eingangsbauwerk, flankiert von künstlichen Elefanten, öffnet sich eine aus damaliger Sicht phantastische Welt, die ein wenig den Idealen der Maler aus dem 19. Jh. entsprach. Weltruhm erlangte der Affenfelsen. Nur wenige Gitter trennen die Tiere von den Menschen. Wo immer es möglich war, wurden natürliche Barrieren wie Gräben und Wasser installiert. Der Grundcharakter blieb bis heute erhalten, und der Zoo wird weiterhin privat betrieben.

Im Bezirk Nord, im Stadtteil Fuhlsbüttel, liegt auch der elegante und fluggastfreundliche **Hamburg Airport** (VI I/J1/2; seit 1994 erneuert von Gerkan, Marg und Partner). Leider wurde das alte **Flughafengebäude Fuhlsbüt-**

tel (VI J2; 1928, Dyrssen & Averhoff) für die Erneuerung abgerissen, obwohl es, da prototypisch, hohen Wert für die deutsche Luftfahrtgeschichte besaß. Insgesamt beweist die neue Architektur sich mit ihrem markanten schöpferischen Ausdruck der Hallenkonstruktion als Long Player. Mittlerweile existieren drei Hallen für die Passagierabfertigung: eine imposant aufsteigende Dachkonstruktion, die auf das Vorbild eines Flugzeughangars hinweist und sich dadurch auszeichnet, dass sie eine stützenfreie Fläche von 75 × 101 Metern zulässt (z. B. im Terminal 2). Der Flughafen mit seinen bemerkenswerten Großbauten liegt im Norden teilweise schon auf schleswig-holsteinischem Gebiet.

Ohlsdorf und Alster

Es sind die weiten Grünräume und -achsen, die das nordöstliche Hamburg prägen. Geschuldet ist das der Oberalster, und entsprechend heißt dieses Gebiet Alstertal. Das Flüsschen bildet das Rückgrat einer der Schumacherschen Stadtentwicklungsachsen, wie er sie sich in den 1920er Jahren vorstellte. Diese Achse reicht im Nordosten weit ins holsteinische Land hinein. Fritz Schumacher selbst hatte bei seinen Planungen die städtische Erweiterung zwischen Eppendorf (III I/J5) und Ohlsdorf (VI K3) entlang der Alster einbezogen, den Lauf des Flüsschens kanalisiert und Promenaden, Plätze und Wasserflächen schaffen lassen. Die Entwicklung des Alstertals führte zu einer idealen Erweiterung für wohlhabende Einwohner, die Backsteinvillen an die Ufer setzten. Allerdings war es nicht eigentlich der Fluss, sondern die erste durchgehende Vorortbahn, die von Blankenese bis nach Ohlsdorf (später bis Poppenbüttel) führte, die die städtische Entwicklung voranbrachte.

◆ Der Friedhof Ohlsdorf (VI L/M2/3; ab 1877, Franz Andreas Meyer, Wilhelm Cordes) ist ein Flächendenkmal und eine der größten Anlagen seiner Art in Europa. Darüber hinaus ist er bei vorherrschenden Westwinden ein großartiger Luftfilter für den Nordosten Hamburgs. Traditionell lagen die Hamburger Begräbnisplätze kurz hinter dem Wall, vor der Neustadt, dem Dammtor oder in St. Georg. Deshalb verzögerte sich im 19. Jh. der dringend benötigte Stadterweiterungsschub, und die Anlage eines »Centralfriedhofes« wurde etwa 1854 zu einem wichtigen Thema. Schließlich entschied man sich aufgrund der idealen Bodenbeschaffenheit für den Standort in Ohlsdorf mit einer größeren Fläche. Das bedeutete: lockerer Sandboden und niedriger Grundwasserstand, so dass eine schnelle Verwesung der Leichen gewährleistet war.

In mehreren Generalplänen entstand ab 1875 das Konzept eines Landschaftsparks. Darin wird auf Eckpunkte der natürlichen holsteinischen Landschaft eingegangen, aber neu angelegte Achsen, Plätze oder Rondells spiegeln den Repräsentationswillen des ausgehenden 19. Jh.s wider. Das trifft auch auf die Hochbauten, Kapellen, Verwaltungsgebäude und Grabstätten zu. Der Friedhof und die Friedhofserweiterungen wurden von verschiedenen Gartenarchitekten geplant, zwischen 1914 und 1933 von Otto Linné.

Das **Alte Krematorium** (VI K3; 1891, Ernst Paul Dorn) war nur 40 Jahre in Betrieb; dann wurde es von Fritz Schumacher durch ein Gebäude von technisch höherer Qualität ersetzt. Das alte Haus gehörte in Deutschland zu den ersten seiner Art. Die Leichenverbrennung wurde damals vor allem von den christlichen Kirchen abgelehnt. So knüpft dieser Zentralbau stilistisch zwar an sakrale Motive an, weckt aber nicht zwangsläufig Assoziationen mit Kapellen oder Kirchen. Er wird heute als alternative Kita und Schule genutzt.

Das **Neue Krematorium** (VI K/L2; 1933) stammt von Fritz Schumacher. Es war sein letzter Staatsbau für die Stadt Hamburg und wurde nach heftiger Standortdiskussion an den Rand des Friedhofs gesetzt, an das Ende einer langen Achse. Anspielungen auf die Form eines Sarkophags sind gewollt – gegen Ende seiner Karriere betonte Schumacher gern das Bildhafte. Um den ernsten Charakter des Gebäudes zu betonen, wählte er für die Außenwände gebrannte Steine wie Klinker und Keramik, die symbolisch auf Feuer verweisen, das in den Kelleretagen zum Einsatz kommt. Schumacher pendelte in seiner baukünstlerischen Umsetzung zwischen dem »Feierlichen« und dem »Schmerzlichen«. So wird die Anlage verständlich: Zur Friedhofseite ein Ehrenhof, zur Straße hin ein Turm mit einer Uhr, die anzeigt, dass die Zeit abläuft. Insgesamt ein starker Verzicht aufs Dekorative, stattdessen ein kantiger Auftritt der Bauvolumina. Innen wurden die Farben der Glasfenster auf besondere Weise abgestuft – von dunklen, harten Tönen an der Versenkungsanlage für die Särge, die von der Halle in die Technikgeschosse gleiten, zu weichen Tönen im Eingangsbereich. Hervorzuheben sind darunter die Arbeiten verschiedener Künstler, die – wie Ernst Barlach – extra beauftragt wurden. Das Ensemble wurde als »Bestattungsforum Ohlsdorf« 2011 denkmalpflegerisch saniert und erweitert.

Ebenfalls erwähnenswert ist die **Kapelle 13** (VI M/N2; 1928). Wie viele der Gebäude auf dem Zentralfriedhof steht auch diese Rundkapelle wirkungsvoll in einer der Längsachsen. Schumacher entwarf eine Rotunde ohne Kuppel und flankierte sie mit niedrigen Seitentrakten. Symmetrie, Geschlossenheit und die konstruktive Petitesse, dass zwölf scharrierte Eisenbetonrippen oben in der Mitte des Zylinders sternförmig zusammenlaufen, charakterisieren dieses Spätwerk des Architekten. Die Kapelle wird wie bei einer Trommel durch eine ornamentierte Klinker-Attika rundum abgeschlossen.

Es gibt zahlreiche Gräber von Persönlichkeiten aus der Hamburger Gesellschaft, darunter Gustaf Gründgens, Hans Albers, Ida Ehre oder der Familie des Malers Philipp

Otto Runge. In jüngerer Zeit fanden Helmut und Loki Schmidt, Jan Fedder und Uwe Seeler hier ihre letzte Ruhestätte. Die Zukunft des Friedhofs heißt übrigens »Parkfriedhof«, denn längst gibt es nicht mehr genügend Menschen, die hier bestattet werden wollen. So soll das Areal jetzt auch die Lebenden erfreuen.

Das Alstertal

Zwischen Friedhof und Alstertal verläuft der östliche Ast der S-Bahn-Linie 1. Im frühen 20. Jh. wurde für eine bessere Anbindung in diese Außenbezirke gesorgt, und die Gegend verwandelte sich vom holsteinischen Bauernland in Villenvororte. Zuvor dünn besiedelt, setzte vor allem in der Zwischenkriegszeit eine starke Neubebauung ein. Da in den Elbvororten im Westen nicht mehr genug Raum für große Häuser und Grundstücke war, sorgte die Alsterthal-Terrain-Gesellschaft (ATAG) für die Parzellierung von Flächen des ehemaligen Guts Wellingsbüttel. Die Grundstücke waren bis zu 3000 Quadratmeter groß, ihre vorgeschriebene Größe nahm mit Entfernung zur Alster ab.

Die **Frank'sche Siedlung** in **Klein Borstel** (VI L/M1/2; 1939, Hermann und Paul A. R. Frank u. a.) gehört zu einem anderen Teil des Spektrums beim Einfamilienhausbau. Die Gebrüder Frank galten in den 1920er Jahren als Protagonisten des Neuen Bauens; ihre »Laubenganghäuser« in der Jarrestadt brachten ihnen internationalen Ruhm ein. In den 1930er Jahren errichteten sie auf eigene Kosten die Frank'sche Siedlung in Klein Borstel am Kornweg: 547 Einfamilien-Reihenhäuser mit einer Breite von vier Metern und einer Wohnfläche von knapp 60 Quadratmetern. Natürlich wurde diese landschaftsverbundene Siedlung, diese Idylle aus Toren, Hecken, Pergolen und malerischen Durchblicken, schnell der Heimatschutz-Ideologie jener Zeit zugeordnet. Es erfolgte eine perfekte Organisation durch qualifizierte Architekten, die es schafften, selbst bei einer hohen Dichte (von anfangs 224 Einwohnern pro Hektar) ein gleichermaßen privates wie gemeinschaftliches Wohngefühl hervorzurufen. Die Siedlung machte in den 1980er Jahren eine unerwartete Karriere, als Anhänger der Ökologiebewegung – darunter viele Lehrer – die Frank'-sche Siedlung bezogen und nach umweltfreundlichen Gesichtspunkten gestalteten. In Anbetracht des zunehmenden Umweltbewusstseins entstand nach der Jahrtausendwende in unmittelbarer Nachbarschaft, am **Sodenkamp** (VI L/M2) eine der wichtigsten nachhaltigen und ökologischen Siedlungen Hamburgs.

Ehemalige Dörfer wie das flussaufwärts liegende **Wellingsbüttel** (VI M/N1/2) gehörten einst zu Holstein bzw. Dänemark und waren dem ostelbischen Raum und Lübeck zugewandt. So ist es nicht erstaunlich, wenn sich mitten in der heutigen Großstadt unweit des östlichen Endes des Ohlsdorfer Friedhofs Rudimente eines Guts erhalten haben. Die Freiherren von Kurtzrock bauten um 1750 ein flaches **Herrenhaus** (VI M1), das von Martin Haller erweitert und aufgestockt wurde. Von ihm stammt die neobarocke Putzfassade. Mit Nachnutzungen für schlossähnliche Gutshäuser tun sich die Hamburger schwer, darum zogen in den letzten Jahrzehnten verschiedentlich Altenwohnheime oder Seminarzentren ein und wieder aus. Das bauhistorisch wertvolle **Torhaus** (von 1757) gehört mit Uhr, Dachreiter und Walmdach zum »gezuckerten« Kulturgut des Alstertals. Es wird als Museum und Kulturzentrum genutzt. Der ehemalige Gutsbezirk wurde inzwischen durch einen exklusiven Wohnungsbau (APB) ergänzt.

Infolge der ATAG-Entwicklung entstanden prächtige Bachsteinvillen, darunter auch sehr expressive Landhäuser von Fritz Höger auf der Vorzeigestraße Up de Worth. Genau gegenüber wurde in den 1930er Jahren die **Lutherkirche Wellingsbüttel** (VI M1; Hopp & Jäger) gebaut, mit gedrungenem Turm und zierlichen Fachwerkapplikationen.

Volksdorf und andere Walddörfer

Mit der Bezeichnung »Walddörfer« wird deutlich, wie weit diese Ortsteile früher von Hamburg entfernt lagen. Politisch sind sie bis zum Groß-Hamburg-Gesetz von 1937 Exklaven, zuerst auf holsteinischem, dann auf preußischem Gebiet gewesen. Es ist daran zu erkennen, dass Fritz Schumacher Staatsbauten, u. a. Gymnasien, an diesen Orten errichtet hat und dass Vorortbahn und Hochbahnen dorthin führten.

Zu den ehemaligen Walddörfern zählen Farmsen-Berne, Volksdorf, Wohldorf, Ohlstedt und Großhansdorf. Ein starkes Bild der früheren Verhältnisse liefert u. a. das Wohldorfer Herrenhaus (VII; 1714, H. Georg Günther, Herrenhausallee 4). Eine Geschichte, die nicht von Waldfeen, sondern von Waldvögten handelt, von jenen honorigen Herren, die die Walddörfer – östliche Außenposten und Exklaven Hamburgs – verwalteten. Angelegt auf einer früheren Burginsel, erhebt sich der für diese Gegend herausragende zweieinhalbgeschossige Fachwerkbau, der Amts- und Wohnsitz für den Beamten war. Ein mittig sitzender Eingang sorgte für eine »Autorität« des Hauses, das lange noch, nachdem das Hamburger Staatsgebiet um die Walddörfer vergrößert worden war, als Gästehaus der Hansestadt diente. Eine Kleinigkeit wird an diesem Ort noch einmal deutlich: Mancherorts in Hamburg vermisst man U-Bahn-Linien. In die mäßig besiedelten Walddörfer führt seit 1921 die Walddörferbahn, heute U1, um die damalige hanseatische Diaspora gut mit der Innenstadt zu verbinden. Naturschutzgebiete oder Wälder, Waldfriedhöfe, Teiche und Mühlenlandschaften prägen das benachbarte Ambiente. So auch die eine oder andere wunderbare Villa aus dem frühen 20. Jh. Sicherlich eine der besten ist das Haus Müller-Drenkberg (VII; 1929, Karl Schneider, Bredenbekstraße 29). Es ist ein Bauhaus-Kultstück in hanseatischer Fassung: Ein Bauherr, der mit den Spielregeln des

Das Haus Müller-Drenkberg von Karl Schneider, kurz nach der Fertigstellung

traditionellen Wohnungsbaus und den entsprechenden Protagonisten eng vertraut war, wollte weit außerhalb ein ganz anderes, ungewöhnliches Einfamilienhaus bauen, ein technisches Haus, in dem er überall Radio (per Lautsprecher) hören konnte. Ein Bauwerk, das seine Balkone mächtig auskragen lassen sollte (soweit es der Beton hergab) und mit der herkömmlichen Walmdachrhetorik nichts zu tun haben sollte. Der Bauherr überließ seinem Architekten die Rolle des Generalisten. Karl Schneider gestaltete alles: das Haus, im Innenausbau die Schränke und den artifiziellen Esstisch, der auf vielfache Weise zu vergrößern war. Einige Kompromisse mussten gemacht werden: Die Villa bekam keine weiße Fassade, sondern eine Schale aus blaurotem Bockhorner Klinker – ein Friedensangebot an die politisch Mächtigen und Einflussreichen, die mit Bauten der klassischen Moderne nichts anzufangen wussten. Eine weitere Einschränkung betraf ausgerechnet die Grundstücksvergrößerung und die Heckeneinzäunung.

Was nicht nach Wohldorf passte, sollte man nicht sehen dürfen. Keiner der Kritiker hat wohl jemals begriffen, dass der fließende Grundriss täglich neue Lichterlebnisse ermöglichte, weil er mit Rücksicht auf die Sonneneinstrahlung konzipiert worden war. Wäre dieses Gebäude im weißen Outfit eines Richard-Neutra-Hauses an der kalifornischen Westküste errichtet worden, eine publizistische Weltkarriere hätte ihm offen gestanden. 1938 hat sich der Hausherr angesichts des nationalsozialistischen Terrors das Leben genommen. Das Haus steht wie ein Denkmal, das von den heutigen Bewohnern so stark verehrt wird, dass diese eine störende Neubebauung auf dem Nachbargrundstück aufkauften und zurückbauten.

Südöstlich von Wohldorf-Ohlstedt liegt **Volksdorf** (VII), ein Ort, den man als Kleinstadt am Rande der Großstadt bezeichnen könnte. Von der Binnenalster bis nach Volksdorf braucht es seine Zeit, aber wer im idyllischen Volksdorf ankommt, der möchte dort bleiben.

Erstmalig urkundlich erwähnt wurde Volksdorf 1296. Es gehörte zu Stormarn, seine Einnahmen gingen allerdings an das Kloster Harvestehude. Nach dem Ersten Weltkrieg erhielt es mit der Walddörferbahn Anschluss an den öffentlichen Nahverkehr und wurde zum attraktiven Wohnstandort.

Eine grandiose Demonstration von Hamburg für Volksdorf war die **Walddörferschule** (VII; 1931, Fritz Schumacher, Im Allhorn 45), denn sie ist ein Abbild des Hamburger Reformwillens im Bildungswesen. Als »Gartenstadtschule« sollte sie sich von den gängigen Großstadtschulen unterscheiden. Der Standort am Nordrand des Volksdorfer Siedlungsraums war prädestiniert dafür. Nur zwei Geschosse hat die Walddörferschule bekommen, darüber hinaus »Schulzimmer im Freien«. Ein besonderes Schulgebäude, vor allem, wenn man an Bildungsoffensiven Hamburgs nach dem Zweiten Weltkrieg denkt und es mit den Waschbetonschulbauten vergleicht, die in den 1940er und 1950er Jahren entstanden. Heute ist in dem denkmalgeschützten Bau ein klassisches Hamburger Gymnasium zu finden. In den 2000er Jahren wurde immer wieder bedarfsgerecht erweitert, doch die ursprüngliche Qualität blieb erhalten.

Einen Besuch lohnt das **Museumsdorf Volksdorf** (VII) mit Häusern aus den letzten drei Jahrhunderten, die zu Teilen dorthin verbracht und wieder aufgebaut wurden. Ebenfalls ein Volksdorfer Kleinod: das **Künstlerhaus Maetzel** (VII; 1929). Emil Maetzel (1877–1955) hat es für sich und seine Familie selbst entworfen; er gehörte zu den Vertretern der Hamburgischen Sezession in der Zwischenkriegszeit (1919–1933, Künstlervereinigung, u. a. mit Eduard Bargheer und Rolf Nesch) und zu den wichtigen Hamburger Stadtplanern der damaligen Schumacher-Behörde.

Von Wandsbek bis nach Hamm

Wandsbek ist mit seinen über 400 000 Einwohnern der am stärksten besiedelte Bezirk und deckt weite Teile des Hamburger Ostens ab. Bis zum Groß-Hamburg-Gesetz war Wandsbek der Mittelpunkt des preußisch orientierten Hamburger Ostens. Das ist heute noch rudimentär erkennbar, u. a. am Wandsbeker Marktplatz mit seinem ehemaligen Rathaus aus den 1920er Jahren. Heute hat die Bezirksverwaltung darin ihren Sitz. Sehenswert sind das Schimmelmann-Mausoleum und das **Heimatmuseum**. In diesem Stadtteil wirkte einst der Dichter Matthias Claudius. Der Osten besitzt auch einige Baudenkmäler des frühen 20. Jh.s, die meisten von ihnen liegen allerdings im Bezirk Nord, da Wandsbek zu dieser Zeit noch eigenständig war. Eines dieser Baudenkmäler ist die **ehem. Margarinefabrik Voss** (III M5; Kopfbau: 1926, Grell & Pruter, Bramfelder Straße 138). Sie lag an einer der wichtigen Kreuzungen des Rings 2 mit der ausfallenden Bundesstraße nach Bargteheide. Die meisten alten Hallen sind verschwunden. Zu sehen sind heute nur noch eine Gründerzeithalle und ein Turm mit Keramiken in der Gestik des Backsteinexpressionismus. Sie waren so etwas wie ein Werbebotschafter der Margarinefabrik im Stadtbild; einen Hinweis darauf liefert der vergoldete Bullenkopf am Turm. Die ursprüngliche Collage aus Gründerzeit und Expressionismus hat mit der Glasfassade der Krankenkasse, die hier jetzt ihren Sitz hat, einen dritten Baustein erhalten (1989, Schweger & Partner).

Die **ehem. Volksschule Ahrensburger Straße** (III M6; 1920, Hochbauwesen, Fritz Schumacher, Krausestraße 53, heute Stadtteilschule Barmbek) ist ein vorbildlicher Schulbau der ersten Schumacher-Generation; sie wurde noch im Kaiserreich geplant. Auffällig ist ihr monolithisch »konkaver Schwung«. Von dem Schulgebäude war Schumacher selbst sehr überzeugt und bezeichnete es als eine seiner besseren Leistungen. Die Volksschule beeindruckt durch Höhe und Wucht ihres Baukörpers. Schon lange vor der Weimarer Republik bewies Schumacher eine seherische Gabe. Mit diesem Schulgebäude setzte er ein starkes Zeichen für eine neue, fortschrittliche Gesinnung, die sich nach dem Krieg tatsächlich durchsetzte. In dieser Zeit konstituierte sich eine neue Baukunst, der auch die **ehem. Reemtsma-Zigarettenfabrik** (III M6; 1925/1929, Klop-haus & Schoch, Erweiterung: Fritz Höger, Walddörfer Straße 10) zugeordnet wird. Alfred Kamphausen würdigte deren Fassaden in Prosa: »Im Wechsel von Licht und Schatten scheinen die gegeneinander verdrehten Steine zu sprechen!« In der Tat bildete Fritz Höger die Fassaden der Zigarettenfabrik Haus Neuerburg in Wandsbek (heute nach Sanierung im Eigentum der Telekom) mit höchstem Aufwand aus. Die Pilaster zum Beispiel wurden gedreht und wirken deshalb wie Kordeln. Neben dem Chilehaus ist dieses Gebäude eines der zentralen Werke des Holsteiners Fritz Höger. Bemerkenswert sind die dreieckigen Fensterabschlüsse des obersten Fensterbandes und die auskragende Betonung der Attikazonen.

Sanierte Dulsberg-Siedlung

Auch noch in der Weimarer Zeit entstanden, ist die **Dulsberg-Siedlung** (III M5/6; 1931, Planung: Fritz Schumacher, u. a. Krausestraße, Straßburger Straße, Dulsberg Süd, Dulsberg Nord, Alter Teichweg, Nordschleswiger Straße). Sie wurde vor allem durch jene Bauteile weltberühmt, die an den Kopfseiten, jeweils zur Straße, durch halbrunde Erker erweitert wurden (Herbert und Paul A. R. Frank). Dort waren in den Erdgeschossen Läden untergebracht. Die Hauptachse dieses ersten Mietshausquartiers wird durch einen das Quartier verbindenden Grünstreifen gebildet, dem unterschiedliche Hausgruppen zugeordnet sind. Zunächst wurden konventionelle Wohnhöfe, später die Frank'schen Laubenganghäuser und andere Zeilenbauten errichtet. Die Laubengänge waren als »Straßen« ausgebildet und verbanden Wohnungen, Gemeinschaftseinrichtungen und anfangs die Etagenbäder. Der Dulsberg galt als Musterbeispiel für den effektiven Kleinstwohnungsbau; 50 Jahre später führte das jedoch mehr und mehr zur Belegung durch Randgruppen, und der Stadtteil entwickelte sich zu einem sozialen Brennpunkt. Der starke Städtebau mit dem großzügigen Grünzug und entsprechende Verbesserungen des Wohnumfeldes oder Wohnungszusammenlegungen haben diesen Trend inzwischen umkehren können.

Der Osten Hamburgs hatte 1943 während des Bombenterrors – Aktion Gomorrha – am radikalsten gelitten. Dort, wo er wiederaufgebaut wurde, geschah das in der Einfachheit der 1950er Jahre – schlichte, mehrgeschossige Mietshäuser aus Backstein. Sichtbar ragen dabei einige Kirchen wie die evangelisch-lutherische Dreifaltigkeitskirche, Alpha und Omega, heraus (III M8; 1957, Reinhard Riemerschmid, Horner Weg 17), die eine große spirituelle Ausstrahlung besitzt und die man zweifellos einen Ort der Stille nennen darf. Reinhard Riemerschmid, ein Neffe des Jugendstil- und Reformarchitekten Richard Riemerschmid (Gartenstadt Hellerau, Dresden) hatte den Wettbewerb für den Wiederaufbau der zerstörten großen Vorstadtkirche von Hamm gewonnen. Diese Kirche war im Hamburger Osten wegen ihres Friedhofs von großer Bedeutung. 1923 wurde der Hammer Friedhof (mit Gräbern von Alexis de Chateauneuf, Johann Hinrich Wichern, Amalie Sieveking und anderen bedeutenden Persönlichkeiten aus Hamburg) unter Denkmalschutz gestellt. Riemerschmid entwarf den Turm in der Silhouette des griechischen Buchstabens Alpha, das Kirchenschiff in Form eines Omega. Dieses sollte in seinem Innern an die urchristlichen Gemeinden und die wandernden Stämme des alten Israels erinnern. Seine Betonbinder wirken wie Stangen, der Raum wie ein aufgespanntes Tuch, so dass der Besucher den Eindruck hat, er stehe in einem Zelt. Das Dach steigt zum Altarraum an, durch seitliche Oberlichter wirkt der Raum oben sehr hell und licht.

Eine andere bedeutungsvolle evangelisch-lutherische Kirche stammt von Friedhelm Grundmann, dem wohl wichtigsten Hamburger Kirchenbauer der Nachkriegszeit. St. Simeon (III L7; 1966, Friedhelm Grundmann, Herbert Kuhn, Sievekingsallee 12) ist schwer, massiv und eckig, dabei aber nicht aufgefaltet expressiv wie die Kirchenbauten von Gottfried Böhm, sondern modern strukturiert. Beinahe in einer Qualität, wie Le Corbusier sie zeigte, hat Friedhelm Grundmann Kirchen in Hamburg gebaut. Zusammen mit Hans Kock erarbeitete er in Hamm, einem ebenfalls stark kriegszerstörten Stadtteil, fast bildhauerisch eine monolithische Form für Schiff und Turm. Die kubische Form ist typisch für jene Zeit: »Béton brut« am Dachgebälk, das an den späten Le Corbusier erinnert (heute griechisch-orthodoxe Kirche des hl. Nikolaus).

Interessant auch, wie die letzten Konversionsflächen im Hamburger Osten systematisch genutzt werden: die beiden Trabrennbahnen in Farmsen (für Wohnen, 2012) und Horn (gemischte Nutzungen); ehemalige Kasernengelände wie am Höltigbaum und Lettow-Vorbeck-Kaserne (Wohngebiet Jenfelder Au).

Bergedorf-Stadt

Urkundlich erstmals erwähnt wird »Bergedorp« um 1162. Der Name Bergedorf weist auf die ursprüngliche Siedlungstechnik im Hamburger Raum hin: Im Dorf auf dem »Berge« wurde flutsicher oberhalb der Vier- und Marschlande am Geesthang gesiedelt. Möglicherweise lebten dort auch sächsische Siedler, die man auch »Berger« nannte (VIII).

Das Bergedorfer Schloss ist eines der letzten Zeugen der Hansezeit – allerdings sind nur noch einige Fundamentreste erhalten. Wenn es heute trotzdem wie eine wehrhafte Burg des Mittelalters dasteht, ist es einer Rekonstruktion Ende des 19. Jh.s zu verdanken. Damals wurde es getreu der Hannoverschen Schule in neogotischer Backsteinarchitektur wiederaufgebaut. Baumeister auch hier:

Bergedorfer Schloss

Franz Andreas Meyer. Ursprünglich im 13. Jh. entstanden, war die vierflügelige Anlage mit Torturm und Wassergraben als Raubburg vorgesehen, später für die gegenteilige Aufgabe: als eine Art Schutzburg für den Handelsweg zwischen Hamburg und Lübeck. Das Schloss war Sitz der Amtsmänner von Bergedorf, dann Kaserne und ist schließlich zum Museum für Bergedorf und die Vierlande geworden. Insgesamt ein hybrid genutztes Gebäude, das entsprechend komplex und vielschichtig seine Gestalt veränderte.

1502 wurde die damalige Fachwerkkirche **St. Petri und Pauli** geweiht. Der mit Backstein ausgefachte Bau mit fünfseitigem Chorschluss wurde 1591 nach Westen hin verlängert, zwischen 1660 und 1670 um das Brauthaus, einen Querbau, ergänzt; heute ist dort der Haupteingang. Ernst Georg Sonnin, Architekt der St.-Michaelis-Kirche (Michel), setzte 1759 u. a. einen neuen Turm auf den westlichen Anbau. Einflüsse aus Spätrenaissance und Barock sind innen immer noch zu sehen, z. B. an der Kanzel von

1585, an der Empore und mit dem Kreuzigungsbild auf dem Altar (Spätrenaissance, vermutlich von dem Hamburger Bildhauer Christian Precht).

Neben der Kirche steht ein weiterer Fachwerkbau, das **Hasse-Haus** (1630, Geburtshaus des Komponisten Johann Adolph Hasse). Es diente der Organistenfamilie Hasse über drei Generationen hinweg als Heimstatt. Heute ist dort das Archiv der Hasse-Gesellschaft untergebracht. Der Rundturm wurde erst 1836 angebaut.

Rund um den neuen Bahnhof Bergedorf haben in den letzten Jahrzehnten enorme Veränderungen stattgefunden – mit neuem Shoppingcenter und Busbahnhof auf dem Parkdeck.

Ein Spaziergang durch die Altstadtgassen lohnt sich, weil viele Häuser aus den letzten Jahrhunderten erhalten geblieben sind. Ebenso der Gang durch die Villenvororte Bergedorfs oder zum **Wasserbahnhof**. Von dort aus kann man zudem im raschen Wechsel über die Wiesen- und Wasserlandschaft, die Dove-Elbe, die Elbe selbst, den Hafen und schließlich über eine Schleuse die Binnenalster erreichen.

Der **Alte Bahnhof** der Hamburg-Bergedorfer Eisenbahn ist das zweitälteste erhaltene Bahnhofsgebäude in Deutschland. Es entstand 1842 nach einem Entwurf von Alexis de Chateauneuf. Die Bahnstrecke nach Hamburg wurde – von William Lindley 1838 geplant – am 7. Mai 1842 in Betrieb genommen. Das Empfangsgebäude steht an einer heute nicht mehr befahrenen Bahnstrecke.

Ein anderes Industriedenkmal ist der Bergedorfer Wasserturm **Sander Dickkopp** nach einem Entwurf des Bergedorfer Stadtbaumeisters Carl Friedrich Dusi, 1903 im Stil des Historismus errichtet. Ein neoklassizistisches Eingangsportal führt im Giebelfeld das Bergedorfer Wappen. Der Turmkopf sticht recht deutlich hervor und besteht im Unterschied zum Schaft aus weiß angestrichenem Beton, seine Kuppel ist schiefergedeckt.

Innen führt an der Wand entlang eine Treppe bis nach oben zum Tropfboden. Darüber befindet sich der Wasserbehälter mit einem Innenzylinder und einer Wendeltreppe, über die man durch den Behälter hindurch zur Aussichtsgalerie gelangt.

Wesentlich berühmter und in der Hierarchie der Technikdenkmäler erheblich höher einzuordnen ist die **Hamburger Sternwarte** in Bergedorf (1912, verantwortlicher Architekt des Hauptgebäudes: Albert Erbe). Das Gebäude sollte – durch einen gemeinsamen Antrag mit einer Schwestersternwarte in La Plata (Argentinien) – von der UNESCO als Welterbe anerkannt werden, ist jedoch 2014 bei der Bewerbung ausgeschieden. Die Sternwarte wurde 1912 offiziell eingeweiht. Zur Einrichtung gehört der Große Refraktor mit zwei Objektiven (Objektivöffnung 60 Zentimeter) und einer Brennweite von neun Metern.

Vier- und Marschlande

Auch im Südosten des Stadtstaats, in den **Vier- und Marschlanden**, bleibt am Rande der Weltstadt Hamburg sichtbar, dass sie mitten im ländlichen niederdeutschen Siedlungsraum liegt. Weitgehend erhalten sind Bauten, die noch in der ursprünglichen oder ähnlichen Nutzung sind. In **Kirchwerder Nord** steht sogar noch ein **ehem. Fachwerkbahnhof** (VII).

Mit 130 Quadratkilometern nehmen die Vier- und Marschlande ungefähr ein Sechstel des Hamburger Staatsgebiets ein. Schon früh im Mittelalter entstand aus dem Marschland des östlichen Stromspaltungsgebiets durch Eindeichungen und ein komplexes Entwässerungssystem fruchtbares Bauernland, auf dem Getreide angebaut wurde. Mit dem 18. Jh. folgte ein Wandel hin zum Gemüseanbau, für den das Gebiet weltberühmt ist. Der Wohlstand zeichnete sich in den üppigen Konstruktionen der norddeutschen Hallenbauten ab. Zurzeit des Gemüseanbaus wurde der Grund aufgeteilt, zunehmend entstanden Katen und Kleinbauten. Es ist Justus Brinckmann und seinem Kunstgewerbemuseum zu verdanken, dass seit Ende des 19. Jh.s verstärkt auf die Erforschung der bäuerlichen Bauweisen und des entsprechenden Erbes geachtet wird. 1901 wurde ein Verein für Vierländer Kunst und Heimatkunde gegründet; schon früh kümmerte sich auch die Hamburger Denkmalpflege um den Bestand. Besonders reizvoll sind die alten Dörfer rund um ihre Kirchen wie Curslack, Altengamme oder Neuengamme. Das Freilichtmuseum **Rieck-Haus** in Curslack (VII) zeigt den typischen Aufbau eines Vierländer-Hofs und sein Interieur mit der charakteristischen Dreiteilung aus Diele, Fleet und Kammerfach.

Hier liegt auch die **KZ-Gedenkstätte Neuengamme** (VII; 2000, Freiraumplanung: MSB Landschaftsarchitekten: Meyer, Schramm, Bontrup, Stein). In den Haupt- und Außenlagern des ehemaligen Konzentrationslager Neuengamme wurden über 100 000 Menschen misshandelt, knapp 43 000 Menschen starben. Hamburg hat viele Jahre lang die Verbrechen in Neuengamme verdrängt. Heute ist es unvorstellbar, dass 1948 auf dem Gelände unter Nutzung der vorhandenen – von KZ-Häftlingen errichteten – Gebäude eine Justizvollzugsanstalt stand; 1970 wurde ein Jugendgefängnis eingerichtet – allen Protesten der Überlebenden zum Trotz. 1965 entstand in unmittelbarer Nähe des Geländes ein internationales Mahnmal, 1981 ein Ausstellungsgebäude. 2003 und 2006 wurden die Gefängnisse verlegt, so dass beide Orte heute Teil der Gedenkstätte sind. 15 Gebäude blieben aus der NS-Zeit erhalten, darunter die ehemaligen zweigeschossigen Häftlingsblocks 21–24. Der Platz, an dem die vor langer Zeit abgerissenen Baracken standen, wurde durch schlichte Klinkerbruch-Felder markiert.

Westen

Von den Landungsbrücken bis nach St. Pauli

Hamburg ist nicht nur innerhalb des ehemaligen Walls bauhistorisch interessant. Bis 1938 besaß Hamburg ein erheblich kleineres und auch weniger zusammenhängendes Staatsgebiet. Bis das Groß-Hamburg-Gesetz, das die Nationalsozialisten zur Stärkung ihres wichtigsten Hafens erlassen hatten, 1937 in Kraft trat, war Altona noch eine eigene Stadt. Sie verfügte mit Gustav Oelsner über einen hervorragenden Stadtbaurat. Bis zum Deutsch-Dänischen Krieg (1866) hatte sie unter dänischer Verwaltung gestanden. »Al to nah« lag diese prächtige dänische Stadt, die von einem engen Vertrauten des dänischen Königs, dem Baumeister Christian Frederik Hansen, geprägt wurde – heute noch sichtbar an der **Palmaille** (II G9).

Eine Annäherung an Altona für den Stadtfremden lohnt sich über »Alt-Hamburger« Terrain von der Innenstadt zu Fuß – es ist »allzu nah«. Aufgrund der speziellen topografischen Situation geht es zunächst unten am Fluss entlang und zurück oben auf dem Geesthang, der zum Teil ganz sinnfällig »Altonaer Balkon« heißt.

Die **Landungsbrücken** (I/II H9; gebaut ab 1906, Raabe & Wöhlecke; Garten, Kahl und Hoyer) gehören noch zum Stadtteil St. Pauli. Hier ist der Hauptknotenpunkt des Verkehrs zwischen den U- und S-Bahnen und den Hafenfähren, hier wurde die erste Elbquerung unterhalb der Elbe geschaffen: der alte Elbtunnel. In der ersten Hälfte des 20. Jh.s stellten die Landungsbrücken die Verkehrsdrehscheibe zwischen Stadt und Hafen dar, untergebracht in einem imposanten Bau aus Tuffstein, mit Uhrenturm und zwei Kuppeln. Sie standen symbolisch für die großen Absichten eines Kaisers, den es zur See zog, der den Ruhm suchte und in Hamburg das Tor zur Welt sah. Im Zweiten

Weltkrieg wurden Teile des Gebäudes zerstört, darunter eine Gepäckhalle, die durch das sogenannte Brückenhaus ersetzt wurde. Die Pontonanlage (1953–55) ist eine sinnige Konstruktion, denn sie floatet mit dem Wasserstand. Hier legen die Touristenboote, die Barkassen und die Hafenfähren ab. Empfehlenswert: Mit der Linie 62 elbabwärts fahren und Hamburgs »Waterfront« bewundern. Zu besichtigen sind außerdem die Museumsschiffe Rickmer Rickmers und Cap San Diego.

Den westlichen Abschluss der Landungsbrücken bildet das Eingangsgebäude des alten **Elbtunnels** (II H9; 1911, Raabe & Wöhlecke). Die erste Autounterführung ist eine technische Großtat. Damals war das Verkehrsaufkommen noch gering, so dass der Tunnel hauptsächlich durch Treppen für Fußgänger erschlossen wurde. Für Fuhrwerke wurden riesige Aufzüge eingebaut. Sie sind noch heute in Funktion und werktags mit dem PKW befahrbar. Es ist ein Muss, durch dieses Technikbauwerk durchzulaufen – auch aus ästhetischen Gründen. Verkehrsbauten wurden damals architektonisch idealisiert und mit kostbaren Materialien ausgestattet. Von den beiden Eingangsbauwerken hat das nördliche in St. Pauli den Zweiten Weltkrieg überstanden. Die Kuppel über den Portalen und der Pilasterschmuck kennen ein großes Vorbild: das Pantheon in Rom. Heute besteht jedoch aufgrund der Elbtiefe, die durch den alten Elbtunnel vorgegeben ist, eine Begrenzung: Große Schiffe der neuesten Generation können den Ostteil des Hafens wegen ihres Tiefgangs nicht anfahren.

Ein Blick von den Landungsbrücken nach oben auf den Geestrücken zeigt eine mittlerweile fein austarierte »Hafenkrone« aus historischen Bauten der Fritz-Schumacher-Zeit und aus den jüngsten Jahrzehnten – so das Ansinnen der heutigen Bauherren. Das **Hotel Hafen Hamburg** (II H9; 1984–2000, Meyer und Fleckenstein) ist über viele Jahre hinweg von einem ehemaligen Seemanns- und Schwesternheim zu einem Hotel umgewandelt worden.

Charakteristisch: der schöne Ausblick und ein bunter Stilmix. So grüßt ein dickleibiger Turm in postmoderner Manier das Hafenland (Kleffel Köhnholdt Architekten) als sei es ein Stück des Italieners Aldo Rossi. Der Turm wird von einem schwingenden, klassisch-modernen Riegel und einem flachen, aufgesetzten Zylinder »umformt« Das Ensemble wurde 1999 noch durch eine beeindruckende Glastonne aufgestockt; ein Aussichtshaus im Garten mit angegliedertem Hotel.

Ein weiteres Juwel in der Hafenkrone: das **Bernhard-Nocht-Institut für Tropenmedizin, ehem. Tropeninstitut** (II H9; 1914). Fritz Schumacher hat es mit schlichten und durch die Proportionen dennoch eindrucksvollen Klinkerfassaden entworfen. Geschickt mit einem Anbau versehen wurde es 2007 auf dem Terrain des im Zweiten Weltkrieg zerstörten Tierhauses des Instituts (Architekten Kister Scheithauer Groß, Köln). Dieses Laborgebäude auf spitz zulaufendem Grundriss mit klassischer Ziegelfassade gibt dem Betrachter in der Interaktion mit dem dahinterliegenden **Empire Riverside Hotel** (2007, David Chipperfield) eine exakte Vorstellung von spätmoderner Architektur (Kister Scheithauer Groß, Köln) in der »roten« Hamburger Version, Chipperfield in der klassischen Version aus Metall und Glas. Architekturenthusiasten lieben dessen sensible Fassadenarbeit.

Hamburgs höchste Bar »20up« findet man im 20. Stockwerk des Chipperfield-Hotels – mit Fernblick auf den Hafen und die Elbinseln. Der 21geschossige Hotelturm gehört mit den benachbarten Hochhäusern des neuen **Brauer-Viertels** (II H8) zur neuen Hafenkrone. Eine von vielen Hamburgern nicht akzeptierte Skyline. Aus Sicht der Kritiker wirkt das neue Viertel auf die gewachsene Struktur des traditionellen Rotlicht- und Amüsierviertels wie »ein Dolch im Leib«.

Von hier aus kann man – sozusagen durch die Hintertür – **St. Pauli** (II H8) erobern und berühmte Straßen und

Plätze wie die Davidstraße, die Herbertstraße, den Hans-Albers-Platz, den Spielbudenplatz und die Reeperbahn erkunden. An der Davidstraße/Ecke Reeperbahn liegt die historische **Davidwache** (II H8; 1914, Fritz Schumacher). Das Ergebnis einer Bauaufgabe, wie sie damals gefordert wurde: Polizei, Meldeamt, »sittenpolizeiliche Untersuchungsstation« und Gefangenenzellen in einem. Mitten auf dem Kiez eine Festung der Moral und Ordnung zu erbauen, hatte Schumacher als Motiv erkannt, und in solcher Weise hat er das schlanke, abweisende Haus konzipiert. Zwei auf Konsolen abgeschottete Erker verstärken den Eindruck noch. Von Schumachers bevorzugtem Bildhauer Richard Kuöhl wurde die Davidwache mit Terrakottaschmuck verziert. Ihren Standort und ihre Funktion hat die Davidwache bis heute behalten, 2004 wurde sie fachkundig erweitert (Architekt Bernhard Winking). Die alte Wache besetzt heute die vordere Ecke zur Reeperbahn, der Neubau wurde optisch abgesetzt – als Gegenpol zur Eckbebauung an der Davidstraße/Kastanienallee. Bedauerlicherweise sind seit der Erweiterung Erschließungstreppen und Laubengänge der ursprünglichen, sittenpolizeilichen Untersuchungsstation nicht mehr erkennbar.

Vor der Davidwache lieg der **Spielbudenplatz** (II H8), dessen Name auf Entstehen und Geschichte programmatisch hinweist und der heute Heimat zahlreicher Kleinsttheater und Musical-Spielstätten ist. Berühmt sind das Schmidt Theater und Schmidts Tivoli. Es gab viele vergebliche Versuche, die Platzfläche zu gestalten, ohne den Platz einem üblichen »Stadtmöblierungs-Chic » zu opfern. Ausgerechnet das Thema der »beweglichen« Spielbude löste den gordischen Knoten: Der Platz wird seit 2006 durch zwei mobile Bühnen bespielt (2006, Spengler Wiescholek). Mit Spielbuden auf einem permanenten Jahrmarkt hatte es hier begonnen, heute bilden zwei auf Schienen bewegliche Hightech-Bühnen in Form zweier überdimensionierter Winkel eine Eventfläche – eine einzige große Spielbude für jede Open-Air-Veranstaltung, die zu St. Pauli passt: das Reeperbahnfestival, die Liveübertragung des Eurovision Song Contests usw. Die statische Aufgabe dieser weit auskragenden Dächer wird durch Raumfachträger gelöst. Wand und Dachelemente sind mit Leuchtdioden versehen, so dass es abends wild glüht und glimmt – übereinstimmend mit dem Nachtgesicht St. Paulis.

Die **Tanzenden Türme** (2012, Bothe Richter Teherani) stehen am Anfang der **Reeperbahn**, und in ihrer asymmetrischen, leicht provokanten Form für jene Phase, in der man sich in dieser Stadt nach Star- und Landmarkenarchitektur sehnte. Hinter der artifiziellen Fassade befinden sich größtenteils ganz normale Büros, im Erdgeschoss zwei Bars, im 23. Stockwerk ein Restaurant. In den tiefen Kellergeschossen hat 2013 der alteingesessene Hamburger Mojo Club wiedereröffnet. Die Livemusikszene wie auch die Architekturqualität am Spielbudenplatz wertet auch das Klubhaus St. Pauli auf (2015, Akyol Kamps).

Das wohl älteste erhaltene Bauwerk in diesem Stadtteil ist die römisch-katholische Barockkirche **St. Joseph** (II H8; 1723, Melchior Tatz) in der Großen Freiheit. Das ist die bekannteste Nebenstraße der Reeperbahn. Die **»Große Freiheit«** (II H8) war ursprünglich eine programmatische Bezeichnung, weil hier – am Rande der dänischen Stadt Altona – sozialen und religiösen Randgruppen Raum gelassen wurde. Vielleicht ist damit die wohl auffälligste Barockkirche mitten in der protestantischen Stadt zu erklären. Die römisch-katholische Kirche mit konkaver Fassade ist von bescheidener Größe und nach starken Kriegszerstörungen außen und innen wiederhergestellt worden; der Anteil an Originalbestandteilen ist allerdings gering. In Fällen wie diesen fragen Denkmalschützer stets nach der Legitimation. Hier gilt also überraschenderweise der Minderheitenschutz für ein Gebäude, das in seiner Art in Hamburg nicht mehr zu finden ist. Sowohl die intime Atmosphäre im Innern, zu der die runde, beschauliche Apsis beiträgt, als auch die äußere durch den vorgelagerten Hof, der von zwei Häusern flankiert wird (darunter das rekonstruierte Pfarrhaus von 1717), zeugen von einer Sehnsucht nach Geborgenheit, die man eher im Süden sucht und findet.

Der Filmklassiker »Große Freiheit Nr. 7« aus dem Jahr 1944 (Regie: Helmut Käutner, Darsteller: u. a. Hans Albers, Ilse Werner) brachte dieser Meile landesweit Ruhm. Die Kulissen standen aber weitgehend in Prager Studiowelten. So kann man das legendäre Hippodrom, ein Vergnügungslokal, in dem der Protagonist Hannes arbeitet, auf St. Pauli nicht finden. Stattdessen stand in der Großen Freiheit das **Salambo**, jenes freizügige Erotiktheater, das, 1965 von René Durand eröffnet, dem Kiez sicherlich den Ruf als »sündigste Meile der Welt« einbrachte. 1997 schrieb das Salambo wegen Förderung der Prostitution Schlagzeilen und wurde geschlossen.

In der Großen Freiheit wurde jedoch nicht nur Film- und Erotik-, sondern auch Musikgeschichte geschrieben: Die Große Freiheit 36 beherbergt heute noch den Kaiserkeller, in dem die Beatles ab 1960 – nach Schließung des Indras – achtundvierzigmal auftraten. Bekannt durch die Beatles wurde auch der Star Club, eröffnet 1962, geschlossen 1969. Heute erinnert ein Gedenkstein an den Club und an zahlreiche prominente Künstler, die dort gastierten: Jimi Hendrix, Ray Charles, Fats Domino, Jerry Lee Lewis und andere. Auch das Rockcafé Gruenspan ist inzwischen eine Legende. Seit 1968 treten Künstler aus der ganzen Welt dort auf.

St. Paulis Hinterhöfe zeigen charakteristische Bauweisen des 19. Jh.s: Die **Jägerpassage** (II H8; 1868) in der Wohlwillstraße 20–28 ist ein Beispiel für den fortschrittlichen Arbeiterwohnungsbau. Für den Reformbau steht auch das **ehem. Israelitische Krankenhaus** (II H8; 1843), eines der ersten jüdischen Krankenhäuser in Deutschland und im »Rundbogenstil« errichtet. Der Bankier Salomon Heine stiftete es 1839 und widmete es zum Gedenken seiner verstorbenen Frau Betty.

Wenn man von St. Pauli den Blick wieder nach unten zum Strom richtet und sich nach Westen orientiert, sieht man auf der anderen Seite beim Spaziergang entlang der **Hafenstraße** (II H9) und den Hochwasserschutzanlagen (westlich der Landungsbrücken) die Trockendocks des Hamburger Hafens liegen. In der Hafenstraße wird man durch einige Graffiti (»Kein Mensch ist illegal«) an die politische Geschichte Hamburgs erinnert: an die Hausbesetzungen und Straßenbarrikaden der 1980er Jahre, die weltweit öffentliche Aufmerksamkeit erregten.

Dort, wo die Hafenstraße auf den Geesthang schwenkt, stößt die Große Elbstraße auf den inneren Kern Altonas: Sie führt zur Verlängerung des St. Pauli Fischmarkts (die kriegszerstörten Häuser auf dem Platz wurden in den 1980ern »postmodern« ergänzt, das heißt mit liebevollen Details wie Kuppeln, Erkern und Wetterfahne. Jeden Sonntagmorgen ab 5.00 Uhr (winters 7.00 Uhr) findet hier der weithin bekannte **Hamburger Fischmarkt** neben der **ehem. Fischauktionshalle** (II H9; 1885, 1994) statt. Heute ist sie ein attraktives Veranstaltungszentrum, auch wenn sie bei Hochwasser bisweilen »nasse Füße« bekommt. Die Fischauktionshalle in Altona bezeugt, dass auch das freie Altona zu den wichtigsten norddeutschen Fischereihäfen gehörte. Hamburg unterhielt in St. Pauli eine ähnliche Halle, die aber bereits vor Jahrzehnten verschwunden ist. Die Fischauktionshalle ist eine mächtige Backsteinbasilika und hat mit ihrem gelungen restaurierten Ziegelkleid in den 1880er Jahren für die Renaissance des Backsteins gesorgt. Sie erinnert heute an frühindustrielle, genietete Eisenkonstruktionen mit Ziegelausfachungen. Besonders imposant ist die Kuppel über dem Hauptzugang. Auf der Galerie im Innern wurden damals Waren gestapelt und Reparaturarbeiten ausgeführt. Die Qualität im Detail begeistert den Besucher.

Fischauktionshalle in Altona

Westlich des Altonaer Fischmarkts wurden in den 1990er Jahren die ehemaligen Speicher und eine Mälzerei für das Möbel- und Designkaufhaus **Stilwerk** (II H9; 1996; Innenarchitekt Rolf Heide) umgebaut. Dabei blieben die schweren Industriefassaden erhalten. Die Gebäude wurden jedoch durch Aufstockungen und Zubauten ergänzt. Der westliche Teil der sogenannten »Perlenkette«, wie der frühere Oberbaudirektor Egbert Kossak die neuen Bauten an der Elbe nannte, ist mittlerweile vervollständigt und reicht bis nach Neumühlen/Övelgönne.

Direkt am Elbufer liegen beim Hamburger Fischmarkt das **ehem. Stadtlagerhaus** (2001, Jan Störmer Partner) und die Bauten des **Holzhafens** (II G9). Das Stadtlagerhaus, früher Industriemühle, umfasst zwei denkmalgeschützte, umgebaute Speichergebäude (eines mit steilem Satteldach). Eine vierstöckige, annähernd gläserne Aufstockung mit 28 Wohnungen ergänzt den anderen Teil. Die Wohnetagen sind mit einer Doppelfassade aus Klima- und Akustikpuffer ausgestattet, wobei die Fenster geöffnet werden können. Zusammen mit dem spitzen Satteldach des anderen Bauteils entstand eine kleine städtebauliche Landmarke, die die **Große Elbstraße** (II G/H9) rund um Stilwerk und

Holzhafen dominiert. Elbabwärts folgen die Bauten des **Holzhafens** (II G9; 2003–2011, Kees Christiaanse, Astoc Architects and Planners).

Das Projekt besteht aus diesem (östlichen) Bürogebäude (2003), einem ähnlich konzipierten westlichen Bürogebäude und einem verglasten Wohnturm (2011). Er wird seiner Gestalt wegen als »Kristall« bezeichnet. Älteren Datums sind der **ehem. Fährterminal** und das **Kreuzfahrtcenter** (1992, me di um Architekten, William Alsop). Der Fährterminal der früheren England-Linie wurde, als die Schiffsverbindung nach Harwich gestrichen wurde, zum Bürogebäude umfunktioniert. Billigflieger machten die Seeverbindung überflüssig. Deswegen wirken die architektonischen Anspielungen einer anlegenden Fähre mit Bullaugen und Reling, insbesondere auf der Flussseite, sentimental und nostalgisch.

Der Baukörper des **Hamburg Cruise Center** von Altona (II G9; 2012, Renner, Hainke Wirth) berücksichtigt die Linien des benachbarten Docklands und des alten England-Fähren-Terminals. Er ist mit hellsilbriger, eloxierter Aluminium-Verkleidung und eingeschnittenen, grün bedruckten Fensterbändern ein Hingucker, ein Beispiel dafür, wie das Thema Waterfront architektonisch umgesetzt werden kann – insbesondere vor dem Altonaer Balkon.

Heute sehen in Hamburg immer mehr Bürohäuser wie Schiffe aus. Das ist gewollt und ein wenig auf den Erfolg und Bekanntheitsgrad des expressionistischen Chilehauses von 1923 zurückzuführen. Dagegen wirken die häufig passierenden Kreuzfahrtschiffe der aktuellen Generation wie langweilige, schwimmende Wohnmaschinen.

Sie erreichen niemals mehr die Eleganz einer Hochseeyacht, wie etwa das Bürohaus **Dockland** (II G9; 2006 Bothe Richter Teherani) am Elbufer, das direkt am Kopf des Edgar-Engelhard-Kais zwischen Norderelbe und Fischereihafen liegt. Über 40 Meter kragt der »Bug« des Gebäudes aus und bildet so eine dynamische Ergänzung zum

»Heck« des benachbarten Fährterminals. Rund 9000 Quadratmeter Bürofläche bietet das von einer Stahlrahmenkonstruktion getragene Gebäude. Der Blick durch die verglaste Fassade auf das Hafenpanorama ist phantastisch, von der Dachterrasse ebenfalls, die Besucher über eine öffentliche Freitreppe am »Heck« des Gebäudes erreichen können. Auf gleicher Höhe liegt landeinwärts, in zweiter Reihe, das **Elbkaihaus** (1999 von Gerkan, Marg und Partner). Eine Kühlhalle aus dem Jahr 1965 wurde entkernt und erhielt wasserseitig eine Glasfront.

In dritter Reihe wurde ein Projekt von Bothe Richter Teherani umgesetzt: der **Elbberg** (II G9). Auf einem spektakulären, aber im Grunde nicht bebaubaren Grundstück am Elbberg steht spitzwinklig und – was die Fassaden betrifft – janusköpfig ein Bauwerk, das als Büro-Lofthaus ausgewiesen ist, also über große, frei zu gestaltende Räume im Innern verfügt. An der Elbseite wurde das Haus auf schräge Pilotis gestellt, es erhielt einen Ganzglas-Vorhang und fünf Erker. Die perfekten Biegungen des Betons und der Fenster, die subtil in glatte Fassaden versenkten Sonnenjalousien und die dynamisch geschwungenen Fassaden lassen an ein besseres Art déco oder an die Aerodynamik von Raymond Loewys Studebaker-Sportwagen denken. Auf der nördlichen Rückseite gingen die Planer mit dem Glas sparsamer um, dafür erhielt der Bau hier eine schuppenartige Kupferhaut. Der Erfolg machte mutig. 2003 folgte Teil zwei am Elbhang mit einer Staffel von Reihenhäusern in großem Maßstab und einem vorgelagerten Büro- bzw. Gewerbehaus in Form eines Bügeleisens – angebunden an den Altonaer Balkon durch Fußwege und Brücken. Einen Blick in die Vergangenheit gestattet von hier aus der Eingang zum **ehem. Schellfischtunnel** (II G9). 1845 wurde eine oberirdische Verbindung zwischen dem Elbufer und dem Altonaer Bahnhof in Betrieb genommen, um den Warenumschlag zwischen Wasser und Schiene zu beschleunigen. Damals wurden die Güterwagen über eine

210 Meter lange Ebene mit fünfzehnprozentiger Steigung zum Bahnhof der 1844 eröffneten »König Christian VIII. Ostseebahn« geschleppt.

Den architektonischen Höhepunkt am westlichen Ende der »Perlenkette« bildet die **Polderbebauung Neumühlen** (II F9; 2003, BHL-Architekten; Grüntuch Ernst Architekten, Berlin; Antonio Citterio Patricia Viel and Partners, Mailand; Bothe Richter Teherani). Auf einem Betonpolder mit 350 Metern Länge für den Hochwasserschutz sind vier gleiche Baukörper für Bürohäuser entstanden: vier »Würfel« in U-Form, die zur Elbe auskragen. Der bevorzugte Werkstoff ist Glas, nur der erste Bau (BHL-Architekten) wurde mit Backstein verkleidet.

Besonders vom Strom aus betrachtet hat dieses strenge Ensemble einen guten Auftritt; und in der Nahaufnahme überzeugt die Freiraumplanung von Möller und Tradowski. Diese lange Polderplatte optisch an der Flussseite einzufangen, ist den Landschaftsplanern durch beplankte Freitreppen aus Holz gelungen. Der Bodenbelag besteht aus Eisensilikat-Schotter und Asphalt-Glas-Gemisch. So wird ins Gedächtnis gerufen, dass hier einst Hafenland war.

Überragt wird das Ensemble von dem **Wohnstift Augustinum** (V F9; 1990, von Gerkan, Marg und Partner) in Neumühlen. Das ehemalige »Kühlhaus Union« wurde in den 1920er Jahren errichtet. Für den Umbau in ein Altenstift war es aufgrund seiner schlechten Bausubstanz nicht geeignet. Es wurde unter der Maßgabe abgerissen, den Neubau in Größe und Gestalt dem alten Kühlhaus anzupassen. Mit einer Paradekuppel stockten es die Architekten auf. Obwohl das Stift ein Neubau ist, wird die Handwerkskunst des expressionistischen Hamburger Mauerwerksbau deutlich.

Auf dem Hang, schräg nach Westen versetzt, liegt die **Elbchaussee 139**, das Büro der Architekten von Gerkan, Marg und Partner (V F9; 1990). Es wurde querab zur Elbchaussee als »Dampfer« aus einem Altbau heraus zum Strom hin entwickelt. Das Pendant auf der linken Seite eines kleinen Platzes verläuft schräg zur Achse und ist das Wohnhaus des Architekten von Gerkan.

Die Kernstadt Altonas. Ottensen, Bahrenfeld und mehr

Altonas Altstadt erweckt den Eindruck, hier sei seit 1945 eine komplett neue Stadt entstanden. Im Krieg war Altona fast vollständig zerstört worden. Schlimmer noch war der Hamburger Osten, vor allem Hammerbrook, Hamm und Barmbek, von den Bombardements betroffen. Diese Stadtteile wurden schnell und einfach im Stil der wirtschaftlichen Nachkriegsmoderne wiederaufgebaut. Nur wenige ältere Bauwerke blieben in Altona erhalten, darunter die Kirche **St. Trinitatis** (II H8; 1743, Jacob Bläser, Cai Dose), deren Hallenkonstruktion und relativ stoischer Duktus als charakteristisch für die Hamburger Umgebung gegolten hatte. Auch sie war stark beschädigt, aber wiederaufgebaut worden (Horst Sandtmann, Friedhelm Grundmann). Ebenso die evangelisch-lutherische **Christianskirche** in Ottensen (II G8; 1738, Otto Johann Müller), deren Kanzelaltar rekonstruiert werden konnte. Vor der Kirche befindet sich das Grabmal des Dichters Johann Gottlieb Klopstock (1724–1803, Relief von Philipp Jacob Scheffauer).

Hinweise auf eine vorindustrielle, kleinteilige Besiedlung in unmittelbarer Umgebung sind noch in einer der letzten heimeligen Straßen Ottensens zu finden: in der Kirchentwiete. Twiete steht für eine nicht befahrbare Gasse. Meist waren damit Querwege zwischen zwei Grundstücken oder Häusern gemeint, mitunter bezeichnete die Twiete aber auch die offene Feldflur, Wege zwischen Hecken oder Feldern. Die neue Planung der **Kirchentwiete** (II G9; 2000, Marc-Olivier Mathez) mit zweigeschossigen

Wohnbauten trägt dem ursprünglich dörflichen Maßstab Rechnung.

Nicht weit entfernt davon steht das heutige **Altonaer Rathaus**, früher ein Kopfbahnhof: Der **ehem. Altonaer Bahnhof** entstand 1844 (II G9; Oskar Winkler u. a.), ein weißer neoklassizistischer Bau. 1895 wurde das Empfangsgebäude zum neuen Rathaus umgebaut. Seine Elbansicht entspricht zumindest noch ungefähr dem Aussehen des früheren Bahnhofs. An der Nordseite liegt heute der Haupteingang mit seinen kunstvollen allegorischen Arbeiten über Altona, an denen auch der junge Ernst Barlach beteiligt war. Der Ersatzbahnhof aus der Gründerzeit wurde in den 1970er Jahren abgebrochen, und die Bahnsteige verschwanden hinter einem Kaufhaus (**Bahnhof Altona**, II G8). Inzwischen ist auf dem Gebiet des alten S-Bahnhofes Diebsteich ein neuer **Durchgangsbahnhof** im Bau (C. F. Møller, Aarhus).

2020 wurde ein erster Abschnitt des neuen Stadtteils **»Mitte Altona«** (II G7; Architekten: André Poitiers u. a.) mit über 1500 Wohnungen fertiggestellt: für den Senat ein Vorzeigequartier für den Städtebau, für die Anwohner manchmal unerträglich, weil noch viele Güterzüge hindurchrattern. Zumindest ist es gelungen, denkmalgeschützte Bauteile der großen Eisenbahnzeit zu erhalten, wie die Kleiderkasse, Güterhallen und einen Wasserturm.

Auf der städtischen Seite des Altonaer Bahnhofsgebäudes liegt der sich rasch verändernde Stadtteil Ottensen, auch ein Sanierungs- und Modernisierungsgebiet – und das schon seit einigen Jahrzehnten. Inzwischen boomt es dort.

Alles begann mit der **Mottenburg** (II F/G8), dem Herzstück von Ottensen. Das ist ein kleinteiliger nicht sehr hoch gebauter Stadtteil aus der gründerzeitlichen Industrialisierung. Er war in den 1970er Jahren ein radikaler Sanierungsfall, wurde dann liebevoll wiederhergestellt und ist heute einer der sympathischen alten städtischen Wohnquartiere des Hamburger Westens. Ottensen galt bis in die

1960er Jahre als ein Zentrum der maritimen Hamburger Metallindustrie. Hier produzierten vor allem Zulieferbetriebe für die Werften und den Schiffsbau, wie die **ehem. Schiffsschraubenfabrik Zeise** (II F/G8). Mit der Revitalisierung einiger ihrer Bauten und Hallen wurde Ende der 1980er Jahre der Grundstein für ein neues Stadtleben in alten Mauern gelegt. Vor allem Medienbetriebe wie das Hamburger Filmbüro zog es dorthin. In der »Zeise« entstand ein alternatives Kinozentrum, und die Architekten integrierten außerdem spielerisch-narrativ wichtige Fragmente aus der industriellen Frühzeit – Eisen und Stein beispielsweise im Restaurant Eisenstein. Dieses Ottensener Phänomen wurde zum Trend in der Stadt. Ob in Barmbek oder am Hafen: Wo immer heruntergekommene Fabriken wiederhergerichtet wurden, waren eine Werbeagentur oder ein Filmbetrieb zur Stelle, um Design-Stahlmöbel vor sandgestrahlte Backsteinwände zu stellen.

Ottensen gehört mit seinem **Altonaer Museum** heute zu den beliebtesten Stadtteilen Hamburgs, und rund um den **Spritzenplatz** (II G8) ist Hamburg so, wie man es am besten leiden mag: großstädtisch und dörflich zugleich. Biomärkte, zahlreiche Restaurants, Cafés und Bars und viele Läden. Die sanfte Stadtentwicklung ist hier gelungen.

Im benachbarten Stadtteil Bahrenfeld, der als aufstrebender Industriestandort des frühen 20. Jh.s etwas später in die Krise des generellen Strukturwandels geriet, wurden große Gewerbeflächen radikal umgewidmet. Großkino und Einkaufszentrum grüßen entlang der A7. Mit dem **ehem. Gaswerk** (V F7; 1895) blieb allerdings ein alter Industriekern aus Backstein erhalten, seine Neu- und Anbauten können sich sehen lassen. Heute wird das Gebäude als Designhotel unter dem Namen **Gastwerk** betrieben.

Auch im nahe gelegenen **Phönixhof** (II F7; Umbau: 2000, Otzen Heubel Mayr Architekten u. a.) ist die Transformation alter Industrie- und Gewerbearchitektur zu Büros, Läden und Ausstellungsflächen gelungen.

In Bahrenfeld und Altona-Mitte sind Bauwerke eines anderen großen Baumeisters der Moderne zu besichtigen: Fritz Schumacher hatte mit dem Altonaer Bausenator einen genialen Konkurrenten: Gustav Oelsner (1879–1956) hatte an der TH Berlin-Charlottenburg Architektur studiert und kam über Kattowitz nach Altona. Architektonisch war Oelsner von Beginn an entschlossener als Schumacher, doch er ist sehr viel später ins hanseatische Geschäft eingestiegen und mit Schumacher eigentlich erst in dessen zweiter Hamburger Phase zu vergleichen. Beim Wohnungsbau und beim Bau öffentlicher Gebäude profilierte sich der Altonaer Bausenator (1924–1933) deutlich. Heute mag man erkennen, dass die Farbe des von beiden verwendeten Materials – Ziegel – in Altona heller und mutiger erscheint. Vielleicht sind Altonaer Wohnhäuser massiver, ruppiger und ländlicher, etwa das **ehem. Arbeitsamt** (1927). Der Altonaer Bausenator verstand die Arbeitsvermittlung als eine wichtige soziale Aufgabe und das Gebäude dafür als bedeutende Infrastruktureinrichtung. Dieser Auffassung möchte man auch heute unumwunden zustimmen. Im Altonaer Arbeitsamtsgebäude wurden die Büros auf zwei Etagen um einen Innenhof gruppiert. Oelsner verwendete neueste Techniken (den Stahlbetonskelettbau) und schaffte es, mit einem einfachen Trick dem Gebäude Grandezza zu verleihen: Die Gefache zwischen der Betonkonstruktion wurden mit Keramik verkleidet.

Aufschlussreich für seine Zeit ist auch das **ehem. Haus der Jugend** (II G8; 1930, heute auch als Altonaer Theater genutzt). Gustav Oelsner war an nationale und internationale Kreise direkter angebunden als das Urgestein Schumacher. Anders als bei Schumacher in Hamburg hinterließen mit Hans Poelzig, Martin Elsässer oder Clemens Holzmeister internationale Stars Spuren im früheren Altona. Wie Fritz Schumacher wurde der Sozialdemokrat Gustav Oelsner 1933 aus dem Amt entlassen. Oelsner verließ Hamburg-Altona 1939 in Richtung Türkei und leistete künftig »für den Aufbau der jungen, in der letzten Konsequenz ihrer nationalen Identität noch unsicheren türkischen Republik einen wichtigen Beitrag«, wie der Bauhistoriker Olaf Bartels schrieb. Oelsner wurde nach dem Krieg noch einmal als offizieller »Referent für den Wiederaufbau« von seinem ehemaligen Vorgesetzten Max Brauer, inzwischen Erster Bürgermeister in Hamburg, berufen. Oelsner starb zehn Jahre später als Schumacher: 1956. Beide prägten in den 1920er und 1930er Jahren Hamburg städtebaulich und architektonisch.

Ein absolutes Muss für jeden bauhistorisch Interessierten sind die recht einfach gehaltenen Wohnzeilen in Ottensen. Reiseziel für Architekten aus aller Welt etwa ist die **Bunsenstraße** (II F8; 1927). Berühmt wurde die Siedlung für ihre farbigen gelben Steine, die bisweilen violett schimmern und roh und uneben wie Bruchstein verarbeitet worden sind. Das lässt die Häuser, und besonders ihre Fassaden, im wechselnden Licht unvergleichlich lebendig erscheinen. Eine Posse war allerdings, dass man diesen einfachen, aber gelungenen Häusern des Neuen Bauens in nationalsozialistischer Zeit Walmdächer spendierte, um sie zu »arisieren«. Sehenswert sind auch Oelsners Häuser an der **Gaußstraße** (II F/G8).

Im Bezirk Altona liegt ein großer **Volkspark** (VII; 1927, Gartenarchitekt: Ferdinand Tutenberg), der international bekannt wurde, weil die dort angelegte Arena des Hamburger SV den Namen Volksparkstadion trägt. Wie beim wenige Jahre zuvor entstandenen Stadtpark in Hamburg-Winterhude handelt es sich auch hier um einen öffentlichen Garten, der allen Schichten der Bevölkerung zugänglich gemacht wurde und »zur Bewegung in freier Luft« animieren sollte, wie es im Band *Neues Altona 1929* hieß. Bewusst wollte man das »Architektonische« eines Stadtparks vermeiden und knüpfte an die natürliche, ländliche Topografie des Wald- und Heidegebiets »Bahrenfelder Tannen« an (erste Planungen ab 1894).

Das Volksparkstadion – ursprünglich von Karl Schneider errichtet und einschließlich der Tribünen und des Schwimmbads bis 1927 fertiggestellt – löste nach dem Zweiten Weltkrieg den alten Sportplatz des HSV im Stadtteil Rotherbaum ab. Inzwischen ist aus dem Volksparkstadion, das landschaftsgerecht eingebettet war, ein Spielort für internationale Wettbewerbe wie die EM 2024 geworden.

Zum Ensemble des Volksparks gehört auch der Hauptfriedhof Altona (1920–1924), der als »Gartenfriedhof« in kleine grüne Abschnitte gegliedert und im Westen um einen Waldfriedhof ergänzt ist. Unter Denkmalschutz gestellt wurde der jüdische Friedhof Altona in der König-straße, der älteste portugiesisch-jüdische Friedhof in Nordeuropa.

Christian Frederik Hansen und die Palmaille

Auch wenn es vielerorts so ausschaut, als sei Altona vorwiegend eine Stadt des 20. Jh.s, ändert sich der Eindruck grundlegend, wenn man die **Palmaille** betritt (II G9). Die Palmaille ist der fast geschlossen klassizistisch bebaute Straßenzug zwischen Elbchaussee und St. Pauli. Er wurde von Christian Frederik Hansen (1756–1845) geplant. Wenn München und Berlin mit ihren klassizistischen Größen wie Klenze und Schinkel brillieren, sind Hanseaten schnell verführt, als Gegenstück C. F. Hansen anzuführen. Ein Vergleich, der hinkt. Niemals war Hamburg Residenzstadt, und Hansen war kein Hamburger, sondern Däne. Die meisten seiner phantastischen Bauwerke und Stadträume liegen in der früher dänischen Stadt Altona und in der Hauptstadt Kopenhagen, wo Hansen auch in seiner zweiten großen Schaffensphase als Hofbaumeister wirkte. Seine stattliche Frauenkirche (1811–1829) rückt ihn in die europäische Elite der klassizistischen Architekten, kurz: ein »dänischer Architekt im europäischen Kontext« (so sein Biograf Hakon Lund), der als Skandinavier sehr gern nach Süden schaute, sich Pantheon und Palladio zum Vorbild nahm und in einer abgeklärten Phase klar und deutlich die idealistische Gedankenspielerei der Revolutionsarchitekten übernahm. Mangels höfischer Aufgaben war Hansen in Altona kein Hofarchitekt, sondern Baumeister des Bürgertums.

Christian Frederik Hansen wurde 1756 in Kopenhagen geboren. Seine architektonische Ausbildung in der dänischen Hauptstadt vermittelte ihm eine nordische Sicht der Dinge, aus dem kargen und wenig verspielten Teil Europas. Das ließ ihn auf dem Weg in den geliebten Süden einen bemerkenswerten Zwischenhalt einnehmen. Als schlecht bezahlter Landbaumeister von Holstein kümmerte er sich zunächst um Windmühlen oder Brücken – wenig erfreulich für einen Träumer und Aufklärer, der seine südeuropäischen Kollegen verehrte und sich aufmachte, um ihnen zu folgen. Auf seinen Reisen bildete er sich fort. Die topografische Situation wollte es, dass er dabei Land- und Stadthäuser zu bauen hatte. Gerade die Palmaille ist es, die als klassizistischer Stadtraum auf der Schwelle zwischen Altonaer Altstadt und St. Pauli bis heute die Maßstäbe definiert. Hansens Landhäuser stehen an der Elbchaussee und im Rückraum der Elbchaussee. Es sind Preziosen, weiße Schönheiten im Ebenmaß, die trotz ihrer dekorativen Zurückhaltung anderswo als Schlösser bezeichnet werden würden.

♦ Die **Elbchaussee** (II G9; V), südländische Straße im Norden, ist ein Gesamtkunstwerk aus Fluss, Park, Hecken und weißen Villen, auf ihre Art einmalig auf der Welt. Ihre Entwicklung ist keine royale Attitüde, sie ist durch und durch bürgerlich und löst Assoziationen mit Sommerfrische und Wohnen im Landhaus aus. Sie entstand in den Zeiten der Kutschen und Pferde. Im 19. Jh. wurde eine private Pferdebahn genutzt, um in den Westen zu kommen, wo spätestens seit der Industrialisierung in Metropolen wie London, Berlin und auch Hamburg immer die guten Wohnviertel liegen, während im Osten der Städte wegen der vorherrschenden nordeuropäischen Westwinde und der entsprechenden

Emissionen Industrie-, Hafen- und allenfalls Arbeiterquartiere angelegt wurden. Achteinhalb Kilometer lang begleitet die »Chaussee« das Nordufer der Elbe stromabwärts, bis sie mit der Hausnummer 598 in Blankenese endet. Wegen der für Norddeutschland ungewöhnlichen Topografie und auch der starken und weiten Bezüge zum Wasser erscheint sie wie eine südländische Straße im Norden. Die Namen der Querwege wie Himmelsleiter oder Ringelnatztreppe weisen darauf hin, dass die Uferstraße sich den hohen Geestrücken entlangfädelt, an einigen Stellen – ausgerechnet an einem Ort, der Teufelsbrück heißt – schmiegt sie sich dann doch an den Fluss. Der Schriftsteller Detlev von Liliencron bezeichnete sie 1900 als schönste Straße der Welt. Die klassische Villa im Park prägt das Gefüge, seitdem sie im 18. und 19. Jh. aufgesiedelt wurde. Und wer genau hinschaut, genießt, dass diese Aura immer noch vorhanden ist. Die Allee verfügt über die besten Gastronomien der Stadt (Le Canard, Landhaus Scherrer, Hotel Jacobs, weiter im Westen dann in Blankenese der Süllberg).

Im wesentlichen werden Elbchaussee und ihr Hinterland durch großzügige Villen geprägt. Dazu zählen vor allem Arbeiten von Christian Frederik Hansen. Anfangs zeigte der Architekt eine Neigung zum französisch verspielten »maison de plaisance«. Mit zunehmendem Alter straffte er seine Raumabläufe. Seine Häuser zeugen noch immer von dem Geist der Zeit, als antike, besonders römische Vorbilder in der Architektur vorherrschten. Weiße Häuser und parkähnliche Gärten, von dieser Seite zeigt sich Blankenese. Der **Jenischpark** ist sicher einer der wichtigsten und schönsten Landschaftsparks (nach englischem Vorbild) in Hamburg, aber nicht das einzige größere, zusammenhängende Grün an der Elbchaussee. Seit der Weimarer Republik, der hohen Zeit der Hamburger Sozialdemokratie, gibt es ein System von öffentlichen Taschenparks und Wegen den Hang hinunter zum ebenfalls öffentlichen Elbwanderweg: »An der Elbchaussee soll man zwischen grünen Bäumen gehen. Die Bauten haben in stiller Würde im Hintergrund zu stehen«, forderte Altonas Stadtbausenator Gustav Oelsner in den 1930er Jahren. Die Vision wurde umgesetzt. Jenisch-, Hirsch- und Baurs Park machen eine Chaussee zum grünen Band der grünen Metropole.

Die schönsten Villen und andere Bauwerke an der Elbchaussee

Die Elbchaussee besticht durch ihre fast malerische Gesamtkomposition aus Fluss, Villen- und Parklandschaft sowie Hafen. Wenn man stadtauswärts fährt oder auf dem Fußgängerweg entlang der Elbchaussee spazierengeht, gibt sie den Blick auf Strom und Hafen frei – verglichen mit dem See der Alster mitten in der Stadt sorgt der zum Meer führende Strom, für eine südliche Stimmung. Noch ist das Gesamtbild nicht gefährdet, obwohl mehr und mehr Spekulationsbauten in angeglichener Gleichförmigkeit entstehen, die nur fadenscheinig die Baukultur der Elbchaussee aufnehmen.

Es gibt aber eine Reihe von Bauten, die (zu einem großen Teil) denkmalgeschützt sind und den Charakter der Elbchaussee prägen. Dazu zählt das ehemalige **Gartenhaus** (II G9) von Salomon Heine, Onkel des Dichters Heinrich Heine. Ebenso das **Haus in der Mauer**. Auf der Binnenseite, Hausnummer 228, liegt der **»Halbmond«** – ein ehemaliges Stallgebäude (V E9; 1820, Johann Matthias Hansen). Mit fast palladianischer, raumgreifender Geste zieht der Halbmond jedermanns Blicke auf sich, veranlasst so den einen oder anderen fremden Autofahrer, auf der Chaussee langsamer zu werden. Ironischerweise wird das Bauwerk heute mehr oder weniger als Garage genutzt. Ursprünglich war es ein Remisengebäude mit Stallungen und Domestikenwohnungen, zeugt also noch von der Großherrschaftlichkeit der Elbchaussee. Das Ensemble wurde

Jenisch-Haus

bis 2022 vorbildlich restauriert und mit Wohnungen ausgebaut (Klaus und Schulz).

Das vielleicht wichtigste Ensemble an der Elbchaussee ist die Inkarnation einer weißen hanseatischen Reedervilla: das Jenisch-Haus. Es steht inmitten des gleichnamigen Jenischparks (V D8; 1834, Franz Gustav Forsmann). Sein Schöpfer arbeitete zunächst nicht zur Zufriedenheit des Bauherrn. So kam es zu einer außergewöhnlichen Zusammenarbeit Hamburgs mit der Stadt Berlin: Der preußische Architekt und Baumeister Karl Friedrich Schinkel sollte ein Gutachten erstellen, startete aber gleich einen Gegenentwurf, und im Ergebnis schimmert nun Schinkels Arbeit überall dort durch, wo man die Erhabenheit von Proportion und Schnitt sehen möchte. Der englische Park des Gartenarchitekten Johann Heinrich Ohlendorff steht heute unter Denkmalschutz. Das Jenisch-Haus ist öffentlich zugänglich, ein Museum der Wohnkultur, vom Barock bis zum Biedermeier. Vor einigen Jahren war es der ideale Standort für eine Ausstellung zu C. F. Hansen, dem dieses Haus manchmal fälschlicherweise zugeschrieben wird. Indes lebte dieser zum Zeitpunkt des Baus schon in Dänemark. Im Rückraum liegt das **Landhaus Voght** (V D8; 1797, Johann August Arens). Die Elbchaussee und die Vororte Nienstedten und Othmarschen sind Vorzeigeareale der Landhaus- und Gartenkultur. Eine ausgefallene Geschichte trug sich am Anfang des 19. Jh.s zu, und zwar nahe am historischen Dorfkern von Nienstedten, im Quellental. Der Kaufmann Caspar Voght hatte hier ein landwirtschaftliches Gut englischer Art eingerichtet. Als Vorbild galt der Landsitz »The Leasowes« des Dichters William Shenstone. Landschaftsgärtner John Richmond Booth machte aus den Besitzungen Voghts eine »Ornamented Farm«, die Synthese aus einem gut funktionierenden Versuchs- bzw. Mustergut und einer meisterlichen Inszenierung im Landschaftspark. Voght, der 1802 zum Baron ernannt wurde, spielte als Reformer und Berater in der Patriotischen Gesellschaft zu Hamburg eine wichtige Rolle. Das Landhaus und seine Nebengebäude sind die letzten erhaltenen Häuser des Anwesens. An ihnen zeigt sich, was Voght beabsichtigte: »alles Kleinliche vermeiden« – und zwar mit einem Hauch von Südstaatenflair eines Landhauses aus dem Klassiker *Vom Winde verweht*. Mit umlaufenden Säulengängen hat sich Voght hoch in die Rankings der Werbe- und Filmdrehorte gebaut. Auch war Johann August Arens kein unbekannter Architekt: Er hatte in Weimar das Römische Haus (1797) errichtet.

Nicht weit vom Landhaus Voght entfernt – am Nordende des Jenischparks – liegt das **Ernst-Barlach-Haus** (V D8; 1962, Werner Kallmorgen). Das unaufgeregte und bescheidende Museum für eine Dauerpräsentation der Werke Ernst Barlachs ist ein »Haus im Park«. Auch wenn es von außen provokant abweisend und zugeknöpft wirkt, fordert es auf geheimnisvolle Weise zum Eintreten auf. Der Besucher wird belohnt, denn der Bau öffnet sich zu einem Innenhof. Das Gebäude erinnert an Motive des Barcelona-Pavillons von Mies van der Rohe.

Das einzige administrative Gebäude von globaler Bedeutung Hamburgs ist der **Internationale Seegerichtshof der UNO**, der in Nienstedten an eine alte Villa angedockt wurde (V C8; 2000, von Branca, München). Dort steht auch die **Nienstedtener Kirche** (V C8), neben St. Johannis in Eppendorf die beliebteste Hochzeitskirche der Hansestadt (1751). Zur Einweihung des Gotteshauses leitete Georg Philipp Telemann die Aufführung der Kantate »Zerschmettert die Götzen«.

Kurz bevor im weiteren Verlauf der Elbchaussee die Reste einer ehemaligen Brauerei und ihre mediokren Zubauten sichtbar werden, lohnt sich ein Zwischenstopp – ein wahrer Höhepunkt: der Besuch des sogenannten **Elbschlösschens**, auch **Landhaus Baur** genannt (V C9; 1806, Christian Frederik Hansen). Auf dem Terrain der stillgelegten Elbschloss-Brauerei darf das ehemalige Landhaus des Johann Heinrich Baur als ein Stück Avantgarde des ausgehenden 18. Jh.s bezeichnet werden. Es ist 2003 liebevoll, pfleglich und – was die Farbe im Innern betrifft – mutig restauriert worden. Details wie die exorbitanten Treppenläufe, die für alle Zeiten verloren schienen, wurden präzise rekonstruiert.

Das streng geometrische Haus in der Gestalt eines halben Kubus mit eingeschobener Rotunde und eingeschliffener Halbkugel als Dach reflektiert die radikale Revolutionsarchitektur eines Ledoux' oder Boullées. Bis zu diesem Zeitpunkt hatte C. F. Hansen eher konservativ gebaut und sich an Vorbildern wie Palladio orientiert. Die Zeit dieses großbürgerlichen Landhauses ging spätestens zu Ende, als es 1881 zum Bestandteil der Elbschloss-Brauerei und damit zum bedeutungsarmen Rädchen im Gewerbebetrieb einer modernen Brauerei degradiert wurde. Immerhin reichte die klare klassische Gestalt dafür aus, dass es zum Direktionsgebäude avancierte, dem Bier seinen Namen verlieh und selbst als »Elbschlösschen« in die Geschichte einging. Alk Friedrichsen hat im Auftrag der Hermann Reemtsma Stiftung und unter Federführung der regionalen Denkmalpflege die Innenräume wiederhergestellt. Das betrifft Charakter und Wohnmilieu des frühen 19. Jh.s ebenso wie die Rotunde, die an Palladio erinnert. Als Verwaltungssitz einer Stiftung ist das Haus dankenswerterweise teilöffentlich.

Weiter westlich liegen drei weitere Hansen-Villen: Das **Landhaus J. C. Godeffroy** (**Hirschparkhaus**; V B8; 1792, C. F. Hansen) gehört in die frühe Phase seiner Altonaer Zeit (1784–1804), als der Baumeister den Blick noch fest auf französische Vorbilder gerichtet hatte. Doch mehr und mehr flossen in seine Arbeit frühklassizistische Motive ein, wie die Säulenvorhalle. Hansen war ein Meister der zweidimensionalen Darstellung und betonte hier jeweils – was besonders wichtig ist – die sauberen, symmetrischen Proportionen. Empfehlenswert ist wirklich, das Ensemble zusammen mit dem ebenfalls von Hansen angelegten Englischen Garten auf sich wirken zu lassen. Eine perfekte Harmonie. Eine zu aufdringliche Architektur hätte Leitbilder und Naturalismus jener Jahre sicherlich gestört, vielleicht sogar zerstört. Zu erwähnen ist dann das **Landhaus P. Godeffroy**, genannt »Weißes Haus« (V B8; 1790, C. F. Hansen). Das **Landhaus G. F. Baur** (V A8; 1836, C. F. Hansen) ist ein Hansen-Bauwerk, das in der Nachschau und im Weiterbau (ab 1871) heute typisch klassizistisch erscheint.

Das **Landhaus Vorwerk** (V C8; 1841, Franz Gustav Forsmann) wurde 1895 von Martin Haller erweitert. Bisweilen taucht das Haus in Filmen als Hintergrund oder Wohnort betuchter Hamburger Familien auf. Es besitzt zur Gartenseite einen halbrunden Mittelrisaliten.

In den Elbvororten stehen natürlich auch moderne Villen wie das **Landhaus Reemtsma** (V D8; 1932, Martin Elsässer). Es war eines der größten Vorhaben für ein privates Landhaus der 1930er Jahre, das der Architekt für Philipp Reemtsma in einem Park in Othmarschen umsetzte. Flach und fließend sind die Bauteile, die einen Schiffskörper an Land bilden. Das Gebäude könnte eine Antwort auf die

Gesehen vom Elbstrom: Treppenviertel Blankenese

Villen von Mies van der Rohe in Krefeld sein. Das Wohnhaus wurde nach dem Krieg durch Godber Nissen zum Verwaltungszentrum des Zigarettenherstellers erweitert (und erhielt ein Kasino), ohne den ursprünglichen Auftritt zu beeinträchtigen. Die **Wohnhäuser Zadik und Bondy** (V E8; 1908, 1914, Hans und Oskar Gerson) sind konkav und konvex, im Zeichen des Kreises runde Schönheiten; das war es, was damals am meisten Furore machte. Aber weniger der formale Übermut als vielmehr das Grundstück ließ das Kreissegment sinnvoll erscheinen.

Ein Höhepunkt moderner Architektur ist in Othmarschen der Neubau des **Christianeums** (V D8; 1972, Arne Jacobsen). Die Schule wurde 1725 in der Altstadt von Altona als Lateinschule gegründet, einige historische Sandsteinfragmente weisen im heutigen Neubau, der einer kleinen Stadt im Container ähnelt, darauf hin.

Eine Besonderheit bildet weiter stromabwärts das sogenannte **Treppenviertel Blankenese** (V A8). Es wirkt wie ein Stückchen griechischer Inselwelt mitten in Norddeutschland: weiße Häuser, enge, steile Treppen, ein ausgesprochen steiler Geesthang und gegenüber das inzwischen eingekürzte Mühlenberger Loch. Teile des traditionellen Elbsegelreviers wurden dem expandierenden Airbus-Gelände zugeschlagen. Die ältesten Häuser, die heute noch stehen, stammen aus dem 18. Jh.; hier siedelten Fischer, später die maritime Kleinbürgerschaft. Stilistisch ist das Treppenviertel ein Ensemble aller baulichen Ausdrucksmöglichkeiten; bemerkenswert weniger als Einzelstück, sondern wegen der eng aneinanderkauernden Stellung der Hanghäuser. Viele Wege heißen hier zutreffend Treppen. Aufmerksamkeit verdient ein Urtypus des Doppelhauses, »Tweehaus« genannt, für zwei Familien, das darüber hinaus Lüttwohnungen als Altenteile besaß.

Ein denkmalpflegerischer Leckerbissen liegt am Falkensteiner Ufer: **Waterworks**. Der Backsteinbau (Thomas Hawksley und William Langley) stammt aus der frühen Phase der Industrialisierung Mitte des 19. Jh.s. Aus dem Wasser- und Pumpenwerk ist eine Mischung aus Wohn-, Gewerbe- und Galeriehaus geworden (2020, Biwer Mau, Giorgio Gullotta). Im Stadtteil Falkenstein sind zudem das Hochufer und das **Landhaus Michaelsen** (VII; 1924, Karl Schneider) einen Besuch wert, in dem seit 1986 das Puppenmuseum Falkenstein untergebracht ist. Obwohl nicht mehr alle Interieurs authentisch sind, steht es unter Denkmalschutz. Das Haus selbst gilt als Prototyp des Neuen Bauens, was möglicherweise der Chuzpe Karl Schneiders zu verdanken ist, überraschenderweise einen Turm, ein gewaltiges Dach und einen Runderker miteinander zu kombinieren und ein solches Gebäude am Elbhang im feinen Hamburger Westen zu bauen, ein Bauwerk der Moderne mit Kurven und Walmdach in einer Flusslandschaft. Fazit des Schriftstellers Adolph Wittmaack: »Ein modernes Turmgebäude, das in einem geschmacklichen Anklang als Synthese zwischen einer Zigarettenfabrik und einem Dampferaufbau der Hamburg-Amerika-Linie mit großem Feingefühl in die Landschaft eingebettet war.«

Süden

Elbinseln

Im Stromspaltungsgebiet sind zwischen Norder- und Süderelbe viele kleine Elbinseln entstanden, die im Laufe des vorletzten Jahrhunderts durch Eindeichungen zu einigen wenigen großen zusammengeführt wurden. Die nördliche, die direkt hinter den Elbbrücken liegt, heißt **Veddel** (IV K10). Dort entwickelte sich in der Zwischenkriegszeit eine komplette Siedlung mit eigener Infrastruktur (1927, u. a. Wilhelm Behrens, Distel & Grubitz, Elingius & Schramm, Hermann Höger). Nach einem Masterplan von Fritz Schumacher, der auf den neuesten Erkenntnissen im Kleinwohnungsbau basierte, wurden auf dem Terrain einer alten Arbeitersiedlung Geschosswohnungsbauten für Hafenarbeiter errichtet. Dass in Hafennähe die Emissionen zu Umwelt- und Gesundheitsschäden führen, wurde in den 1930er Jahren als nicht so entscheidend eingestuft. Für die Arbeiter war die günstige Entfernung zum Hafen relevant. Die fünfgeschossigen, zu langen Riegeln verbundenen Häuser wirken heute abwehrend in ihrem Backsteinkleid; beim Betrachten erzeugen sie das Bild einer »Arbeiterburg«, und darauf kam es den Erbauern wohl auch an: Zeichen der Solidarität und Sicherheit zu setzen. Im Zuge der Internationalen Bauausstellung 2013 sind die denkmalgeschützten Backsteinfassaden in verschiedenen Modellvorhaben energetisch saniert worden.

Das **IBA Dock** (IV K10; 2010, Han Slawik) am Müggenburger Zollhafen war das erste Projekt der IBA Hamburg. Das schwimmende Areal wurde zunächst in eigener Sache genutzt: für Ausstellungen und Büros. Es macht die Bewegungen von Ebbe und Flut mit und ist über einen Steg – ähnlich einer Zugbrücke an Wasserburgen – erreichbar.

Der Baukörper hat die Form eines Schiffscontainers und übertraf bei Inbetriebnahme die gültigen Energiesparverordnungen um etwa 50 Prozent. Das lag weniger an der hervorragenden Wärmedämmung als an der Versorgung durch eine Wärmepumpe, die dem Hafenwasser Wärme entzieht. Zusätzlich existieren 100 Quadratmeter Solarzellenflächen.

Auf der gegenüberliegenden Seite des Müggenburger Zollhafens liegt Hamburgs Auswanderer Museum, die **Ballinstadt** (IV K11; nps tchoban voss). Sie ist das Pendant zu Ellis Island in New York. Für Hunderttausende europäischer Auswanderer lag dort der Startpunkt für den Aufbruch nach Amerika. Das Ausstellungskonzept basiert auf historischen Plänen von 1906. Drei Gebäude und ein Technikhaus wurden wiederaufgebaut. Ziel war, das äußere und innere Erscheinungsbild der ursprünglichen Bebauung wiederherzustellen. Bei zwei Gebäuden wurde der offene Hof nach Norden gläsern überdacht, um ausreichende Ausstellungsflächen zu erhalten. Doch Museen profilieren sich zumeist weniger über ihre Architektur als über ihre Szenografie. Diese gelang und wird regelmäßig aktualisiert.

In Wilhelmsburg setzt Hamburg die Entwicklungsrichtung konsequent nach Süden fort. Plakativ wird diese Stadtentwicklungspolitik »Sprung über die Elbe« genannt. Wer zum Sprung ansetzt, landet zunächst im schwierigen und stigmatisierten Stadtteil Wilhelmsburg. Er war von der verheerenden Sturmflut 1962 am stärksten betroffen und wurde später zu einem sozialen Brennpunkt. Hamburg hat die Möglichkeiten einer nachhaltigen, sozialverträglichen Stadtentwicklungsplanung mit der vielbeachteten IBA (Internationale Bauausstellung) 2013 und der igs (Internationale Gartenschau) 2013 auszuloten versucht. Untersucht wurden Perspektiven einer multikulturellen Stadt, also das Zusammenleben unterschiedlicher Nationen in einem Stadtteil (im Süderelberaum leben mehr als 60 Nationen zusammen). Zur Stadtentwicklungsplanung gehören vor allem neue Bildungseinrichtungen, und zwar nicht nur Schulen, sondern integrierte und vernetzte Einrichtungen zur breit angelegten lebenslangen Ausbildung. Sehr gut dokumentiert wird dieser Versuch vom **Bildungszentrum Tor zur Welt** (IV K12; 2013, bof architekten).

Eine weitere Referenz an die multikulturelle Stadt ist das **Weltquartier** im südlichen **Reiherstiegviertel** (IV I12; 2013, kfs krause feyerabend sippel, Lübeck; ARGE Sven Andresen + Urte Schlie, Landschaftsarchitektur, Lübeck), in dem Menschen aus 30 Nationen leben. Die ehemalige Werftarbeitersiedlung wurde modernisiert und durch Neubauten ergänzt.

Der zum **Energiebunker** umgebaute ehemalige Flakbunker (IV I/J12; 2013, HHS Planer + Architekten, Kassel) versorgt die Siedlung weitgehend mit alternativer Energie. Er wurde 1943 als Symbol für die angebliche Wehrhaftigkeit der Heimatfront errichtet. Gleichzeitig war der Bunker mit seinen Flaktürmen Teil der deutschen Kriegsmaschinerie. 1947 wurde das Gebäude von der britischen Armee durch eine gezielte Sprengung im Innern völlig zerstört. Im Rahmen der IBA 2013 ist das einsturzgefährdete Gebäude saniert und als Mahnmal gesichert worden. Seither wurde die Schnellstraße, die **Wilhelmsburger Reichsstraße**, an den Rand der Eisenbahnlinie verlegt und ihre ehemalige Trasse in die Wohn- und Parklandschaft der Elbinsel integriert.

Harburg-Stadt

Was für Bergedorf zählte, galt für einen anderen Ortsteil allemal: In Harburg herrschte fortwährend ein Geist der Unabhängigkeit gegenüber Hamburg. Die Stadt versuchte wiederholt, den Harburgern buchstäblich das Wasser abzugraben. Besiedelt wurde die Gegend womöglich schon in der Jungsteinzeit. Den Ortsnamen erhielt Harburg von seiner Burg, der Horeburg (Sumpfburg), die auf einem Talsandhügel inmitten der sumpfigen Elbeniederung stand. An ihrer Stelle steht das heutige Harburger Schloss. Von der Harburg war die Geest über einen Damm zu erreichen (heute die Harburger Schloßstraße). In einer Urkunde, abgefasst zwischen 1133 und 1137 vom Bischof von Verden, wird die Burg zum ersten Mal erwähnt. Vermutlich wurde sie von den Udonen, die ihren Aufenthaltsort 1016 nach Stade verlegten und sich fortan als Grafen von Stade bezeichneten, zum Schutz der eigenen Ländereien als Grenzfestung errichtet. Durch den Verzicht des Erzbischofs auf die Harburg gelangte sie 1257 in den Besitz der Welfen (Herzogtum Braunschweig und Lüneburg). Auf beiden Seiten des Dammes entwickelte sich eine Siedlung, die 1292 das Stadtrecht erhielt. Zwischen 1527 und 1642 war Harburg Residenz einer Nebenlinie des Hauses Braunschweig-Lüneburg. Es wird angenommen, dass die Stadt Harburg sich aufgrund ihrer schwierigen geografischen Lage und der schwachen Ökonomie in Konkurrenz zu Hamburg und Lüneburg nur allmählich entwickelte. Erst gegen Ende des 16. Jh.s wurde Harburg im Süderelberaum ein Standort für Gewerbe und Handel; vor allem aber bildeten Fährverkehr und Warentransport bis ins 19. Jh. die Existenzgrundlage der Stadt. Im Siebenjährigen Krieg wurde Harburg von den Franzosen besetzt, unter der Herrschaft Napoleons (Franzosenzeit 1803–1814) erlebte Harburg einen Konjunkturaufschwung. Im Wettbewerb zu Hamburg hat Harburg als Hafenstadt keine Vormachtstellung erringen können, obwohl es vorteilhaft am Strom liegt und zwischen 1845 und 1849 ein neuer Harburger Seehafen (heute: Binnenhafen) gebaut worden war. 1854 erhielt Harburg Zollfreiheit, und die Entwicklung zum attraktiven Industriestandort begann. Wichtige Industriezweige wurden die Gummi- und Ölindustrie. Bis in die zweite Hälfte des 20. Jh.s blieb Harburg eine Industriestadt mit Hafenbetrieb. Strukturwandel und Neubeginn sind deswegen seit der Jahrtausendwende wichtige Themen.

Den **Harburger Binnenhafen** (VII; 1849) darf man als Vorläufer der Hafencity begreifen. Wie auch am Nordufer der Norderelbe, in der City, St. Pauli und Altona, hat sich hier eine Ablösung des Hafenbetriebs in kleinen, aber festen Schritten ereignet. Im Harburger Binnenhafen hat sich eine dynamische Mischung aus Gastronomie, Dienstleistung und Forschung entwickelt. In der Nähe zur Technischen Universität Hamburg (TUHH) siedelten sich Industriezweige der NT (New Technology) und der Biochemie an.

Das **Mikroelektronik-Anwendungszentrum** (MAZ; 1994, Martin Streb, Harburger Schloßstraße 6–12) bildete 1994 den Auftakt zur Erfolgsgeschichte des Binnenhafens beim Thema Architektur. Das schlanke Laborgebäude steht quer zum Wasser, doch besonderen Eindruck erzeugen die Kopfenden unter schwebendem Dach.

Der kommerzielle Erfolg dieser Ideenschmiede sorgte dafür, dass ab 1999 in der Nachbarschaft weitere Bauabschnitte verwirklicht werden konnten. In der Folge wurden benachbarte Speicher und Silos für die Büronutzung umgebaut und erweitert, so dass sich im Binnenhafen eine profilierte Mischung aus Alt und Neu ergeben hat.

In der Innenstadt von Harburg zeichnet sich ein starker Strukturwandel ab, vor allem der allmähliche Rückzug des Unternehmens Phoenix hat erhebliche Flächen freigesetzt, die vor allem kulturellen Einrichtungen zur Verfügung stehen. Die **Sammlung Falckenberg** (2008, Roger Bundschuh, Berlin) befindet sich seit 2001 in den ehemaligen, denkmalpflegerisch betreuten Phoenix-Hallen. Die Sammlung von Harald Falckenberg besteht u. a. aus größeren Installationen und multimedialen Projekten, die in den Räumen gut zur Wirkung kommen. Die Werke von John Bock, Thomas Hirschhorn, Mike Kelley, Jon Kessler, Jonathan Meese und Gregor Schneider wurden in eigens dafür konzipierten Bereichen aufgebaut. Seit Februar 2011 gehört die Phoenix-Fabrikhalle organisatorisch zur Deichtorhallen Hamburg GmbH und wird unter dem Namen »Deichtorhallen Hamburg – Sammlung Falckenberg« betrieben.

Urban Art: Seit 2020 entwickelt sich in Harburg die eindrucksvolle Freiraumgalerie »Walls Can Dance«, in der viele international agierende Künstler sog. Murals, Wandbilder, anfertigen.

In Harburg liegt auch das **Archäologische Museum Hamburg** mit dem **Stadtmuseum Harburg** (ehemals Helmsmuseum). Eine weitere Außenstelle wird in den Kellergewölben des ehemaligen Harburger Schlosses (heute ein Mietshaus) eingerichtet.

Bereiche des Harburger Bahnhofs sind zum Kulturbahnhof umgewidmet worden; 2010 wurde die Ausstellungsebene des Kunstvereins Harburger Bahnhof erweitert; der Jazzclub im Stellwerk liegt dem Kunstverein gegenüber. Der wichtigste Zukunftsgarant für diesen Teil Hamburgs ist die **Technische Universität Hamburg** (TUHH; VII). Der Campus ist auch aus architektonischer Sicht sehenswert – vornehmlich das neue Hauptgebäude, eingerichtet in einer ehemaligen Kaserne (2013, von Gerkan, Marg und Partner). Wissenschaftlich betrachtet, gehört die TUHH zu den Vorzeigeuniversitäten Hamburgs, wahrscheinlich ganz Norddeutschlands. Auf der Schlossinsel ist inzwischen ein architektonisch interessantes neues Wohnviertel entstanden.

Harburger Berge

Am **Kiekeberg** entstand 1953 ein Freilichtmuseum als Außenstelle des Heimatmuseums in Harburg. Mittlerweile wurden fast drei Dutzend historische Gebäude aus dem ländlichen Süderelberaum dorthin verbracht. Im Freilichtmuseum wird nicht nur Baukultur, sondern auch das bäuerliche Leben früherer Jahrhunderte dokumentiert. Ein Museumsbesuch ist auch mit Kindern eine ideale Vorbereitung für weitere Besuche auf den Dörfern im Umland, z. B. in der berühmten Obstregion **Altes Land**. Ebenso lohnt ein Ausflug in andere – heute kleinere – Hansestädte wie **Buxtehude** oder **Stade** (und das geht sehr leicht mit der S-Bahn-Linie 31), deren Entwicklung durch die wirtschaftliche Kraft Hamburgs wie auch Harburgs eingeschränkt blieb. Das mächtigere Hamburg setzte sich im Streit um das Stapelrecht, also die Zwischenlagerung der Waren mit den entsprechenden Zollrechten, durch. In Buxtehude und Stade gibt es aber attraktive historische Bauten und Museen zu entdecken.

Zum Staatsgebiet Hamburg gehört noch die Elbinsel **Neuwerk** in der Elbmündung. Ihr bis heute für die Seefahrt wichtiger **Leuchtturm** (Urbau, erweitert 1892) ist unter den Hamburger Bauwerken wohl am westlichsten gelegen und wird von der maritimen Welt, die in der Hansestadt eintrifft, zuerst wahrgenommen. Er ist ein einfach gehaltener, mit Kupfer eingedeckter Backsteinturm. Ehemals gehörte das nur wenige Seemeilen entfernt liegende Cuxhaven zu Hamburg, und aus dieser Zeit besitzt Hamburg bis heute die Lufthoheit über den Leuchtturm.

Technikbauwerke: Brücken, Hafen, Bahnanlagen

Fleet- und Alsterbrücken

Hamburg liegt an drei Flüssen: Elbe, Alster und Bille. Die Landschaft rund um Hamburg ist darüber hinaus eine aquatische – von vielen Kanälen und natürlichen Gewässern durchzogen.

Chronologisch betrachtet, entstanden zuerst ob der vielen Fleete im Kernbereich sehr schöne alte Brückenkonstruktionen. Beispielhaft seien **Adolphsbrücke** (I I8), **Bleichenbrücke** (I I8) und **Reesendammbrücke** (I J8) von Johann Hermann Maack) genannt; sie stehen für all die anderen vielen kleinen innerstädtischen Brücken, die im Stadtgebiet über Fleete und Kanäle führen. Hamburg rühmt sich selbst, über mehr Brücken als Venedig zu verfügen. Es ist allerdings auch um ein Vielfaches größer als Venedig. (Näheres zur **Lombardsbrücke**, die in ihrer heutigen Version von 1888 nach Johann Hermann Maack über die Alster führt, und zur **Kennedybrücke** siehe Kapitel »Innenstadt«, S. 52 ff.).

Auch die Alsterbrücken über den kanalisierten Ausbau des Alsterflusses gen Nordosten, wie sie Fritz Schumacher in der Zwischenkriegszeit verantwortet hat, gehören zu den wichtigen Beispielen der Hamburger Brückenwbaukunst. Den Auftakt Richtung Innenstadt bildet die **Krugkoppelbrücke** am nördlichen Ende der Außenalster (III J6; 1928, Fritz Schumacher, Gustav Leo). Von ihr aus hat man einen exzellenten Blick auf die Türme der Alt- und Neustadt – über die Wasserfläche der Außenalster hinweg. Da Schumachers Baubehörde sehr gut organisiert war, entstand eine perfekte Zusammenarbeit zwischen Architekten und Ingenieuren innerhalb und außerhalb seiner Behörde. Unter Schumacher wurden schon damals technisch präzise Ingenieurbauwerke mit hoher gestalterischer Qualität geliefert. Die Eisenbetonbögen der Brücken wurden auf Pfählen gegründet und aufwendig mit Klinkern und Terrakotten versehen, im Fall der Krugkoppelbrücke wurden an den Ufern zwei flankierende Wartehäuschen für die Anleger der Alsterschifffahrt aufgestellt.

Elbbrücken

Die erste für den modernen Verkehr geeignete Elbbrücke existiert erst seit 1872. Fast 1000 Jahre lang war die Entwicklung der Stadt Hamburg nur nach Norden und Osten gerichtet, fand also bloß nördlich der Elbe statt. Dies war der frühe Handelsraum der Hanse. Militärisch bedeutete das Sicherheit in Richtung Süden, und das sollte sich erst durch Belagerungen und Besetzungen der Franzosen Anfang des 19. Jh.s ändern. Im Zuge einer von Napoleon geplanten Chaussee Hamburg–Paris wurde sogar eine vier Kilometer lange Brücke über die durch permanente Überschwemmungen gefährdete Elbinsel Wilhelmsburg errichtet. Die Brücke wurde nach dem Abzug der Franzosen 1814 allerdings abgerissen.

Im 19. und 20. Jh. entstand dann in wenigen Jahrzehnten eine Brückenfamilie über Norder- und Süderelbe, darunter die **Harburger Elbbrücke** (VII; 1899) von Wilhelmsburg nach Harburg. Die 474 Meter lange Stahlbogenbrücke war die erste Straßenbrücke über die Süderelbe (Portalentwurf: Hubert Stier). Auch wenn sie heute nur mehr für Fußgänger und Radfahrer zugelassen ist, zeigt sich immer noch, was damals durch Brückenportale dieser Art an Besucher vermittelt werden sollte: dass Hamburg, eine mächtige deutsche Hansestadt, wehrhaft und schwer eroberbar wie eine mittelalterliche Festung ist. Die erste Straßenbrücke

Historische Aufnahme der Harburger Elbbrücke

über die Norderelbe wurde zwischen 1884 und 1887 mit charakteristischen Fischbauchträgern gebaut – im Unterschied zur 250 Meter weiter westlich gelegenen Bogenfachwerkbrücke für die Eisenbahn von 1872.

Nach einem ersten Ausbau der **Norderelbbrücke** (IV K10) zwischen 1928 und 1929 – u. a. wurden die filigranen Seitenteile gegen die heutigen Vollwandträger ausgetauscht – erfolgte von 1957 bis 1960 eine umfassende Verbreiterung, wobei die neugotischen Portale aus Back- und Sandstein aus den 1880er Jahren abgerissen wurden. Die Norderelbbrücken aus dem 20. Jh. sind gekennzeichnet durch großartige Ingenieurleistungen, wie sie das späte 19. Jh. hervorbrachte – u. a. Stahlfachwerk- und -bogenbrücken. Später, in der zweiten Hälfte des 20. Jh.s, folgten mit den Autobahnbrücken im Osten des Stadtgebiets kühne Stahlbetonbrücken. Mit der Hängeseilkonstruktion der **Köhlbrandbrücke** (IV G11; 1973, Architektur: Egon Jux) hatte man schließlich einen Höhepunkt im Ingenieurwesen erreicht, doch ihre Zukunft ist ungewiss.

Neben der Köhlbrandbrücke sind beeindruckende Hafenbrücken wie die **Kattwykbrücke** (VII; 1973) entstanden – eine Hubbrücke von 290 Metern Gesamtlänge, 70 Meter hohen Endportalen und 46 Metern Hubhöhe. Mit einer Durchfahrtshöhe von 53 Metern und einer -breite von 96 Metern gilt sie als größte Hubbrücke Deutschlands. Sie besteht aus zwei Trapezfachwerken über den Seitenöffnungen und einem Fachwerkbalken aus Parallelgurten über der Hauptöffnung, der an 32 Stahlseilen aufgehängt ist.

Der Hafen

Der **Hamburger Hafen** selbst ist aus architektonischer und ingenieurtechnischer Sicht eine beachtliche Landschaft. Seine Ursprünge liegen im 9. Jh. Das Gründungsdatum wurde auf den 7. Mai 1189 festgelegt. Jedes Jahr wird Anfang Mai der Hafengeburtstag mit einem mehrtägigen Fest gefeiert. Heute wird der Hafen von den Containeranlagen und nicht mehr durch die Kampnagel-Kräne, ein weltweiter Verkaufsschlager, geprägt. Diese sogenannten Portalkräne waren das wichtigste Instrument, um die Waren zu löschen und in den Schuppen auf den Landzungen der Kaianlagen zu verstauen. In den früheren Fabrikanlagen von Kampnagel ist heute das Kulturzentrum **Kampnagel** (III K6) untergebracht. Seit Volkwin Marg am Ottenser Veranstaltungszentrum »Fabrik« einen ersten Vollportalkran als Zeugen des alten Hafens hat aufstellen lassen, blieb er diesem Motiv treu, und so stehen Kampnagel-Kräne jetzt auch in der Hafencity oder im Fischereihafen. Jene, die bald wieder am Kaispeicher A, also der

Elbphilharmonie, stehen werden, überwintern im Bereich der **50er Schuppen** (IV J10; 1912). Diese Schuppen sind die letzten Exemplare der großen Zeit des frühen modernen Hafens (Kaiserzeit). Seit 2020 liegt hier die Viermastbark **Peking** und wird als Museumsschiff hergerichtet. Sie ist das Aushängeschild des **Deutschen Hafenmuseums**, das hier und am Grasbrook seine Heimat findet.

Die Bahnhöfe der Verbindungsbahn

Eine andere stadtbildprägende Hamburger Komponente aus der Welt der Technik und Infrastruktur sind neben den Brücken die Fern-, Vorort- und Hochbahnhöfe. Auch wenn Hamburg erheblich kleiner ist als Verkehrsmetropolen wie London oder Berlin, bezieht Hamburg einen wichtigen Teil seines Charakters aus den Anlagen des Eisenbahnverkehrs. Als im 19. Jh. nach und nach die Flächen der ehemaligen Wallanlagen neu verwendet werden durften, entstanden dort Straßenringe nach Wiener Muster und später außergewöhnliche Grünflächen wie die **Wallanlagen**. In der Gründerzeit wurde auf einem Teil des Terrains eine Verbindungsbahn zwischen Hamburg und Altona gebaut. Das heißt, dass die alten Kopfbahnhöfe nach Norden (Altona), Osten (Berliner Bahnhof in Bergedorf) oder nach Süden (ehemaliger Klostertorbahnhof und Hannoverscher Bahnhof in der heutigen Hafencity, vgl. **Lohsepark**, I J9) miteinander verbunden wurden. Nachdem diese alten Kopfbahnhöfe vernetzt bzw. ersetzt worden waren, erhielt der wichtigste Bahnhof den entsprechenden Namen **Hauptbahnhof** (I J8; 1908; Heinrich Reinhardt, Georg Süßenguth und die Eisenbahndirektion Altona, Ernst Moeller). An manchen Tagen passieren mehr als eine halbe Million Reisende den Bahnhof.

Der Hauptbahnhof birgt Überraschungen und Kuriositäten. So liegt etwa der Haupteingang zur Stadt falsch, weil bei der Planung, die prächtige Mönckebergstraße noch nicht richtig einbezogen werden konnte. Dennoch wurde die Topographie des ehemaligen Wallgrabens genutzt, und man ließ die Bahngleise umweltfreundlich, nämlich geräuscharm, im Graben verlaufen. Die eklektizistische Verstrickung von Neorenaissance-Baukörpern und hausbackenen Türmen geht angeblich auf den persönlichen Wunsch von Kaiser Wilhelm II. zurück, der vom frisch eröffneten Hamburger Rathaus, einem Bau der Neorenaissance, so sehr beeindruckt gewesen sei, dass er den eigenwilligen Jugendstil-Erstentwurf für den Hauptbahnhof verhindert habe. Dass der deutsche Kaiser bei der Gestaltung des Hauptbahnhofs der Freien und Hansestadt mitbestimmen durfte, erklärt sich daraus, dass er als König von Preußen der Eisenbahn in Norddeutschland vorstand und bei der Neuordnung des Eisenbahnwesens im Hamburger Raum Mitspracherecht besaß. So verschwand eine kühne Glas-Eisen-Konstruktion für die Bahnsteighalle hinter wilhelminischem Kleinsinn und Belanglosigkeit. Allerdings ist diese Halle ohnehin kein Originalentwurf: Die 72 × 72 Meter große und 30 Meter hohe Halle mit ihren Dreigelenkbindern und Stahlfachträgern ist ein Klon der »Galerie des machines«, erbaut für die Weltausstellung 1848 in Paris. Dort wurde zum ersten Mal das Prinzip der kleineren Seitenschiffe angewandt.

Ursprünglich gab es fünf Bahnhöfe auf der Linie. Der **hamburgische Dammtor-Bahnhof** (DB; I I7; 1903, Eisenbahndirektion Altona, Baurat Schwarz, Architekt Rüdell) ist der älteste unter den großen Bahnhöfen der Verbindungsbahn und der nächste Haltepunkt, wenn man vom Hauptbahnhof nach Altona fährt. Neben dem Hauptbahnhof ist der als »Jugendstilwunder« geltende Bahnhof Hamburg Dammtor der einzig erhaltene, alle anderen sind abgebrochen oder »zugrunde modernisiert« worden. Der Bahnhof Hamburg Dammtor galt als »Kaiserbahnhof«, weil hier Kaiser Wilhelm II. bei seinen Besuchen in Ham-

»Kaiserbahnhof« Dammtor

burg aus seinem Sonderzug ausstieg. Entsprechend elegant wurde der Bahnhof mit Sandstein verkleidet. Wegen der Fassade und der filigranen Glasfensterornamente wird er zwar dem Jugendstil zugeschrieben; das trifft aber nur auf seine »Verkleidung« zu.

Der Hochbahn-Ring

Zwischen 1906 und 1912 wurde in Hamburg das Herzstück der Hochbahn gebaut: der Hochbahn-Ring. Bis heute ist ihm der Ruf eines einmaligen Jahrhundertwerks der Ingenieurbaukunst erhalten geblieben, und entsprechend aufwendig wird er gepflegt, saniert und modernisiert. Allein 1,6 Kilometer Eisenviadukte entstanden in sechs Jahren. Den Namen »Hochbahn« erhielt dieses Stadtbahnnetz vorwiegend aus diesem Grund. Das Gesamtnetz des Rings maß 27,8 Kilometer, die Kosten beliefen sich auf 42,4 Millionen Goldmark. Inzwischen sind die meisten Hochbahnviadukte erneuert oder rekonstruiert worden. Der Ring wurde angelegt, um die Landungsbrücken, den Verteilerpunkt der Hafenarbeiter, mit den Teilen der Inneren Stadt wie Eimsbüttel, Eppendorf, Wandsbek, Barmbek oder Rothenburgsort direkt zu verbinden. Heute ist diese Stammlinie auch die ideale Basis für Touristen, die Stadt kennenzulernen (Linie U3). Ob auf den Hochbahnstrecken am Hafen, in Barmbek oder über der Isestraße – nirgends ist in Kürze so viel Hamburg auf einmal buchstäblich »mit Händen zu greifen« wie hier. So zahlt sich aus, was damals Programm war: »Geschmackvoll und würdig« sollten die Bahnhöfe der Hamburger Hochbahn sein.

Einige Beispiele. Auf der wohl bekanntesten Strecke hoch über dem Hafen von der Haltestelle **Landungsbrücken** ab (I I9; 1959/60, Fritz Trautwein; Hans L. M. Loop) zum **Baumwall** (I I9) lässt sich der Hafenblick mit Containerbrücken oder Kreuzfahrtschiffen, mit Containerschiffen oder Hafendocks besonders gut genießen – so nah, so direkt an einer Innenstadt gelegen ist ein Großhafen nirgends sonst auf der Welt zu sehen.

Die Haltestelle **Rödingsmarkt** (I I8; Raabe & Wöhlecke) wurde mit viel Stahl und Glas für zusätzliche Treppen und Aufzüge erweitert. Wenige Meter stadteinwärts wird die Hochbahn dann zur U-Bahn, und das zu bewältigende Gefälle von immerhin 4,8 Prozent macht mit kräftigem Quietschen die U-Bahn zur Achterbahn. Von den übrigen Haltestellen zählt **Mundsburg** (III K7; 1912) wegen seiner mächtigen Backsteinarchitektur zu den bauhistorisch wichtigsten Hochbahnhöfen. Besonders auffällig ist ihre Station **Klosterstern** (III I/J6; 1929, Walther Puritz). Über der Erde ist sie mit einer Treppenhalle aus Klinkerpfeilern und Kupferdach ausgestattet, unter der Erde in der Bahnsteighalle herrschen ebenfalls Grüntöne vor – allerdings auf Fliesen. Eine Huldigung an das Art déco. Die unterirdische Bahnsteighalle wurde 1986 von Friedhelm Grundmann unter Berücksichtigung des ursprünglichen Zustands liebevoll rekonstruiert. Dabei hat Grundmann Ansprüche wie Beleuchtung und Sicherheit beachtet und Zugeständnisse machen müssen, was die Denkmalpflege betrifft. Mit der neuen Linie U4 zur Hafencity sind zwei neue Bahnhöfe entstanden, die sich durch besondere Farb- und Lichtkonzepte auszeichnen (Überseequartier und Hafencity-Universität). Der neueste Bahnhof heißt »Elbbrücken« und wirkt wegen seiner wagemutig geformten Glasstahlhalle sehr futuristisch. Aber schon bald werden die passenden Hochhäuser ihn einrahmen. Von hier aus wird sich Hamburg weiter nach Süden entwickeln – eine zweite Hafencity entsteht.

Anhang

KARTE III
Hamburg – Mitte/Nord
0
1
2 km
Alsterkrug-chaussee
Alster
Bebelallee
Alsterdorfer Str.
ALSTERDORF
Alsterdorf
Hindenburg-
C.-Cohn-Str.
Deelböge
Braamkamp
Jahn-
Osterfeldstr.
Lokstedter Weg
Tarpenbek-straße
LATTENKAMP
Bebelallee
Alsterdorfer Str.
Ohlsdorfer Str.
Planetarium/ Wasserturm
Grandweg
Lohbek
Lokstedter Steindamm
Medizin-historisches Museum
Süderfeldstr.
Hayns Park
Eppendf. Marktpl.
HUDTW. STR.
Winterhuder Marktpl.
Grasweg
Eppendorf
Frickestr.
St.-Johannis
Lein-
Sierich-
5
Barmbek
Veilchenweg
Klein-gärten
Martinistr.
Eppendorfer Park
Breitenfelder Str.
Lehmweg
Eppendf. Landstr.
KELLINGH. STR.
Kellingh. Park
Johannis-kloster
SIERICH-STR.
Johanneum
Krohnsk.
Warburg-Haus
Heilwigstr.
Hoheluft-Ost
Maria-Louisen-Str.
Troplowitzstr.
Ring 2
Falkenried-terrassen
Hegestr.
Isestr.
Rondeel-teich
Goldbek
Winterhude
Falkenried
Kanal
EPPEND. BAUM
KLOSTER-STERN
Gärtnerstr.
Weg
Hoheluftchauss.
Fahrzeug-werkstätten
Park-allee
Klosterstern
Hauptkirche St. Nikolai
pfad
Bellevue
straße
Dorotheenstr.
Innocentia-park
Hoch-allee
NDR-Hörfunk
Harvestehuder Weg
Krugkoppel-brücke
Eimsb. Park
Hoheluft-West
str.
Isebek
Im Gehölz
dorfer
HOHE-LUFT-BR.
Grindelberg
Harvestehude
Mittelweg
Langer Zug
Bismarck-
Bogenstr.
Grindel-hoch-häuser
Grindel-allee
ehem. Wehrkreis-dienst-kommando
Alster-park
Schöne
Sierich
Schulweg
Eppen-
Osterstr.
Weide
Hallerstr.
Rothenbaumchaussee
HALLERSTR.
Hochschule für Musik und Theater
Uhle
Eimsbüttel
Weiden-
Hohe
Schlump
Grindelhof
Milchstr.
Frucht-allee
SCHLUMP
Beim Schlump
Bundesstr.
Grindelallee
MARKK
Rotherbaum
Auss
CHRISTUS-KIRCHE
allee
Staats-bibliothek
Von-Melle-Park
Heimhuder Str.
Mittelweg
Bürohaus Alsterufer
Eimsb. C.
Schröderstiftstr.
Rentzelstr.
Alsterufer
Alsterpark
Schwanenwik
siehe KARTEN II/I
Sternschanzen-park
STERNSCHANZE
Logenhaus
Planten un Blomen
Universität
Moorweide
General-konsulat USA
Außenalster
4
Dammtor-bahnhof
MESSE-HALLEN
STEPHANS-PLATZ
Ring 1
St. Georg
St. Pauli
FELDSTR.
GÄNSEMARKT
Binnen-alster
Haupt-bahnhof
H
I
Neustadt
J

Bramfeld
City Nord
Barmbek-Nord
Barmbek-Süd
Dulsberg
Eilbek
WANDSBEK
Hohenfelde
Horn
Hamm
Borgfelde
ehem. Allgemeines Krankenhaus Barmbek
ehem. Margarine-fabrik Voss
Museum der Arbeit
Kampnagel-fabrik
ehem. Volksschule
Dulsberg-Siedlung
ehem. Reemtsma-Zigaretten-fabrik
Hochschule f. bildende Künste
ehem. Frauenklinik Finkenau
Alster-schwimm-halle
Dreifaltig-keitskirche
RÜBENKAMP (CITY NORD)
ALTE WÖHR
HABICHTSTR.
WANDSBEK-GARTENSTADT
SAARLANDSTR.
BARMBEK
ALTER TEICHWEG
STRASSB. STR.
DEHNHAIDE
FRIEDRICHS-BERG
HAMBURGER STR.
WANDSBEKER CHAUSSEE
WANDSBEK MARKT
MUNDSBURG
RITTER-STR.
HASSELBROOK
UHLANDSTR.
WARTENAU
LANDWEHR
LÜBECKER STR.
LOHMÜHLENSTR.
BERL. TOR
BURGSTR.
HAMMER KIRCHE
RAUHES HAUS
Ring 2
75
5
A 24
4
5
6
7
8

KARTE IV
Hamburg – Süd

0 1 2 km

ÖNCKEB.-STR.
Altstadt
HAUS
HBF.-SÜD
STEINSTR.
MESSBERG
HafenCity
ÜBERSEE-QUARTIER
HAFENCITY-UNIVERSITÄT
BERL. TOR
Berliner Bogen
Spaldingstr.
Hammerbrookstr.
Doppel XX
Heidenkampsweg
Hochwasserbassin
Mittel-kanal
Amsinck-
HAMMER-BROOK
Sü-
kanal
Wenden-
str.
Südkanal
der-
Grevenw.
Luisenweg
Hammer Deich
Bille
Großmarkt-halle
Hammerbrook
str.
75
Bille
Oberhafen
Versmannstr.
Oldtimer-Tankstelle Brandshof
Bill-
Großmann-
Ausschläger Billdeich
str.
straße
Billhorner Deich
ROTHEN-BURGSORT
Baakenhafen
Bill-hafen
Billh. Brückenstr.
Röhrendamm
Marck-mann-str.
Vierländer D.
ELBBRÜCKEN
Norderelbe
Segel-schiff-hafen
Asiastr.
Moldauhafen
Rothenburgsort
Wasserwerk Entenwerder
Entenwerder Elbpark
Traunspark
Billwerder Bucht
Neue Elbbr.
Norderelb-brücke
Hansa-hafen
Grasbrook
O'Swaldkai
Schuppen 50A Deutsches Hafenmuseum
kai
Saalehafen
Am Saalehafen
Veddel
Peute-kanal
Peutehafen
Peutestraße
Wasserwerk Kaltehofe
Veddeler Damm
IBA Dock
Müggenbg. Zollhafen
Peute-
Hovekanal
Peute
Hovestraße
Spreehafen
Harburger Chaussee
VEDDEL
Ballinstadt
Müggenburger Kanal
Stenzel-ring
Veddel
A252
Niedergeorgswerder Deich
Ernst-August-Kanal
deich
A255
Müggenburger Hauptdeich
Aßmannkanal
Georgs-werder
Langenhövel
A1
burg
Wilhelmsbg. Dove-Elbe
Hövelwettern
Auf d. Höhe
Schönenfelder Str.
Str.
4
75
str.
Bildungs-zentrum Tor zur Welt
B. d. Windmühle
Kirchdorfer Str.
Obergeorgs-werder Deich
Bullert-weg
Jenerseitedeich
A1
Spadenlander Busch
Drateln-
WILHELMSBURG

KARTE V
Hamburg – West
0 1 2 km

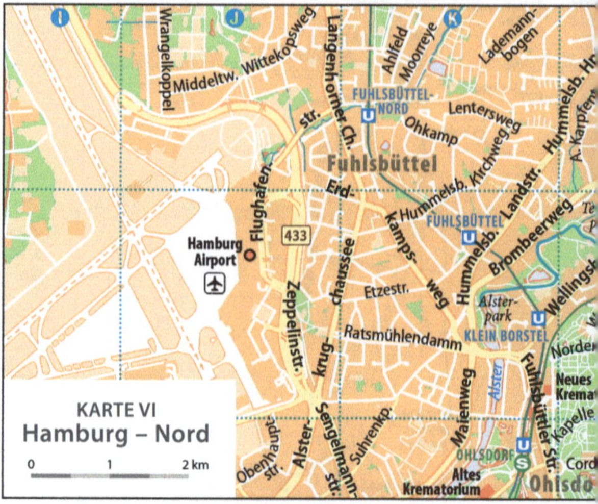

KARTE VI
Hamburg – Nord
0 1 2 km

D
E
F
Groß Flottbek
Osdorfer Weg
Ebertallee
Seestr.
Plett-Str.
Baron-Voght-Straße
Kalck-reuthweg
431
Bahrenfelder Chaussee
Bornkampsweg
Von-Sauer-S.
Mendelssohnstr.
Pfitznerstr.
Cranachstr.
Giesestr.
Adickestr.
Baur-str.
Gaswerk
Gasstr.
Gr.-Flottb. Str.
Besselerstr.
Dürerstr.
Müllenhoffw.
Heinrich-
Waitz-str.
OTHMARSCHEN
BAHRENFELD
Friedensallee
A 7
Otto-Ernst-Str.
Wohnhäuser Zadik u. Bondy
Reventlowstr.
Walder-seestr.
Christianeum
Behringstraße
Parkstr.
Hochrad
Ernst-Barlach-Haus
Othmarschen
Othmarscher Kirchenweg
Grieg-str.
Hohenzollernring
Landhaus Reemtsma
Kl. Flottb. Weg
Holz-twiete
Baron-Voght-Str.
Jenisch-haus
Remtsma-park
Jenisch park
Borchlingw.
Halbmondsw.
Liebermannstr.
dotte-straße
Elbtunnel
Rathenau-Park
Berna-
Halbmond
Elbchaussee
Teufelsbrücker Hafen
Hindenburg-park
Schröders Elbpark
Wohnstift Augustinum
Museumshafen Neumühlen

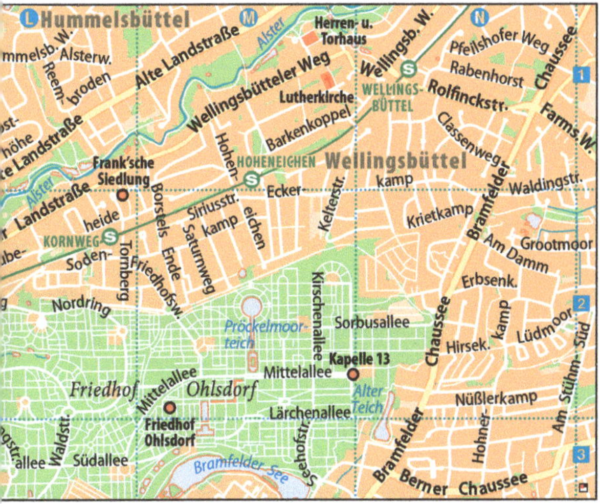
L
M
N
Hummelsbüttel
Alsterw.
Reem-broden
Alte Landstraße
Alster
Herren- u. Torhaus
Wellingsb. W.
Pfeilshofer Weg
Rabenhorst
Chaussee
1
Wellingsbütteler Weg
Lutherkirche
WELLINGS-BÜTTEL
Rolfinckstr.
Farms. W.
Landstraße
Barkenkoppel
Classenweg
Hohen-eichen
HOHENEICHEN
Wellingsbüttel
Frank'sche Siedlung
Ecker-kamp
Kelterstr.
Waldingstr.
Landstraße
heide
Borstels Ende
Siriusstr.
Kriet kamp
Bramfelder Chaussee
Am Damm
Grootmoor
KORNWEG
Soden-
Tornberg
Friedhofsw.
Saturnweg
Erbsenk.
Nordring
Pröckelmoor-teich
Kirschenallee
Sorbusallee
2
Hirsek.
kamp
Lüdmoor
Am Stühm-Süd
Kapelle 13
Mittelallee
Friedhof Ohlsdorf
Alter Teich
Nüßlerkamp
Lärchenallee
Friedhof Ohlsdorf
Waldstr.
Südallee
Bramfelder See
Seehofstr.
Bramfelder
Hohner-
3
Berner Chaussee

Tornesch
Uetersen
431
Prisdorf
Kummer-
feld
Borstel-
Hohenraden
Hasloh
4
A 7
Bönning-
stedt
Tangstedt
Pinnau
Ellerbek
Appen
Pinneberg
Rellingen
A23
Schnelsen
Niendorf
Halstenbek
Holm
447
Eidelstedt
Schenefeld
Tierpark
Hagenbeck
Groß
Lurup
Stellingen
Volkspark
Eims-
büttel
Wedel
Rissen
431
Osdorf
Bahrenfeld
Landhaus Michaelsen/
Puppenmuseum
ELBE
Blankenese
KARTE II
Nienstedten
A 7
KARTE V
Altona
Norderelbe
Jork
Este
Cranz
Finken-
werder
Waltershof
Estebrügge
Neuenfelde
Kattwyk-
brücke
Süderelbe
Hausbruch
Buxtehude
Harburger
Binnenhafen
Neu-
Wulmstorf
73
Neugraben-
Fischbek
Technische Universität
Hamburg
Harburg
KARTE VII
Hamburg – Übersicht
0
5
10
15
20 km
Harburger
Berge
75
Marms-
torf
A 7
A261

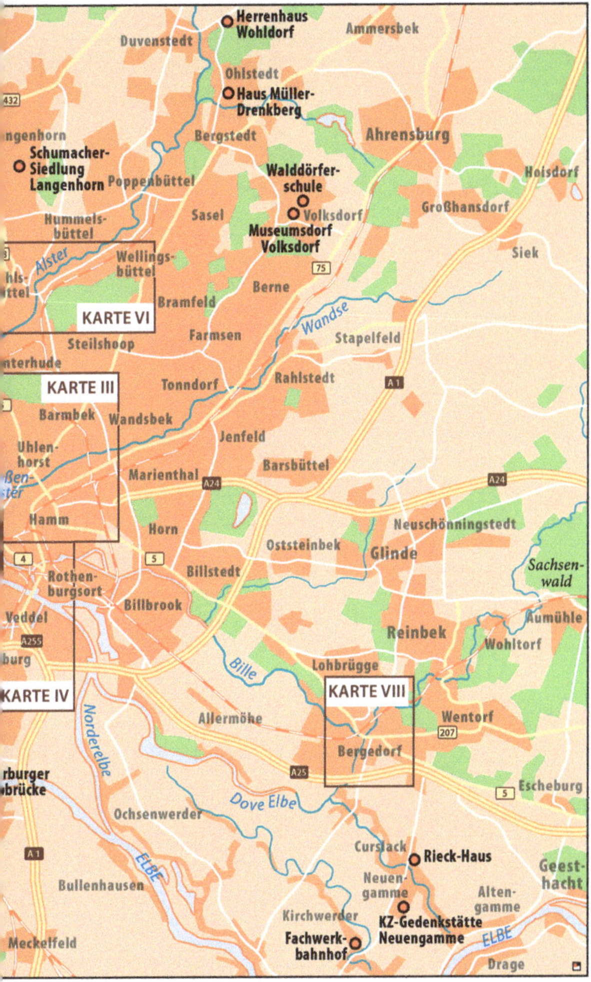

Herrenhaus Wohldorf
Duvenstedt
Ammersbek
Ohlstedt
Haus Müller-Drenkberg
432
Ahrensburg
Bergstedt
Schumacher-Siedlung Langenhorn
Poppenbüttel
Walddörfer-schule
Hoisdorf
Großhansdorf
Sasel
Volksdorf
Museumsdorf Volksdorf
Hummels-büttel
Siek
Alster
Wellings-büttel
75
Berne
Bramfeld
KARTE VI
Wandse
Farmsen
Stapelfeld
Steilshoop
KARTE III
Tonndorf
Rahlstedt
A1
Barmbek
Wandsbek
Jenfeld
Uhlen-horst
Barsbüttel
Marienthal
A24
A24
Hamm
Neuschönningstedt
Horn
Oststeinbek
Glinde
4
5
Sachsen-wald
Rothen-burgsort
Billstedt
Billbrook
Veddel
Aumühle
A255
Reinbek
Wohltorf
Bille
Lohbrügge
KARTE VIII
KARTE IV
Allermöhe
Wentorf
207
Norderelbe
Bergedorf
A25
5
Escheburg
Dove Elbe
Ochsenwerder
A1
Curslack
Rieck-Haus
Geest-hacht
ELBE
Bullenhausen
Neuen-gamme
Alten-gamme
Kirchwerder
KZ-Gedenkstätte Neuengamme
Fachwerk-bahnhof
ELBE
Meckelfeld
Drage

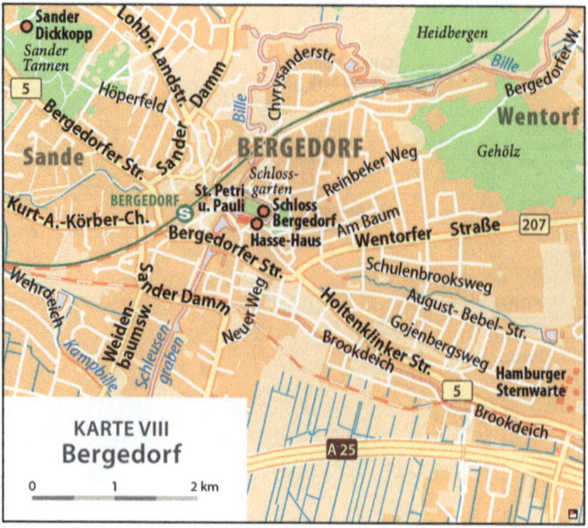

KARTE VIII
Bergedorf

Nachweis der Karten und Abbildungen

alexkmedia / Adobe Stock: S. 8
Carl-Jürgen Bautsch / Adobe Stock: S. 66
Hamburger Architekturarchiv: S. 49, 55, 65, 170, 216
Thomas Hampel: S. 45, 53, 104, 125, 205
Christian Horz / Adobe Stock: S. 21
imago / Hoch Zwei Stock / Angerer: S. 81
carsten jacobs / Adobe Stock: S. 201
kameraauge / Adobe Stock S. 92, 156
Udo Kruse / Adobe Stock: S. 177
Klaus Kühner, HüttenWerke: Karten auf den Umschlagklappen, S. 224–232
Lindspetrol / CC BY-ND 2.0: S. 90
Dirk Meyhöfer: S. 110, 115, 174, 220
© Maxim Schulz S. 42
thorabeti / Adobe Stock: S. 188
Jonas Weinitschke / Adobe Stock S. 2, 3

Weiterführende Informationen

Literaturhinweise

Bruns-Berentelg, Jürgen / Walter, Jörn / Meyhöfer, Dirk (Hrsg.): HafenCity Hamburg, Das erste Jahrzehnt, Stadtentwicklung, Städtebau und Architektur. Hamburg 2012.

Die Chronik Hamburgs. Mit einem Übersichtsartikel von Gerhard Ahrens. Hrsg. von Ernst Christian Schütt. [u. a.]. Gütersloh/München 1997.

Denkmalschutzamt Hamburg (Hrsg.): Baukunst von Morgen! Hamburgs Kirchen der Nachkriegszeit. Hamburg 2007.

Diederichs, Eugen: Neues Altona 1919–1929. 2 Bde. Jena 1929.

Düwel, Jens / Gutschow, Niels: »Ein selten glücklicher Augenblick«. Zerstörung und Städtebau in Hamburg 1842 und 1943. Berlin 2013.

Garbe, Detlef: Gegendenkmal zum so genannten 76er-Denkmal. Grünanlage zwischen Stephansplatz und Bahnhof Dammtor (Neustadt). In: www.gedenkstaetten-in-hamburg.de/gedenkstaetten/gedenkort/gegendenkmal-zum-so-genannten-76er-denkmal [14. 7. 2015].

Grundmann, Günther (Hrsg.): Die Bau- und Kunstdenkmale der Freien und Hansestadt Hamburg. Bd. 1: Bergedorf, Vierlande, Marschlande. Hamburg 1953. S. 45–65.

Hamburg und seine Bauten 1890. Hamburg 1890. – 1914. 2 Bde. Hamburg 1914. – 1918–1929. Hamburg 1929. – 1929–1953. Hamburg 1953. – 1954–1968. Hamburg 1969. – 1969–1984. Hamburg 1984. – 1985–2000. Hamburg 1999.

Hampel, Thomas / Meyhöfer, Dirk (Hrsg.): 125 Jahre Speicherstadt. Hamburgs faszinierendes Backsteindenkmal von der Kaiserzeit bis heute. Hamburg 2013.

Hellberg, Lennart [u. a.] (Hrsg.): Harburg und Umgebung. In: Denkmaltopographie Bundesrepublik Deutschland. Hamburg-Inventar: Bezirk Harburg. Hamburg 1999. S. 10.

Hipp, Hermann: Freie und Hansestadt Hamburg. Geschichte, Kultur und Stadtbaukunst an an Elbe und Alster. Köln 1989.

IBA-Hamburg 2013 (Hrsg.): Projekte und Konzepte. Katalog zur Zwischenpräsentation. Berlin 2010.

IBA-Hamburg 2013 (Hrsg.): Metropole: Stadt neu bauen. Berlin 2013. (Schriftenreihe der IBA. 7.)

Klessmann, Eckart: Geschichte der Stadt Hamburg. Hamburg 1981.

Kokkelink, Günther / Lemke-Kokkelink, Monika: Baukunst in Norddeutschland. Architektur und Kunsthandwerk der Hannoverschen Schule 1850–1900. Hannover 1998.

Kopitzsch, Franklin / Tilgner, Daniel: Hamburg Lexikon. Hamburg 2000.

Lange, Ralf: Architektur in Hamburg. Der große Architekturführer. Hamburg 2008.

Lexikon der hamburgischen Schriftsteller bis zur Gegenwart. Im Auftr. des Vereins für hamburgische Geschichte ausgearb. von Hans Schröder. schroeder.sub.uni-hamburg.de [14. 7. 2015].

Liebermann. So glanzvoll. Oper. In: Der Spiegel vom 17. 6. 1964. Heft 24/1964.

Meyhöfer, Dirk: Bahnhofswelt. Hamburg 1993.

– Hamburg. Der Architekturführer. 2. Aufl. Berlin 2009.

– Hamburgs Backstein. Hamburg 1986.

– Branding Hafencity. Berlin 2023.

– / Schwarz, Ullrich (Hrsg.): Architektur in Hamburg. Jahrbücher. 1989 – 2022/23.

Plagemann, Volker: Kunstgeschichte der Stadt Hamburg. Hamburg 1995.

Schumacher, Fritz: Das Werden einer Wohnstadt – Bilder aus dem neuen Hamburg. Hamburg 1984.

– Wie das Kunstwerk nach dem Großen Brande entstand. Nachdr. Hamburg 1969.

Weiss, Rainer-Maria (Hrsg.): Burgen in Hamburg. Eine Spurensuche. Kiel/Hamburg 2021.

Wolfschmidt, Gudrun: Geschichte und Zukunft der Hamburger Sternwarte. In: MNU Deutscher Verein zur Förderung des mathematischen und naturwissenschaftlichen Unterrichts e. V. (Hrsg.): Der Weg zu einer Metropole des Wissens. Beiträge zur Geschichte mathematisch-naturwissenschaftlicher Institutionen in Hamburg, erschienen zum 104. MNU Bundeskongress 2013 in der Freien und Hansestadt Hamburg. Hamburg 2013. S. 40–49.

Internetseiten

Offizielles Stadtportal mit Infos zu Tourismus, Kultur, Freizeit:
www.hamburg.de

Hinweise zu Sehenswürdigkeiten, Kunst, Kultur:
www.hamburg-tourism.de
www.hamburg-magazin.de
www.szene-hamburg.com
www.kulturlotse.de
www.iba-hamburg.de
www.galerien-in-hamburg.de
www.denkmalverein.de
www.hamburg.de/bkm/denkmalliste
www.gedenkstaetten-in-hamburg.de
www.hafen-hamburg.de
www.kz-gedenkstaette-neuengamme.de/geschichte

Veranstaltungen:
www.altonale.de
www.architektursommer.de
www.tag-der-architektur.de
www.tag-des-offenen-denkmals.de/
www.musikfest-hamburg.de/
www.affordableartfair.com/hamburg
www.harbourfront-hamburg.com
www.filmfesthamburg.de
www.stadtparkopenair.de
www.msdockville.de
www.elbjazz.de
www.ueberjazz.com
www.reeperbahnfestival.com
www.hamburg-zeigt-kunst.de
www.hamburgertheaterfestival.de
www.lesen-ohne-atomstrom.de
www.kinderkinder.de/festival.html

Personenregister

Objektregister

Zu den Autoren

DR. DIRK MEYHÖFER, geboren in Herne/Westfalen, studierte an der TU Hannover Architektur und Stadtplanung. Er arbeitete als festangestellter und freier Architekturjournalist für Printmedien wie *Architektur & Wohnen*, die *Süddeutsche Zeitung* oder das *Zeit-Magazin* und den Öffentlich-rechtlichen Rundfunk (WDR, Radio Bremen, DLF) sowie als freier Hochschullehrer für Architekturgeschichte und Architekturkommunikation. Promotion an der HCU Hamburg (*Vom Nicht-Ort zur Marke – Hafencity* Hamburg, 2021). Herausgeber des Hamburger Architekturjahrbuchs. Dirk Meyhöfer lebt und arbeitet in Hamburg und Höxter. Er ist der Hauptautor dieses Bandes.

FRANZISKA GEVERT, M. A., geboren in Hamburg, studierte an der Universität Hamburg Germanistik, Jura und Politikwissenschaft. Von 1998 bis 2016 arbeitete sie freiberuflich als Lektorin. Nach ihrem Studienabschluss übernahm sie zusätzlich Aufträge und Projekte in der Hamburger Kunst und Kultur. Im Kulturforum Hamburg war sie von 2008 bis 2016 ehrenamtliches Vorstandsmitglied. Seit 2016 engagiert sie sich im Human Resource Management der Geflüchteten- und Obdachlosenhilfe. Sie lebt mit ihrer Familie in Hamburg.